新时代农村儿童多维健康促进研究

张兴月 著

Research on Multi-dimensional Health Promotion of Rural Children in the New Era

中国社会科学出版社

图书在版编目（CIP）数据

新时代农村儿童多维健康促进研究／张兴月著 .—北京：中国社会科学出版社，2023.5
ISBN 978-7-5227-1714-2

Ⅰ.①新… Ⅱ.①张… Ⅲ.①农村—少年儿童—健康教育—研究—中国 Ⅳ.①G479

中国国家版本馆 CIP 数据核字（2023）第 052852 号

出 版 人	赵剑英
责任编辑	马　明
责任校对	金超月
责任印制	王　超

出　　版	中国社会科学出版社
社　　址	北京鼓楼西大街甲 158 号
邮　　编	100720
网　　址	http://www.csspw.cn
发 行 部	010-84083685
门 市 部	010-84029450
经　　销	新华书店及其他书店

印　　刷	北京明恒达印务有限公司
装　　订	廊坊市广阳区广增装订厂
版　　次	2023 年 5 月第 1 版
印　　次	2023 年 5 月第 1 次印刷

开　　本	710×1000　1/16
印　　张	15.5
插　　页	2
字　　数	220 千字
定　　价	79.00 元

凡购买中国社会科学出版社图书，如有质量问题请与本社营销中心联系调换
电话：010-84083683
版权所有　侵权必究

序

杨成钢[*]

梁任公有云"少年强，则国强"，儿童乃国家未来，古今中外，强国强种，诚有儿童健康，始有国民健康，进而民族兴盛，国力茁壮。今日中国，儿童健康事业有成，举世瞩目，然以新时代之论，健康也者，不独以体魄衡量，还须心理正向，善应社会而兼之，此所谓多维健康是也。

毋庸讳言，当今社会，城乡发展，差距尚存；健康公平，未尽人意。欲接文明之壤，行现代化之途，还须努力为功。更兼多维健康观念初立，百事待兴。制度规范亟须布立，政策绳准与评估体系亦待咨正。

弟子兴月，聪明伶俐，为学勤奋，躬身致力于农村儿童多维健康之研究，耗时三年有余，行走阡陌，入访乡户，广览文献，集思案牍，终于成就著作，实属不易，可喜可贺。

书中全面探究农村儿童健康问题之缘起，分类比较城乡环境儿童健康之差异，更雄心构建适宜本土之农村儿童多维健康分析框架与指标体系。创新之志，可见一斑。

---

[*] 杨成钢，人口经济学博士，研究员，博士生导师。西南财经大学人口研究所所长（退休），中国人口学会理事，中国残疾人事业发展研究会常务理事，四川省人口学会副会长，中国城市社会学研究会理事，国家人口计生委综合改革专家组成员。

学术探索，永无止境。书中所论，或可再议，或可深究，然其应时之需，为国咨诹，仕子之有为，着实可嘉也。

　　是为序。

2023 年 3 月

目　　录

第一章　绪论 ……………………………………………………（1）
　　第一节　背景与问题 ……………………………………………（1）
　　第二节　研究目的与研究意义 …………………………………（6）
　　第三节　研究设计与数据方法 …………………………………（10）

第二章　文献回顾与理论基础 …………………………………（15）
　　第一节　文献回顾 ………………………………………………（15）
　　第二节　理论基础 ………………………………………………（36）
　　本章小结 …………………………………………………………（44）

第三章　理论分析与研究设计 …………………………………（46）
　　第一节　相关概念界定 …………………………………………（46）
　　第二节　影响儿童健康的相关理论分析 ………………………（51）
　　第三节　儿童健康水平的影响因素分析 ………………………（55）
　　第四节　研究设计 ………………………………………………（61）
　　本章小结 …………………………………………………………（66）

第四章　农村儿童的现状分析 …………………………………（68）
　　第一节　受访儿童的基本情况 …………………………………（68）
　　第二节　受访儿童的生活现状 …………………………………（78）
　　第三节　受访儿童的综合健康水平 ……………………………（93）
　　本章小结 …………………………………………………………（96）

第五章　农村儿童身体健康状况及影响因素分析……（98）
- 第一节　研究假设与研究方法……（98）
- 第二节　受访儿童的身体健康状况对比……（100）
- 第三节　受访儿童身体健康的影响因素分析……（112）
- 本章小结……（121）

第六章　农村儿童心理健康状况及影响因素分析……（123）
- 第一节　研究假设与研究方法……（123）
- 第二节　受访儿童的心理健康状况对比……（126）
- 第三节　受访儿童心理健康的影响因素分析……（133）
- 本章小结……（157）

第七章　农村儿童社会适应状况及其影响因素分析……（159）
- 第一节　研究假设与研究方法……（159）
- 第二节　受访儿童的社会适应状况对比……（161）
- 第三节　受访儿童社会适应状况的影响因素研究……（170）
- 本章小结……（191）

第八章　研究结论与政策建议……（193）
- 第一节　主要研究结论……（193）
- 第二节　主要政策建议……（206）
- 第三节　亮点与创新……（219）
- 第四节　不足与展望……（220）

参考文献……（223）

后　记……（240）

第一章 绪 论

第一节 背景与问题

一 历史背景

中华人民共和国成立之后,为了顺应世界经济的发展趋势,提高国民经济水平,我国将"优先发展重工业"作为中华人民共和国成立初期的经济发展战略。在不到30年的时间内,成功地完成了工业化初期的任务,逐步建立起了自己的工业体系。客观来讲,"优先发展重工业"的战略方针不仅是符合当时我国的历史背景和历史条件的,而且对恢复国民经济,实现资本积累,促进中国的现代化和工业化发展也起到了十分重要的作用。但是这种非均衡的经济发展模式在使生产要素向城市集中的同时,也限制了农村地区的发展方式和农村人口的自由流动。正是由于这种二元经济发展方式的存在和持续发展,导致了后期产业结构的失衡和城乡差距的不断扩大,在阻碍经济社会进一步发展的同时,也催生了一系列特殊的社会问题,农村儿童的教育、健康和发展问题就是其中一个典型。

调查发现,城乡一体化发展和乡村振兴的大力实施极大地改善了乡村地区的基础设施建设和公共服务供给,但农村地区教育和卫生整体上薄弱的状况还没有从根本上得到扭转,教育不足和卫生健康水平较低的问题依然存在。首先,农村地区教育教学的硬件条件得到了极大的提升,但受到个人发展、薪资收入、生活环境的制约,优质的教育资源难以流向乡村，导致教师队伍老化、师资力量缺乏，造成学校教学观念和教学方式的陈旧。其结果就是忽视了对孩子卫生健康和素质教育的提升。其次，由于农村家长受教育水平相对不高，且自身的劳动和工作较为繁重，部分农村家庭缺少关爱氛围，教育方式也相对陈旧，导致孩子的卫生习惯没有养成，心理发展没有得到重视，不良行为也缺少严格的约束。此外，目前农村地区的医疗卫生机构和服务还没有完全实现县乡村的全覆盖，部分农村地区的医疗卫生条件依然较差。其结果一方面是人们的卫生观念和生活习惯还存在一定问题，对儿童传染病的发生没有做到很好的预防；另一方面是儿童出现疾病时可能会存在重视程度不够或者医治不到位的情况。

此外，在农村儿童中还存在一个特殊群体，那就是外出务工人员子女，即留守儿童群体。这一群体是在我国社会转型的过程中，伴随着城市化的发展而产生的特殊群体，是由农村劳动力大量拥入城市而直接引起的独特社会现象。与其他农村家庭的孩子不同，留守儿童还存在家庭结构缺失的问题，因此他们会长期处于一种不利于成长的环境中。由于父母不在身边，无论是在教育上还是情感上，农村留守儿童都无法得到充足的陪伴。长期下去，很可能会对其身心发展造成不同程度的影响，导致他们的健康问题比一般的农村儿童更加令人担忧。一方面，父母的向外流动导致家庭结构发生变化，使儿童照护关系中的主体与对象产生空间上的分离，难以保证留守儿童的日常生活和健康照料。因此，留守儿童普遍存在营养不良、患病率高、身体素质低下等情况。另一方面，亲子关系是构成孩子性格的基础，也是其社会化发展的核心，因此，子女和父母的分离还会对孩子的心理发展造成一定的负面影响。研究发现，与农村非留守儿童相比，留守儿童的焦虑和抑郁情绪往往更加明显，他们大多会出现自卑内向、孤独冷漠等负面情绪，不仅容易出现品行不当的情况，还在一定程度上影响了其正常的社会生活和人际交往。

数据显示，我国流动人口规模经历了从逐步增加到缓慢下降，然后再迅速回升的过程。国家统计局统计数据表明，2011—2014年，我国进城务工的农民工数量不断增多，2014年达到历年来的峰值2.53亿人。2015—2019年虽然有所下降，但由于波动幅度较小，因此依然保持庞大的数量规模，在2019年底我国仍然拥有2.36亿人的流动人口群体。就目前来看，由于东部沿海地区经济的蓬勃发展，人口持续向长三角地区和珠三角地区高度集聚。与此同时，随着全国经济的全面发展，东部地区产业的转移、中部崛起和西部大开发战略都在不断推进，人口流动也呈现出多元化和持续扩张的全新趋势，一线城市以外的其他城市对于流动人口的吸引力也在逐渐增强。第七次人口普查数据显示，2020年我国流动人口规模达到了3.76亿人，虽然人口迁移流动开始向家庭化趋势发展，但大量流动人口背后的农村儿童群体仍然具有较大规模，也必然会对农村人口管理和社会发展提出全新的要求和挑战。

近年来，随着城镇化步伐的加快，农村地区基础设施建设取得实质性进展，农村基本公共服务水平稳步提升，居住环境和教育水平持续改善，农村儿童发展也取得了长足进步。但与城市地区相比，农村儿童发展仍然存在很多突出的短板和薄弱环节，与人们日益增长的美好生活需要还有一定差距。数据显示，截至2020年底，我国共有0—17周岁的儿童人口2.98亿人，占中国人口总数的比重为21%，其中男性儿童有1.58亿，女性儿童有1.39亿[①]，并且有很大一部分儿童都是生活在农村地区的。作为人口大国，即使人口城镇化率不断提升，也势必会有很大一部分人口会留在农村，城镇化和城乡一体化发展还有很长一段路要走。农村儿童发展事业涉及农村人力资本的提升、产业振兴和农村经济的可持续发展，是乡村振兴战略的重要组成部分。因此，在巩固拓展脱贫攻坚成果与乡村振兴有效衔接的重要阶段，开展农村儿童健康问题研究，强化对农村儿童的关爱和保护，是一项意义重大的社会性工程。

二 现实需求

儿童健康是全民健康的重要基石，也是经济发展的重要保障，是社

---

① 资料来源：国务院《中国儿童发展纲要（2021—2030年）》（国发〔2021〕16号）。

会文明与进步的重要体现。党的十八大以来，以习近平同志为核心的党中央高度重视儿童事业发展，为我国儿童生存和发展提供了重要保障。2016年10月25日，中共中央、国务院印发《"健康中国2030"规划纲要》，强调健康是促进人的全面发展的必然要求，应将其摆在优先发展的战略地位，并提出了"健康中国2030"的发展战略目标。其中青少年和儿童被列为重点人群，要求在身体素质、心理发展等方面进行全面提升，形成具有中国特色的健康服务体系，以促进青少年和儿童的全面发展。2018年4月，国家卫健委启动实施了第一周期《健康儿童行动计划（2018—2020年）》，通过多项行动的开展快速提高了儿童健康服务能力，为提升儿童健康水平发挥了重要作用。2021年月12日，《中华人民共和国国民经济和社会发展第十四个五年规划和2035年远景目标纲要》（以下简称《"十四五"规划》）正式对外公布。规划再次强调，要将提升国民素质放在突出重要位置，构建起全方位全周期的健康体系，提升人的全面发展能力。随后，根据《"十四五"规划》和《"健康中国2030"规划纲要》的主要精神，国务院办公厅印发《"十四五"国民健康规划》，提出促进儿童和青少年发展的具体要求，在营养改善、促进生长发育、疾病筛查、近视防控、心理健康教育等方面都做出了明确规定。

在中共中央、国务院的坚强领导下，我国的儿童工作持续推动，儿童发展环境得到进一步优化，取得了显著的成效。一是死亡率稳步下降。《中国儿童发展纲要（2021—2030年）》显示，2010—2020年，全国新生儿死亡率、婴儿死亡率和5岁以下儿童死亡率持续下降，分别从8.3‰、13.1‰和16.4‰下降到3.4‰、5.4‰和7.5‰。二是生长发育状况持续改善。《儿童蓝皮书：中国儿童发展报告（2022）》显示，2020年，全国5岁以下儿童贫血患病率为4.51%，生长迟缓率为0.99%，低体重率为1.19%，儿童健康状况稳步提升，营养不良问题得到持续改善。但是，受到经济社会发展水平的制约，儿童健康水平在不同地区和城乡之间依然存在较大差距，如5岁以下儿童死亡率在城市地区为4.4‰，而农村地区是城市地区的两倍以上，为8.9‰；经济发展水平较差的西部地区也是东部地区的两倍以上,分别为 10.6‰和 4.1‰。

从儿童身体素质的发展情况来看,全国中小学生生长发育状况在城乡之间的差别有所减小,但仍然存在一定差异。数据显示,2019 年,城市地区的中小学生出现肥胖和超重的概率为 26%,高于乡村地区 22.3%的水平;乡村地区的中小学生出现营养不良的概率(指生长迟缓检出率+消瘦检出率)为 9.2%,比城市地区(7.9%)高出 1.3 个百分点;农村地区中小学生出现贫血的概率也始终高于城市地区。在儿童常见疾病方面,城市儿童出现近视的概率高于乡村学生,分别为 70.6%和 65.2%[1]。由此可见,在与学习强度、娱乐方式和饮食结构等因素相关的肥胖超重和视力不良上,城市地区的儿童状况相对更差,但与营养摄入、医疗卫生条件等因素相关的指标上,农村儿童的劣势则十分明显。

从儿童心理健康的发展情况来看,我国儿童的心理健康问题日益凸显,并呈现出逐渐上升的趋势。《中国国民心理健康发展报告(2019—2020)》指出,2020 年,我国青少年出现不同程度抑郁症状的概率为 24.6%,其中重度抑郁的占比高达 7.4%,已经成为我国抑郁症的重点防治人群。统计数据显示,6—12 岁小学生的家长中,有 11.5%的人发现孩子存在情绪不稳定、自闭、抑郁等倾向。并且与身体健康一样,心理健康同样表现出明显的城乡和地区差异。其中东部地区的人口心理健康水平整体更高,其抑郁高风险检出率为 13.4%,而中部地区和西部地区分别达到了 20.6%和 20.1%;城镇户口和农村户口分别为 14%和 16.5%。由此可见,青少年还处于个性形成和心理发展的初步阶段,由于自我意识薄弱,抵抗挫折的能力较低,因此极易受到外界因素影响,导致我国儿童心理健康问题不断上升。并且由于城乡地区发展状况的差异,农村儿童的心理健康问题会表现得更加突出。

随着我国经济社会的快速发展,儿童健康工作已经转向高质量发展阶段,但青少年儿童的身体素质、心理健康和行为发展开始呈现出越来

---

[1] 资料来源:中国儿童中心、苑立新:《儿童蓝皮书:中国儿童发展报告(2021)》,社会科学文献出版社 2021 年版,第 25—35 页。

越广泛和突出的特征,并且仍然存在明显的城乡差异,成为关乎国家和民族未来的重要问题。目前我国正朝着第二个百年奋斗目标迈进,在推动儿童健康事业发展的关键时期,我们应把解决儿童健康的不均衡发展作为重点任务,更加关注农村儿童青少年成长环境。因此,在新形势下持续提升农村儿童的健康服务水平,推动农村儿童健康高质量发展,具有十分重大的现实意义。本书将针对儿童多个维度的健康状况进行深入分析,试图精准施策,补齐短板,从人口学和社会学的角度出发,针对农村儿童建立完善的多维健康促进体系,从而有效推动农村儿童在生理、心理和社会适应能力上的全面发展。

第二节 研究目的与研究意义

一 研究目的

儿童健康是影响个体未来健康水平的重要因素,并且会深刻影响未来的长远发展。越来越多的文献证实,童年时期形成的体质、个性等特征是决定成年时期个体发展的重要基础[1]。对于少年儿童的健康成长来说,健全的家庭结构、科学的家庭养育、全面的学校教育、完善的社区功能以及高质量的社会公共服务都是缺一不可的。作为一个还不具备清晰认知能力的未成年群体,家庭、学校和社会都在未成年人的生长发育、性格养成和社会化过程中起到了十分关键的作用。但农村家庭教育存在缺失、学校教育观念相对落后、社会健康资源和服务较为不足,导致人们对儿童健康缺乏科学认知和正确引导,造成农村儿童身体素质相对低下,心理健康和行为发展也存在更多的问题。并且对于农村的留守儿童来说,由于父母的缺席,他们还长期缺乏充足的亲情关爱和生活方面的帮助监督,在心智尚未成熟并且缺乏自我保护能力的情况下,更加容易受到身心健康方面的不良影响,出现营养不良、患病增加、性格冷漠、

---

[1] Heckman, J. J., Mosso, S., "The Economics of Human Development and Social Mobility", *Annual Review of Economics*, Vol. 6, No. 1, 2014, p. 689.

自我封闭等现象，甚至产生越轨行为，而这种现象往往具有普遍性、严重性和长期性的特征①。长此以往，个体健康的不良发展就会通过对家庭的影响上升至社会层面，阻碍农村经济和社会的可持续发展。

在党的十九大报告中，习近平总书记指出要实施健康中国战略，提出"人民健康是民族昌盛和国家富强的重要标志"。《"健康中国2030"规划纲要》指出，要突出解决好儿童等重点人群的健康问题，强化对儿童健康促进方面的全面干预。在着重优化我国人口结构，推动人口长期均衡发展的情况下，儿童健康问题的重要性不断提升。在此背景下，我国农村儿童的健康问题备受关注。因此，本书就农村儿童的多维健康问题进行研究，既是为了探究农村儿童在身体、心理和社会适应方面存在的突出问题，为青少年创造一个健康的成长环境，以保证家庭的和谐和社会的稳定，也是为了推动城乡儿童在教育、基础设施和公共服务等方面的均等化发展，持续巩固脱贫攻坚成果，推进未来乡村经济的全面可持续发展。

鉴于此，本书运用"四川省J县农村儿童问卷调查"的结果，通过质性研究和量化研究相结合的方法，将收集的资料及数据进行详细的统计与分析，在已有文献的基础上，对农村儿童的健康问题进行总结、分析并撰写成文。在理论层面上，从全新的视角出发来界定儿童健康的内涵，科学完整地构建出农村儿童健康水平的理论框架和影响因素的实证模型。在实践层面上，对调研期间发现的问题进行相关梳理和总结，通过理论与实证的结合，总结出农村儿童在健康方面存在的现象和问题。同时，通过对"留守儿童"和"非留守儿童"两个群体的比较，探寻两者健康水平的差异以及差异产生的根源。最后，根据分析结果探寻健康问题背后的影响因素，充分解释其影响机制，并据此针对农村儿童存在的健康问题进行深入分析。在政策层面上，运用理论事实和科学依据所得出的结论，为农村儿童的科学管理和提高其健康水平的相关政策制定

---

① 黄教珍：《农村留守儿童问题研究》，江西人民出版社2013年版，第4页。

提供决策参考，力争给出具有理论价值和实操性较强的政策建议，实现农村儿童的健康成长和可持续发展。

二 研究意义

未成年人的健康成长不仅关系到个人的发展和家庭的幸福，还关乎社会的稳定和国家的兴旺。在我国特殊二元经济结构发展所造成的城乡差异下，农村儿童的健康问题则显得更加重要。农村儿童的成长劣势是由我国传统发展方式所造成的历史遗留问题，并且还会伴随着社会的转型而长期存在的。除此之外，人口的迁移与流动已经成为当前我国人口发展的一大重要影响因素，而由此衍生出的农村留守儿童问题也将直接影响社会的可持续发展。在社会主义市场经济和城镇化建设的大背景下，农村儿童健康问题的背后，反映的其实是现代化过程中社会变迁对乡村和城市文化的分割。提高农村儿童健康水平的举措，体现出了强烈的现实需求。

作为一个农业大国，农村人口占据了我国人口的绝大多数，但过去长时间的二元经济体制在农村和城市间建立起了一座壁垒，而这道鸿沟也随着城市的发展变得越来越大。由于基础设施的落后和公共资源的匮乏，农村地区的教育水平和生活质量远远比不上城市地区，如果再缺乏父母的关爱和科学监督，农村儿童的身心健康必定会受到极大的影响。儿童健康是衡量社会经济发展和人类发展的重要综合性指标，如果农村儿童的健康出现问题，从狭义上看是降低了中国未来青少年的健康水平，而从广义上看则会引发社会冲突和城乡矛盾。从根本上看，农村儿童问题实际上就是"三农"问题的延伸，也是城乡一体化建设的阻碍，如果不加以重视，将使城市和农村的差距越来越大，不仅难以实现农村人口的长期均衡发展，还增加了农村地区的返贫风险。因此，农村儿童的健康问题其实是一个涉及个人、家庭和社会的综合性社会问题，具有重要的理论和现实意义。

从理论层面上看，身体、心理和社会适应是相互影响和相互制约的，是衡量健康水平的重要组成部分。目前国内外关于儿童健康水平的研究大多较为单一地针对其身体健康或心理健康来谈，较少有文献全面研究了农村儿童各个维度的健康水平状况，以及影响这些水平的因素。不仅研究结果较为单一，更无法全面地分析我国农村儿童健康问题的突出表现，以及周围环境对健康产生影响的主要机制，其研究结论的推广和应用具有较大的局限性。而本书在已有研究成果的基础上，从多个角度出发进行理论创新，并构建全面的理论分析框架和系统的指标体系，可以充分了解农村儿童不同维度的健康水平，比较农村儿童中留守儿童和非留守儿童健康水平的差异，从而更加充分地从个人、家庭、社会等角度解释周围环境影响其健康水平的原因和机制。

从现实层面上看，农村儿童问题具有明显的特殊性。一方面，由农村儿童健康低下所带来的一系列社会问题，不仅会影响少年儿童个人的健康成长和家庭幸福，还会阻碍我国人口质量的提升和社会的可持续发展，影响经济发展和社会稳定。因此，在工业化和城市化发展的大背景下，以农村儿童为研究对象，归纳当前农村儿童健康水平的现状和特征，总结其中存在的主要问题，并通过相关模型分析出其背后的原因和影响机制，不仅可以为农村地区的青少年提供良好的成长环境和健全的制度保障，更有助于公众清晰地认知农村儿童的现实状况，对于如何关心、爱护农村儿童，解决农村儿童健康问题提供清晰的思路和有效的方法。与此同时，还可以帮助政府制定公共政策妥善应对社会转型和人口流动所带来的各种挑战。另一方面，农村儿童健康的高质量发展不仅关乎我国农村人口整体素质的提升和长远发展，还是推动城乡一体化发展，缩小城乡儿童成长差异的重要举措。健全农村儿童健康服务体系、推动农村儿童健康设施和服务均等化发展，既是巩固脱贫攻坚成果的要求，也是促进乡村人才振兴，推进乡村全面可持续发展的需要，关系到我国整个社会的发展和进步。因此，进一步重视农村儿童这一特殊群体，关注农村儿童健康发展，也是解决"三农"问题和推进城乡一体化进程的重要组成部分，具有十分重要的现实意义。

第三节 研究设计与数据方法

一 研究内容

本书旨在分析城市化快速发展和人口大规模流动的背景下，农村儿童在现有生活、成长和教育环境中存在的主要健康问题，以及背后的根本影响因素。通过探索不同环境所导致的健康状况的变化，找出解决农村儿童健康问题的有效途径，以提高农村儿童的生活质量，为青少年的多维健康发展提供一个良好的成长环境。根据最终研究目的和主要研究思路，本书主要分为六个部分，一共由八个章节组成。

第一部分，绪论，由第一章组成。这一部分介绍了本书主题的由来和研究的方向，主要对本书的研究背景、研究目的、研究意义、研究内容、研究方法和数据来源进行了详细说明。

第二部分，理论研究，由第二章和第三章组成。第二章为文献回顾与理论基础。首先，对国内外关于农村儿童的突出特点、目前存在的健康问题、健康水平的衡量方法，以及健康问题影响因素的相关文献进行了详细的回顾与客观的评述，在此基础上确定本书的研究主题。其次，对与本书的研究主题高度相关的马克思主义家庭理论、家庭社会学理论、依恋理论和生态系统理论进行了回顾与整理，明确了环境变化对儿童健康的重要作用，在此基础上为本书的研究思路和分析框架打好坚实基础。第三章为理论分析与研究设计。首先，从概念入手，根据研究的实际情况，对农村儿童、农村留守儿童、健康与儿童健康的内涵进行界定；其次，以相关文献和理论为基础，对成长环境对农村儿童健康的深刻影响进行理论分析，以此建立本书的研究框架和指标体系，正式确立本书的研究思路。

第三部分，描述性统计分析，由第四章组成。首先对调查对象的基本情况进行详细的描述，包括个体特征、家庭状况、住房条件和社会环境等情况，形成对农村儿童所处的家庭状况和社会环境的基本认知；其次是调查对象的生活现状，通过两类儿童的对比，了解不同类型农村儿童在家庭交流、生活照料和学习教育三个方面的基本现状和主要困境，从而对相关问题形成初步的认知与判断；最后根据儿童健康评价体系的测量标准，对受访儿童的健康水平进行综合测量，从而对农村儿童的健康状况形成一个初步判断。

第四部分，实证分析，由第五章、第六章和第七章组成。三个章节分别从身体健康、心理健康和社会适应性水平三个方面，详细分析了农村儿童各维度的健康状况，以及造成其健康差异的主要因素。首先，通过相应指标的测量，对留守儿童和非留守儿童在身体健康、心理健康和社会适应性上的水平进行描述，找出其中的差异；其次，通过模型分析，从个人特征、家庭状况、社会环境三方面因素入手，研究各因素对农村儿童健康水平的影响，并探究其背后的影响途径和影响机制。

第五部分，对策研究，由第八章组成。这一章为农村儿童的生活困境和对策分析。首先，根据上文的研究结果，认识当前我国农村儿童的健康状况处于一种怎样的水平，找出他们在健康方面出现的主要问题；其次，根据理论事实和科学依据所得出的结论，探索提高农村儿童健康水平的有效途径，为农村儿童的科学管理和提高农村儿童健康水平的相关政策制定提供决策参考。

第六部分，后记。

二 研究数据

本书使用的数据来自"四川省J县农村儿童问卷调查"。J县是四川省C市郊县，辖区面积1155.62平方公里，全县共辖6个街道，10个镇，村（社区）200个[①]。第七次人口普查数据显示，截至2020年11月1日零时，J县常住人口规模为80.04万人，占全市人口比重为3.82%，是四川省的人口大县之一。从经济发展状况来看，2020年全县地区生产

---

① 数据来源：J县人民政府网《J县行政区划基本情况》。

总值为468.9亿元,其中农林牧渔业总产值为101.5亿元;第一、二、三产业的增加值分别为66.0亿元、181.7亿元、221.2亿元。全县人均GDP为58583.21元,城镇居民人均可支配收入为41367元,农村居民人均可支配收入为23153元[①]。各指标较2019年均有所上升,但经济发展在全市和全省范围内仍处于较低水平。从户籍人口的变动情况来看,2020年底,J县共有户籍人口90.11万人[②],迁入人口2615人,迁出人口3960人,迁入率和迁出率分别为2.90‰和4.39‰,人口机械变动增长率为-1.49‰[③]。从常住人口的变动情况来看,虽然常住人口规模呈缓慢上涨趋势,但增长幅度和速度在全市范围内也处于较低水平,在C市属于人口外流现象较为突出的一个地区,在一定程度上可以说是城市化人口乡城迁移的一个集中反映。

调查问卷主要分为青少年问卷和监护人问卷两部分,由西安交通大学长江学者梁在教授领衔设计,题目经由社会学、人口学、心理学等领域多位著名专家讨论分析设置而成,内容实际客观,问题科学有效,较为全面地涵盖了农村儿童健康相关的多个维度的问题,对于分析农村儿童的整体情况以及不同类型农村儿童健康水平的差异提供了丰富的数据基础,易于后期的深入研究和详细分析。具体抽样方法为:以J县所有农村小学的五年级学生为抽样框,采取PPS抽样方法,先抽取了六所小学,再分别从每所学校的五年级班级中抽取若干个班级,最后对抽到班级的全部学生和监护人进行问卷调查。

经过PPS抽样选择,本次调查总共抽取了6所小学的15个班级,范围覆盖了条件中等的普通小学,地理位置较偏僻、教学设施较落后的村小,以及位置处于镇上、师资和教学设备均处于较好水平的实验小学,具体情况见表1-1所示。学校规模从小到大不等,可容纳的学生人数最少的仅300人左右,最大的超过2000人,师资力量和基础设施也都存在

---

① 数据来源:J县人民政府《2020年J县国民经济和社会发展统计公报》。
② 数据来源:J县人民政府《2020年J县国民经济和社会发展统计公报》。
③ 数据来源:C市统计局《C市统计年鉴(2021)》2021年版,第257页。

较大差异。因此,在这些学校进行农村儿童的问卷调查,能够最大限度地体现不同教学条件下农村儿童的健康状况及其背后的影响机制,具有较为广泛的代表性。经数据清理后,得到的调查样本数量为1144个。

表1-1　　　　　　　　调查学校基本情况统计

学校	乡镇	班级数	在校学生数	抽取班级数	抽取学生数
YH 小学	PQ 乡	18	600	3	115
PQ 学校	PQ 乡	33	1753	5	206
ZGZ 小学	ZG 镇	53	2368	9	422
DQ 小学	ZL 镇	7	325	2	51
HKZ 实验小学	HK 镇	14	650	4	168
GCBM 学校	GC 镇	33	1800	4	182

基于操作性和研究目的,关于本次调查的抽样过程有三点需要说明:第一,J县是四川人口大县,经历了从人口大规模输出到出现人口回流现象,可以说是中国城市化人口乡城迁移的一个集中反映,因此,在J县调查具有一定的代表性,有利于农村儿童的相关研究;第二,以学校学生为抽样框,虽然无法代表所有儿童,但考虑到义务教育和年龄因素,小学在校生能在具有操作性的前提下较大限度地体现代表性;第三,之所以选择五年级学生,是考虑到该阶段的学生具有一定的思考和读写能力,且经过多年的发展,父母外出的影响可能已有所反映,而年龄太小的儿童可能不利于揭示一些现象或问题。

三　研究方法

根据已有数据的实际情况,本书采用理论研究与实证研究相结合的方法,对农村儿童的多维健康水平进行深入的研究和分析。

首先,通过文献检索与阅读,收集、整理、分析、评判和引用与农村儿童身体健康、心理健康以及社会化发展相关的研究成果,包括已有论文、著作、统计数据等，以了解当前农村儿童健康问题研究的整体情况和前沿问题，形成一般印象。在学习和借鉴前人的研究成果基础上对既有研究中尚未充分开展的部分，采用理论推演的方法予以拓展，以此形成本书的具体研究思路和研究框架，从而有助于后期的进一步研究。

其次，通过对当前调查地农村儿童的总体特征和农村儿童健康水平基本现状的描述，比较分析调查数据中农村儿童的整体情况，以及不同类型农村儿童在个人特征、家庭情况、社区状况、身体健康水平、心理健康水平和社会适应水平上的差异。进一步推测农村儿童在各个维度的健康状况可能存在哪些突出问题，并在此基础上进行理论假设，以便在后期的定量分析中进行验证。

最后，利用"四川省J县农村儿童问卷调查"的微观数据，建立相关模型，确定各变量之间的因果关系，把握留守儿童和非留守儿童不同的个人特征、家庭状况、家庭结构、抚养方式、社区环境等对其健康水平的影响，深入分析其背后的影响机制。运用科学依据所得出的结论，为农村儿童的健康发展及科学管理和相关政策制定提供决策参考，力争给出具有理论价值和实操性较强的政策建议。

第二章 文献回顾与理论基础

第一节 文献回顾

一 农村儿童健康问题的特殊性

一直以来，我国都十分注重对儿童基础健康的投入，致力于推动儿童成长发展环境的进一步优化。随着经济社会的快速发展，现阶段农村儿童的健康状况已经得到了极大的改善，但城乡之间固有的发展差异导致农村儿童的健康水平与城市地区相比仍然存在一定差距[1]。研究发现，居住地是影响儿童健康的一大重要因素。在城镇居住的儿童拥有更多的优势条件，包括父母较高的教育水平、更多的可享受资源等[2]。但相比城市而言，农村儿童往往是资源劣势群体，对于儿童成长所需的社会资本、公共资源、社会福利等仍然是无法满足大规模农村儿童发展的需要的，由此造成了城乡儿童健康的差异。具体来看，农村儿童健康发展所面临的不足之处主要体现在以下几个方面。

一是家庭拥有的教育和社会资源。研究发现，家庭资源是儿童发展的核心，家庭收入、父母受教育程度和职业地位等的差异直接关系到儿童获得的物质和社会资源，从而影响儿童的健康状况、认知水平和社会

---

[1] 王馨雪：《家庭居住环境对农村儿童健康的影响——基于 CHNS 数据研究》，《山西能源学院学报》2021 年第 2 期；沈纪：《健康对儿童认知能力的影响——基于一项全国性调查的家庭和城乡比较分析》，《青年研究》2019 年第 2 期。

[2] 王宙翔、刘成奎：《人力资本代际传递：父母教育与儿童健康》，《人口与发展》2021 年第 5 期。

情感的形成①。儿童发展的不平等最初就来源于家庭发展的差异②。家庭投资带来的家庭成长环境的差异与儿童获得的技能和认知的差异是相对应的。与家境优渥的孩子相比，家庭经济条件较差的儿童，无论是掌握的知识、技能，还是形成的自信心、自主性、团队协作能力都存在一定差距③。从"资源强化"理论的角度来看，城市儿童作为优势群体本身就拥有更多的优势资源，而这些资源的不断叠加又会进一步放大其作用和影响。因此，在教学质量或社区资源更好的城市，孩子能得到的健康回报是明显高于农村儿童的④。

二是儿童成长过程中所能享受的医疗卫生资源和服务。过去城乡二元分割的发展方式使政府的财政投入具有较强的城市倾向，而现在市场化的迅速发展又使医疗卫生资源自发流入了购买力更强的城市地区，进一步造成城乡基本医疗服务的非均等化。发展至今，农村地区的医疗水平和医疗资源的可及性大多与城市地区存在明显差异，导致城乡儿童在医疗服务利用方面存在显著的不公平现象，制约了农村儿童的健康成长⑤。此外，医疗资源的差异也导致城乡居民基本医疗保险对农村儿童健康的促进作用是显著大于城市儿童的，它可以通过增加儿童医疗卫生支出来提升儿童的身体健康水平。但受到地区经济发展不均衡的影响，经济发展水平较差、医疗保险制度不完善的地区，其财政对医疗体系的支持和投入较少，导致医疗保险对农村地区儿童的保障水平有限，无法

---

① Bradley, R. H., Corwyn, R. F., "Socioeconomic Status and Child Development", *Annual Review of Psychology*, Vol. 21, No. 3, 2002, pp. 371–399.

② Kalil, A., "Inequality Begins at Home: The Role of Parenting in the Diverging Destinies of Rich and Poor Children", in Amato, Paul, R., Booth, Alan, McHale, Susan, M., Van Hook, Jennifer, *National Symposium on Family Issues: Families in an Era of Increasing Inequality*, Springer International Publishing, 2015, pp. 63–78.

③ Heckman, J. J., Mosso, S., "The Economics of Human Development and Social Mobility", *Annual Review of Economics*, Vol. 6, No. 1, 2014, p. 689.

④ 胡安宁：《教育能否让我们更健康——基于2010年中国综合社会调查的城乡比较分析》，《中国社会科学》2014年第5期。

⑤ 包茜：《城乡居民基本医疗保险整合背景下儿童健康的公平性研究》，硕士毕业论文，华中农业大学，2021年。

满足农村儿童成长多方面的需求，从而造成了城乡儿童健康水平的差异①。

三是家庭教育和照料方式。一般来说，农村地区的人口受教育水平普遍低于城市地区，这一指标涉及父母对孩子的教育和养育，从而会显著影响孩子的健康水平。研究发现，经济条件较差的父母往往缺乏正确的育儿知识，导致父母对孩子学习方面的支持以及对孩子探索外界环境的鼓励都较为缺乏②，而教育水平较高的父母通常可以通过提高家庭收入来为孩子提供更好的生长环境，包括均衡的营养投入、充足的医疗保障等③。此外，在日常家庭活动中，城市父母往往会投入更多精力和时间陪孩子进行玩耍、学习、户外拓展等活动，也更加重视对孩子的行为规则设定、哭闹处理，以及挫折激励，而这些因素与孩子的心理发展、自控能力和行为养成都是紧密相关的④。因此，在很多研究中会发现，农村儿童出现问题行为和产生焦虑、抑郁情绪的可能性都是大于城市儿童的⑤。

由此可见，我国农村儿童的健康问题存在一定的特殊性。其背后反映了现代化过程中社会变迁对乡村和城市文化的分割，同时也是农业文明向工业文明过渡过程中难以避免的问题。在我国将儿童健康理念融入经济社会发展政策，强调优先保障儿童健康的背景下，更加关注农村儿童健康，有针对性地补齐农村儿童健康发展短板，具有极为重大的现实意义。

---

① 赵建国、温馨：《城乡居民基本医疗保险对儿童健康的影响——基于中国家庭追踪调查数据的实证研究》，《社会保障研究》2021年第4期。

② Heckman, J. J., Mosso, S., "The Economics of Human Development and Social Mobility", *Annual Review of Economics*, Vol. 6, No. 1, 2014, p. 689.

③ 王宙翔、刘成奎：《人力资本代际传递：父母教育与儿童健康》，《人口与发展》2021年第5期。

④ 张翠微：《城乡幼儿发展差异及其与家庭教育投入的关系》，硕士毕业论文，河北师范大学，2019年。

⑤ 李刚、杨燕红、张倩、任桂云：《城乡儿童情绪问题与心理弹性的关系》，《中国健康心理学杂志》2013年第3期；陈宝林：《不同经济发展地区儿童行为问题特征及影响因素研究》，硕士毕业论文，苏州大学，2010年。

二 农村儿童健康问题的突出表现

（一）身体健康水平

随着经济社会的快速发展和城镇化的不断推进，2010年以来，我国儿童的健康水平已经得到明显提升，尤其是反映农村儿童身体健康的指标在十几年间有了极大的改善。但是，与城市儿童相比，农村儿童的身体素质依然较差，并且在不同地区，农村儿童健康水平的不均衡现象也依然突出。数据显示，2020年，我国农村婴儿死亡率和5岁以下儿童死亡率分别为6.2‰和8.9‰，而城市分别为3.6‰和4.4‰。分地区来看，经济发展水平较高的东部地区，儿童的整体身体素质也是优于中西部地区的[1]。东部地区的农村婴儿死亡率和5岁以下儿童死亡率分别为2.7‰和4.1‰，而中部地区为4.7‰和6.6‰，西部地区则达到了7.9‰和10.6‰，体现出地区发展水平对儿童身体健康的巨大影响。

一般认为，农村儿童相对较差的身体健康水平来源于营养匮乏和卫生习惯欠佳，而这些问题很大程度是由家长照料的缺失导致的。由于农村地区产业发展不足、居民收入水平有限，很多年轻劳动力会外出打工，导致孩子难以得到充分的照顾。因此，对农村儿童身体健康的研究大多集中在农村留守儿童这一特殊群体上。在农村地区，父母外出后儿童的患病率会出现明显上升，且母亲外出对儿童身体健康的影响程度高于父亲外出。但在城市地区，受益于更好的教育质量所带来的人力资本，父母外出的影响并不明显[2]。当然，关于这一点也存在不同的调查结果，如Schmeer[3]就指出了父亲对于儿童健康的重要作用。他发现，在墨西哥的农村地区，当父亲因移民而离家后，孩子患病的概率会比父亲在家时

---

[1] 姜楠：《在校寄宿对农村儿童健康的影响》，硕士毕业论文，浙江农林大学，2020年。
[2] 李强、臧文斌：《父母外出对留守儿童健康的影响》，《经济学（季刊）》2011年第1期。
[3] Schmeer, K., "Father Absence Due to Migration and Child Illness in Rural Mexico", *Social Science & Medicine*, Vol. 69, No. 8, 2009, pp. 1281-1286.

高出39%，痢疾的概率更是高出51%。但可以肯定的是，当父母均不在身边时，农村儿童的健康水平将会进一步降低。此外，无论父母有没有外出，农村地区都普遍存在隔代监护的状况，但由于农村家庭条件相对较差，隔代抚养者的文化程度又普遍偏低，在这样一种情况下，儿童很难得到充分的照料。数据显示，超过7成儿童吃不饱饭，超过3成儿童生病时自己买药或硬抗，接近一半儿童对当前的生活状态不满意，表现出不开心的情绪[1]。除此之外，家庭成员的时间分配也会广泛地影响农村儿童的营养状况。如果父亲或母亲外出务工，那么剩下的成员或其他监护人将不得不承担起孩子父母在农业生产或家庭生产（如抚养孩子、做饭和其他家务劳动）中从事的部分工作[2]。其结果则可能是分配给做饭或监督孩子饮食习惯的时间变少，因此造成了儿童体重不足或营养不良的概率增加[3]。

尽管如此，仍有部分研究认为，父母外出对农村儿童的健康成长具有一定的正向作用。父母外出的行为主要通过两个渠道对儿童营养状况产生影响，一是家庭收入的变化，二是家庭时间的分配，而收入增长与家庭生产结构的变化被认为是饮食行为和营养结果变化的主要原因之一[4]。一般来说，人们从乡村地区向城市地区的转移都是为了获得更高的收入和更好的生活，因此这种对经济地位的追求也会转化为家庭成员的健康和福祉[5]。在墨西哥和危地马拉的国际移民案例中，由于父母汇款所带来的家庭经济条件的提升，子女在教育、健康水平以及营养状况

---

[1] 秦树文、贾巨才、刘守义：《农村留守儿童生活现状与对策研究——以河北省尚义县、怀安县为例》，《河北北方学院学报》（社会科学版）2009年第1期。

[2] Mu, R., van de Walle, D., "Left-behind to Farm? Women's Labor Re-Allocation in Rural China", *Labour Economics*, Vol. 18, 2009, pp. s83 – s97.

[3] Brauw, A. D., Mu, R., "Migration and the Overweight and Underweight Status of Children in Rural China", *Food Policy*, Vol. 36, No. 1, 2011, pp. 88 – 100.

[4] Du, S., Mroz, T. A., Zhai, F., et al., "Rapid Income Growth Adversely Affects Diet Quality in China—particularly for the Poor!", *Social Science & Medicine*, Vol. 59, No. 7, 2004, pp. 1505 – 1515.

[5] Ssengonzi, R., Jong, G. F. D., Stokes, C. S., "The Effect of Female Migration on Infant and Child Survival in Uganda", *Population Research & Policy Review*, Vol. 21, No. 5, 2002, pp. 403 – 431.

上，都会得到更好的发展[1]。从另一个角度看，父母外出还可以促使子女参与更多的家务及劳动，从而帮助其增加运动量，提高健康水平。丁继红和徐宁吟[2]发现，虽然父母外出会对农村儿童的身高产生负向影响，但在6—18岁儿童和农村儿童中，父母外出会使其体重保持正常，较少出现体重不足或超重现象，体现出了父母外出对促进儿童参与劳动和健康生活的正向作用。同样的，父母外出并不会显著影响留守儿童的患病情况，对于12—18岁儿童来说，其患病率甚至有所下降。文育锋等[3]在对皖南农村地区某小学和初中进行健康状况的调查后发现，父母外出务工对儿童身体发育的诸多指标造成显著的正向影响，由于打工可以提高家庭经济水平，因此父母均外出的农村儿童其营养不良的发生率反而是最低的。

（二）心理健康和社会适应水平

《中国国民心理健康发展报告（2019—2020）》显示，与身体健康状况相同，当前国民的心理健康水平也存在明显的地区差异。一是经济发展水平更高的东部地区，其人口的心理健康素质整体上更好；二是农村户口的人群中出现抑郁的风险高于城镇户口人群。并且青少年的心理健康问题也较为多发，甚至呈现出逐年上升的态势。研究发现，儿童的心理健康和行为表现受成长环境的影响十分深刻，正确的家庭教育和学校引导会帮助儿童形成良好的心理素质及行为方式。但发展水平较为落后地区的农村家庭和学校难免存在教育理念相对陈旧、教学模式相对落后的问题，导致儿童的心理教育和行为发展被忽略，出

---

[1] Antman, F. M., "Gender, Educational Attainment, and the Impact of Parental Migration on Children Left Behind", *Journal of Population Economics*, Vol. 25, No. 4, 2012, p. 1187; Frank, R., Hummer, R. A., "The Other Side of the Paradox: The Risk of Low Birth Weight among Infants of Migrant and Nonmigrant Households within Mexico", *International Migration Review*, Vol. 36, No. 3, 2002, pp. 746 – 765; Carletto, C., Covarrubias, K., Maluccio, J. A., "Migration and Child Growth in Rural Guatemala", *Food Policy*, Vol. 36, No. 1, 2011, pp. 16 – 27.

[2] 丁继红、徐宁吟：《父母外出务工对留守儿童健康与教育的影响》，《人口研究》2018年第1期。

[3] 文育锋、王金权、刘荣强等：《皖南农村留守儿童健康状况的研究》，《现代预防医学》2008年第4期。

现认知和行为的偏差①。因此，在很多研究中会发现，农村儿童产生焦虑、抑郁情绪的可能性是明显大于城市儿童的，出现攻击行为、违反纪律和社交障碍等情况的概率也明显更高，尤其是处于心理和生理发育关键时期的学龄儿童②。

除此之外，在农村儿童中，心理健康问题一般会更加突出的表现在父母外出务工子女这一群体当中。研究表明，儿童焦虑及抑郁情绪的发生率和与父母的分离高度相关③，由于亲子关系是构成孩子性格的基础，因此和父母的分离会对孩子的心理健康造成很大的影响，导致农村儿童的焦虑情绪更加明显，但这一现象会随着年龄的增长逐渐减弱④。国外研究也发现，那些父母在国外生活的儿童出现焦虑和抑郁等情绪问题的概率是普通家庭儿童的两倍⑤。更严重的情况下，与父母的分离还会导致儿童产生情绪失调和精神问题。比如在Wickramage等⑥的研究中，每5个留守儿童中就有2个存在临床性的精神障碍，且男童更容易患上精神疾病。

与此同时，这种心理和精神问题还会同步体现在心理和行为上，林宏⑦通过对福建省的三个城乡调查点进行抽样调查后发现，由于家庭教育的缺失和管教方式的不当，农村儿童大多会出现自卑内向、孤独冷漠，甚

---

① 曹培林、何贵梅：《农村学校儿童心理健康教育探究》，《文理导航（上旬）》2020年第5期。
② 李刚、杨燕红、张倩、任桂云：《城乡儿童情绪问题与心理弹性的关系》，《中国健康心理学杂志》2013年第3期；陈宝林：《不同经济发展地区儿童行为问题特征及影响因素研究》，硕士毕业论文，苏州大学，2010年。
③ Suarez-Orozco, C., Bang, H. J., Kim, H. Y., "I Felt Like My Heart Was Staying behind: Psychological Implications of Family Separations & Reunifications for Immigrant Youth", *Journal of Adolescent Research*, Vol. 26, No. 2, 2010, pp. 222–257.
④ 龚开国：《农村留守儿童焦虑现状及其个体差异》，《中国健康心理学杂志》2008年第4期。
⑤ Jones, A., Sharpe, J., Sogren, M., et al., "Children's Experiences of Separation from Parents as a Consequence of Migration", *Arawak Publications*, Vol. 3, 2004, pp. 89–109.
⑥ Wickramage, K., Siriwardhana, C., Vidanapathirana, P., et al., "Risk of Mental Health and Nutritional Problems for Left-behind Children of International Labor Migrants", *BMC Psychiatry*, Vol. 15, No. 1, 2015, p. 39.
⑦ 林宏：《福建省"留守孩"教育现状的调查》，《福建师范大学学报》（哲学社会科学版）2003年第3期。

至任性暴躁等情绪，打架、偷窃、早恋、逃学等行为也较为常见。黄爱玲①采用《中学生心理健康度量表》对福建省某中学进行了问卷访问和个别访谈。结果显示，父母不在身边的农村儿童更容易产生适应不良和心理不平衡的情绪，其表现主要凸显在三个方面，一是学习困难，二是纪律较差，三是个性极端，要么过分自卑抑郁，要么充满攻击性，甚至出现偷窃、抢劫等行为，且男生要比女生更加突出。数据显示，留守儿童在未成年人偷盗、抢劫等犯罪行为的统计中占有很大的比例，有些县城甚至高达60%以上②，特别是在母亲外出的情况下，这种行为的发生率会进一步增加③。

但是，仍有不少研究发现，儿童的心理健康水平会受到孩子性别、家长性别、看护安排以及分离时间长短等多方面因素的影响，其心理健康状况与父母是否外出之间并不存在明确的线性关系。因此，从总体上看，留守儿童与非留守儿童的情绪和行为得分并无显著差异④，在某种情况下，其心理健康水平甚至会优于非留守儿童。这种积极的结果一方面归功于留守的父母或大家庭中的其他成员填补了外出父母留下的空白，使农村留守家庭有能力适应父母迁移带来的影响，与家庭成员、老师、朋友和同学之间的交流也有效缓解了留守儿童的负面情绪⑤；另一方面留守儿童的心理弹性处在一种较好的水平上，在面临生活贫困和感情缺失的不利条件下，他们会选择更加积极的目标支撑，从而在逆境中迅速成长，更好地适应环境压力⑥。

---

① 黄爱玲：《"留守孩"心理健康水平分析》，《中国心理卫生杂志》2004 年第 5 期。
② 罗静、王薇、高文斌：《中国留守儿童研究述评》，《心理科学进展》2009 年第 5 期。
③ Parreñas, R. S., "Children of Global Migration: Transnational Families and Gendered Woes", *Contemporary Sociology a Journal of Reviews*, Vol. 35, No. 5, January 2005, pp. 480 – 482.
④ Vanore, M., Mazzucato, V., Siegel, M., "'Left Behind' But Not Left Alone: Parental Migration & the Psychosocial Health of Children in Moldova", *Social Science & Medicine*, Vol. 132, May 2015, pp. 252 – 260.
⑤ Asis, M. M., "Living with Migration: Experiences of Left-behind Children in the Philippines", *Asian Population Studies*, Vol. 2, No. 1, 2006, pp. 45 – 67.
⑥ 朱激文、康莉：《农村留守儿童心理弹性调查报告——以梅山中心幼儿园大班为例》，《早期教育》（教科研版）2012 年第 6 期；同雪莉：《留守儿童抗逆力生成研究》，博士毕业论文，南京大学，2016 年。

因此，不能绝对地将父母外出的农村儿童认定为心理和行为发展不健康的群体，他们会因实际情况的不同而呈现出巨大的差异。

三 农村儿童健康水平的判断标准

（一）身体健康的测量指标

农村儿童的身体健康水平通常可以通过身高、体重、营养不良的发生率，以及某段时间内的患病率等直观的指标进行衡量。如宋月萍[1]、单白雪[2]、王芳等[3]采用"年龄别身高Z评分"（Height for Age Z-score，HAZscore）、"年龄别体重Z评分"（Weight for Age Z-score，WAZscore）和"身高别体重Z评分"（Weight for Height Z-score，WHZscore）来衡量农村儿童的身体健康水平。文育锋等[4]则从医学的角度出发，更加全面地测量了农村儿童的身高、体重、BMI、腰臀比、皮脂厚度、营养不良等指标。其中国际上较为通用的衡量标准是儿童生长发育的Z评分。HAZ评分的计算方法是以调查对象的实际测量身高减去世界卫生组织发布的同年龄同性别的标准平均身高，再除以同年龄同性别参考身高的标准差；WAZ评分的计算方法是以实际测量体重减去同年龄同性别的标准平均体重，再除以参考体重的标准差；WHZ评分的计算方法则是以实际测量体重减去同性别同身高的标准平均体重，再除以参考体重的标准差，最后分别得到一个评分值，并按照世界卫生组织对于儿童生长的判断标准进行结果判定。

此外，目前国际上最权威的衡量标准之一是"身体质量指数"（Body Mass Index，BMI），通常称BMI指数，由Ancel Keys等于1972年在《慢性疾病杂志》（*Journal of Chronic Diseases*）上发表的文章中首次提出[5]。判断

---

[1] 宋月萍：《中国农村儿童健康：家庭及社区影响因素分析》，《中国农村经济》2007年第10期。

[2] 单白雪：《中国农村留守儿童与非留守儿童健康状况比较研究》，硕士毕业论文，山东大学，2017年。

[3] 王芳、周兴：《家庭因素对中国儿童健康的影响分析》，《人口研究》2012年第2期。

[4] 文育锋、王金权、刘荣强等：《皖南农村留守儿童健康状况的研究》，《现代预防医学》2008年第4期。

[5] Blackburn, H., Jr, J. D., "Commentary: Origins and Evolution of Body Mass Index (BMI): Continuing Saga", *International Journal of Epidemiology*, Vol. 43, No. 3, 2015, p. 665.

方法是体重（公斤）除以身高（米）的平方，根据这个数值将测试者划分为体重过轻、体重正常、超重或肥胖。由于早期是按照西方人的身体状况为基础制定的，因此 BMI 指数的判定标准在不同的地区和不同年龄的人群中存在一定的差异。就中国的成年人而言，一般认为 BMI < 18.5 为体重过低，18.5 ≤ BMI < 24 为正常，24 ≤ BMI < 28 为超重，BMI ≥ 28 为肥胖[1]；对于 2 岁以上的儿童，国际上通常用体重指数的年龄百分比来判断（BMI-for-age percentile），即按照参考标准，体重指数低于第 5 百分位的视为体重过低，在第 5 百分位到第 85 百分位之间的视为正常，在第 85 百分位到第 95 百分位之间的视为超重，在第 95 百分位以上视为肥胖[2]；针对 2 岁以下的儿童，WHO 还有更加细致的划分标准[3]。由此可见，这一指数存在一定的局限，一方面国际标准并不一定适用于中国儿童的身体状况；另一方面，由于西方肥胖人数的增加，该指标主要用于判断是否超重或者肥胖，但根据历史经验，对于我国农村儿童而言，他们更多地是面临营养不良而不是营养过剩甚至肥胖的问题，因此有研究仅将这一指数的变化作为健康状况是否改善的参考[4]。

（二）心理健康测量指标

针对农村儿童心理健康方面的研究较为复杂，除观察和访谈外，相关文献普遍使用规范的心理量表进行测量。从现有的文献来看，部分学者使用"Achenbach 儿童行为量表"（Child Behavior Checklist, CBCL）[5]、"儿童孤独量表"（Children's Loneliness Scale, CLS）[6]、"自我意识量表"

---

[1] 资料来源：中华人民共和国国家卫生与计划生育委员会《成人体重判定》，2013 - 04 - 18。

[2] Centers for Disease Control and Prevention, "About Child & Teen BMI", https://www.cdc.gov/healthyweight/assessing/bmi/childrens_bmi/about_childrens_bmi.html.

[3] Organization, W. H., "WHO Child Growth Standards: Length/height-for-age, Weight-for-age, Weight-for-length, Weight-for-height and Body Mass Index-for-age: Methods and Development", *Acta Paediatrica*, Vol. 95, April 2006, pp. 76 - 85.

[4] 李钟帅、苏群：《父母外出务工与留守儿童健康——来自中国农村的证据》，《人口与经济》2014 年第 3 期。

[5] 廖珠根、陈绍红、汪时华等：《江西省农村留守儿童与非留守儿童行为问题比较研究》，《中国妇幼保健》2013 年第 27 期。

[6] 赵苗苗、李慧、李军等：《父母外出务工对农村留守儿童心理健康的影响研究》，《中国卫生事业管理》2012 年第 1 期。

(Self-Consciousness Scale，SCS)[①]等对农村儿童的心理健康进行测评。此外，最常见的心理量表为"症状自评量表"（SCL-90）、"长处与困难问卷"（Strengths and Difficulties Questionnaires，SDQ）、"《心理健康诊断测验》"（Mental Health Test，MHT）三种。其中症状自评量表（SCL-90）手册由 L. R. Derogatis 编制，总共包含 90 个项目，涉及思维、情感、行为、人际关系、生活习惯等多项内容，采用五级评分的方式作答，通过计算总分和十项因子分对测试者的心理健康水平进行相关判断[②]。但由于该量表的适用范围为成人，即 16 岁以上人群[③]，如果用于未成年儿童难免存在较大的偏差，因此，并不适用于农村儿童的心理健康研究。长处与困难问卷（SDQ）也是国际上通用的一种心理测评问卷。由英国儿童心理学家 Goodman Robert 于 1997 年编制完成，主要用于测量儿童和青少年临床实践、流行病学的设置和发展研究方面的心理健康问题[④]，现已经被翻译为 80 多种语言。SDQ 问卷主要针对 4—16 岁的儿童和青少年，同时还为家长和教师提供了相同的版本，与 SCL-90 相比可以更好地解决年幼儿童自我认知能力缺乏的问题。问卷涉及行为问题、情绪症状、多动症、同伴关系和社会行为五个维度的 25 个问题[⑤]，被认为具有良好的内容和结构效度而广泛应用于精神评估[⑥]。此外，《心理健康诊断测验》（MHT）也是中小学心理健康测量的常用工具之一。它是由华东师

[①] 李光友、罗太敏、陶方标:《父母外出打工对留守儿童危险行为和心理因素影响》,《中国公共卫生》2012 年第 7 期。

[②] 汪向东编:《心理卫生评定量表手册（增订版）》,中国心理卫生杂志社 1993 年版,第 33—36 页。

[③] Derogatis, L. R., *SCL-90-R: Administration, Scoring, and Procedures Manual* Ⅱ, Townson: Clinical Psychometric Research, Inc., 1983.

[④] Goodman, R., Scott, S., "Comparing the Strengths and Difficulties Questionnaire and the Child Behavior Checklist: Is Small Beautiful?", *Journal of Abnormal Child Psychology*, Vol. 27, No. 1, 1999, pp. 17 – 24.

[⑤] Goodman, R., "The Strengths and Difficulties Questionnaire: A Research Note", *Journal of Child Psychology & Psychiatry & Allied Disciplines*, Vol. 38, No. 5, 1997, pp. 581 – 586.

[⑥] Stone, L. L., Otten, R., Engels, R. C. M. E., et al., "Psychometric Properties of the Parent and Teacher Versions of the Strengths and Difficulties Questionnaire for 4-to 12-Year-Olds: A Review", *Clinical Child & Family Psychology Review*, Vol. 13, No. 3, 2010, p. 254.

范大学的周步成教授于1991年在日本铃木清编制的"不安倾向诊断测验"的基础上进行修订的。主要内容包括学习焦虑、对人焦虑、孤独倾向、自责倾向、过敏倾向、身体症状、恐怖倾向和冲动倾向八个维度的共100道题[1]，是适用于我国中学学生的标准化的心理测量量表。

（三）社会适应测量指标

在以往研究中，农村儿童的社会适应能力往往被视为心理健康问题的一部分，其使用的心理测量量表也包含了"人际关系"或"社会适应"两个维度的内容，如"症状自评量表""长处与困难问卷"等。但也有量表是专门针对这一问题所设计的，如"儿童社交焦虑量表"（Social Anxiety Scale for Children，SASC）[2]、"青少年心理适应性量表"（APAS）[3]、"青少年心理韧性量表"（HKRA）[4]等。但由于种类太多，各研究所使用的量表均有所不同。

在以上量表中，"青少年心理适应性量表"（Adolescence Psychological Adaptability Scale）是最为常用和最具针对性的一类量表。该量表最早来源于北京师范大学心理学院发展心理研究所的陈会昌教授于1985年编制的一份青少年适应性调查表，在经过不断的测试与标准化工作后，最终形成了现在的"青少年适应性量表"[5]。从内容上看，该量表主要通过四个分量表来测量调查对象的社会适应性，问题涉及身体与体育竞技适应、陌生情境与学习情境适应、考试焦虑情境适应、群体活动情景适应四个维度，是判断中小学生意志力、个性素质和社会适应的重要工具。

---

[1] 杨通华、魏杰、刘平等：《留守儿童心理健康：人格特质与社会支持的影响》，《中国健康心理学杂志》2016年第2期。

[2] 程琳：《隔代抚养对农村留守儿童人际交往的影响研究——以松原市宁江区孙喜村为例》，硕士毕业论文，长春工业大学，2017年。

[3] 贾文华：《农村留守儿童人格特征、应对方式与心理适应性关系》，《心理科学》2012年第1期。

[4] 徐礼平、田宗远、邝宏达：《农村留守儿童社会适应状况及其与心理韧性相关性》，《中国儿童保健杂志》2013年第7期。

[5] 陈会昌、胆增寿、陈建绩：《青少年心理适应性量表（APAS）的编制及其初步常模》，《心理发展与教育》1995年第3期。

四 农村儿童健康水平的影响因素

（一）个人因素对农村儿童健康的影响

从对目前已有研究的整理可以看出，尽管同一地区农村儿童的成长背景和教育环境基本相同，但不同年龄和性别的个体也会表现出不同的特点。就性别而言，一般来说，男孩会比女孩更容易在情感冲突中做出反应[1]，因此其情绪波动状况更大。此外，由于男孩普遍认为表达自己的情感会让他们变得软弱，因此男孩较女孩而言更难找到情感的正确表达方式。在遇到困难和负性事件时，他们更倾向于孤立自己，从而在心理健康方面呈现出比女孩更低的水平[2]。这就表明，即使客观环境的变化对儿童健康成长造成了阻碍，但个体的差异和内在的成长力量也是不容忽视的[3]。除此之外，研究还发现儿童健康状况与家长的性别偏好存在较大关系。偏好男孩的家庭在子女的资源分配上存在明显的不公正[4]。尤其是经济条件较差的农村地区，当父母面临家庭资源紧张时通常会优先将现有资源投入男孩身上，由此造成的结果就是男孩的身体健康水平明显高于女孩[5]。

就年龄来看，儿童健康状况的差异主要体现在面对家庭变故和环境变化时不同年龄阶段孩子的应对方式上。对于学龄前或低年级儿童来说，由于年纪较小、心智尚未成熟，他们对父母存在很强的依赖性，而父母在其成长过程中也起到了主导作用。因此，在面对负性生活事件时，如

---

[1] Jensen, P. S., Rubiostipec, M., Canino, G., et al., "Parent and Child Contributions to Diagnosis of Mental Disorder: Are Both Informants Always Necessary?", *Journal of the American Academy of Child & Adolescent Psychiatry*, Vol. 38, No. 12, 1999, pp. 1569–1579.

[2] United Nations Children's Fund (UNICEF) Moldova & Child Rights Information Center (CRIC) Moldova, *The Impact of Parental Deprivation on the Development of Children Left behind by Moldovan Migrants: UNICEF*, New York, Division of Policy and Practice Working Paper, 2008.

[3] 罗静、王薇、高文斌：《中国留守儿童研究述评》，《心理科学进展》2009年第5期。

[4] Das, Gupta M., Zhenghua, J., Bohua, L., et al., "Why is Son Preference So Persistent in East and South Asia? A Cross-country Study of China India and the Republic of Korea", *Journal of Development Studies*, Vol. 40, No. 2, 2003, pp. 153–187.

[5] 王芳、周兴：《家庭因素对中国儿童健康的影响分析》，《人口研究》2012年第2期。

果缺少来自家庭尤其是父母的支持,他们就会产生更多的焦虑情绪。但随着年龄的增长,特别是进入初中阶段后,儿童的自我意识开始形成,对父母的依赖逐渐分散到同伴和其他社会关系上。在遭遇生活变故时,他们更多地学会独自面对,或者寻求来自同学、朋友等家庭以外的社会支持,因而较少受到家庭变化的影响[①]。但从身体健康的角度看,当父母外出务工时,年龄的影响则与心理健康呈现出相反的结果。在儿童的幼年时期,一方面由于他们正处于稳定发育的生长阶段[②];另一方面其祖父母也较为年轻,拥有足够的体力和经验对家中儿童进行照料,未必会与父母存在太大的差别[③],因此他们不会明显地受到父母外出的影响。但随着年龄的增长,这种影响便开始逐渐凸显。

(二)家庭因素对农村儿童健康的影响

人类早期最主要的生活环境就是家庭。家庭既是人们最早接受教育的场所,也是儿童社会化最重要的场所,对于未成年人的成长来说至关重要。因此,家庭也是影响儿童健康水平的直接因素之一。从相关研究可以看出,在单亲家庭或父母双方均缺失的家庭中成长的儿童,其社会心理发展水平、行为认知、社交技能等往往更差,且单亲父亲和单亲母亲在儿童成长中的作用机制存在明显差异[④]。其原因一方面是收入的降低减少了家庭可利用在孩子身上的资源;另一方面则是家庭的压力压缩了父母对孩子的投入时间[⑤]。具体来看,可以体现在以下几个方面。第一,亲子关系是构成孩子性格的基础。父母工作和家庭关系的不稳定会使父母承受更大的压力,导致他们采取更加苛刻的方式与孩子相处,从

---

① 袭开国:《农村留守儿童焦虑现状及其个体差异》,《中国健康心理学杂志》2008年第4期。
② 丁继红、徐宁吟:《父母外出务工对留守儿童健康与教育的影响》,《人口研究》2018年第1期。
③ 陈在余:《中国农村留守儿童营养与健康状况分析》,《中国人口科学》2009年第5期。
④ 吴愈晓、王鹏、杜思佳:《变迁中的中国家庭结构与青少年发展》,《中国社会科学》2018年第2期。
⑤ Hill, M. S., "The Role of Economic Resources and Remarriage in Financial Assistance for Children of Divorce", *Journal of Family Issues*, Vol. 13, No. 2, 1992, pp. 198–198.

而对孩子的心理健康造成负面影响[1]。此外，子女和父母的分离也会降低孩子的心理健康水平。比如留守家庭的特殊家庭结构增加了父母与孩子之间的空间距离，使父母无法面对面并且持续地与孩子交流，两者只能通过电话或网络进行联系，大大地降低了亲子间的互动频率。长此以往，家庭教育的功能严重不足，这种交往模式甚至变得与学校、社团等次级群体无异[2]，极大地影响子女在生活技能、社会规范、道德情感和个人性格方面的形成。第二，就家庭经济条件来看，金钱和资源是影响人们出生、成长和生活的基本驱动因素，因此家庭经济条件也是影响健康状况的重要社会决定因素[3]。研究发现，收入增加可以有效提高儿童营养水平、降低儿童营养不良的发生率[4]。由于贫困家庭难以获得能够满足儿童健康成长所需的充足的资源，因此农村地区儿童的生长发育状况与城市儿童相比存在较大差异[5]。此外，对于外出务工人员子女来说，家庭经济状况的变化还存在另外的影响方式。一方面，父母外出打工可以增加家庭收入，提高家庭生活质量，并通过为孩子提供完善的卫生服务保障来提高孩子的健康水平[6]，但另一方面，父母出于内疚对孩子在物质条件上的弥补也可能会使孩子养成不良的行为习惯[7]，从而影响其身体和心理的健康发展。第三，大家庭中的其他成员在某些情况下可以填补外出父母留下的空白，使留守家庭有能力适应父母迁移带来的影响，从而

---

[1] 杜本峰、王翾、耿蕊：《困境家庭环境与儿童健康状况的影响因素》，《人口研究》2020年第1期。

[2] 李庆丰：《农村劳动力外出务工对"留守子女"发展的影响——来自湖南、河南、江西三地的调查报告》，《上海教育科研》2002年第9期。

[3] Marmot, M., Bell, R., "Fair Society, Healthy Lives", *Public Health*, Vol. 126, 2012, pp. S4–S10.

[4] 孙颖、林万龙：《收入增加、健康干预与儿童营养不良率降低——基于2002—2011年31省市数据的分位数回归》，《人口与社会》2014年第2期。

[5] 宋月萍：《中国农村儿童健康：家庭及社区影响因素分析》，《中国农村经济》2007年第10期。

[6] Taylor, J. E., "The New Economics of Labour Migration and the Role of Remittances in the Migration Process", *International Migration*, Vol. 37, No. 1, 2010, pp. 63–88.

[7] 李庆丰：《农村劳动力外出务工对"留守子女"发展的影响——来自湖南、河南、江西三地的调查报告》，《上海教育科研》2002年第9期。

维持和提高儿童的幸福感[1]。因此，家庭特征对农村儿童健康状况的影响存在着极大的不确定性，需要进一步的深入研究。

（三）监护因素对农村儿童健康的影响

研究表明，监护人及其照护方式也会造成农村儿童健康水平的差异。一般来说，家庭中儿童的主要抚养人是母亲，因此，母亲的健康管理能力会显著影响儿童健康[2]。这种健康管理体现在很多地方，除了蔬菜和水果摄入是否充足外，父母对儿童看电视时间的控制、对儿童参与体育活动的支持程度以及父母的共同参与度都会显著影响儿童的身体健康水平[3]。但由于农村地区的家庭居住模式和代际关系模式与城市地区存在一定差异，并且受到家庭经济水平的限制，农村地区的儿童有很大一部分是由祖辈抚养的。同时，对于农村地区普遍存在的留守儿童来说，由于父母常年不在家中，家中儿童的监护和教养责任大多也落在了祖父母的身上[4]。一般认为，祖辈在孩子的教育上往往存在很多误区，其抚养方式和教育手段过于陈旧和传统，与现代科学的教育方式早已脱节。要么过于溺爱，要么疏于管教，容易形成任性自私、性情孤僻、以自我为中心的性格特点。难免会导致儿童在成长和发展的过程中出现一些社会交际方面的问题，造成行为习惯的偏差[5]。研究发现，这类孩子往往在学习中不够进取，生活中缺乏热情，并且时常带有较强的逆反情绪，常有越轨行为发生[6]。此外，由于年老体弱、文化素养和生活习惯的落后，

---

[1] Asis, M. M., "Living with Migration: Experiences of Left-behind Children in the Philippines", *Asian Population Studies*, Vol. 2, No. 1, 2006, pp. 45–67.

[2] 和红、谈甜：《家庭健康生产视角下儿童健康的影响因素及其相对贡献度研究》，《中国卫生政策研究》2021年第9期。

[3] Hendrie, G. A., Coveney, J., Cox, D. N., "Factor Analysis Shows Association Between Family Activity Environment and Children's Health Behaviour", *Australian & New Zealand Journal of Public Health*, Vol. 35, No. 6, 2011, pp. 524–529.

[4] 周福林、段成荣：《留守儿童研究综述》，《人口学刊》2006年第3期。

[5] 马媛：《隔代教育对幼儿发展的负面影响及规避策略》，《基础教育研究》2014年第5期；朱亚杰：《隔代教育对农村留守儿童行为习惯的影响及社工介入研究——以河南省驻马店市W村为例》，硕士毕业论文，沈阳师范大学，2017年。

[6] 江荣华：《农村留守儿童心理问题现状及对策》，《成都行政学院学报》（哲学社会科学）2006年第1期。

由祖辈监护的儿童通常更容易出现情绪和行为障碍，因此也面临着更大的出现心理健康问题的风险[1]。除教育和沟通上的问题外，儿童的营养和卫生问题也很难得到他们的重视，导致儿童的身体健康水平也逐渐下降[2]。

但也有研究指出，隔代抚养是放开三孩和人口老龄化加速背景下，积极开发老龄人口资源、解决青年一代抚养压力的有效途径，并且诸多学者也通过研究证明了隔代抚养的积极效应。他们认为，隔代抚养首先可以节省家庭在机构或专业人士照护上的开支，其次可以在促进儿童身心健康和个人发展方面发挥更大的效用[3]。比如有研究表明，祖父母的受教育水平会对儿童教育成就造成直接影响。与受教育水平高的父母一起生活会显著降低孩子辍学的可能性，从而使与祖辈同住的孩子成绩表现更好[4]。同时，祖辈还可以通过提供日常互动和情感支持对儿童的健康成长产生正向效应，并且这一影响程度甚至与父母的受教育水平无异[5]。如果是在亲生父母无法亲自抚养的情况下，祖父母则可以为孩子弥补缺失的父母的爱，在生活中提供更多的鼓励，并为孩子的安全建立起一张保护网，从而更有利于留守儿童的身心健康[6]。此外，由于祖父母有更多的时间和精力来陪伴儿童，他们一方面可以通过充足的活动和饮食调节来改善儿童的健康状况；另一方面还能够及时发现并处理儿童在成长过程中出现的健康问题，避免因时机延误造成的不良后果，因此，

---

[1] Smith, G. C., Palmieri, P. A., "Risk of Psychological Difficulties Among Children Raised by Custodial Grandparents", *Psychiatric Services*, Vol. 58, No. 10, 2007, pp. 1303–1310.

[2] 蒋启梦、周楠：《中国隔代教养和幼儿健康关系的研究进展》，《中国学校卫生》2020年第12期。

[3] Hayslip Bert and Kaminski Patricia L., "Grandparents raising their grandchildren: a review of the literature and suggestions for practice", *The Gerontologist*, Vol. 45, No. 2, 2005, pp. 262–269.

[4] Suet Ling Pong and Vivien W. Chen, "Co-resident Grandparents and Grandchildren's Academic Performance in Taiwan", *Journal of Comparative Family Studies*, Vol. 41, No. 1, 2010, p. 111.

[5] Zeng Zhen and Xie Yu, "The Effects of Grandparents on Children's Schooling: Evidence from Rural China", *Demography*, Vol. 51, No. 2, 2014, pp. 599–617.

[6] Hayslip, B., Kaminski, P. L., "Grandparents Raising Their Grandchildren: A Review of the Literature and Suggestions for Practice", *Gerontologist*, Vol. 45, No. 2, 2005, pp. 262–269.

由祖辈抚养的儿童患病率也会明显减少[1]。

（四）学校因素对农村儿童健康的影响

学校和父母、家庭一样，是青少年健康成长的一个重要保护因素。首先，学校可以通过改善校园环境和卫生条件来增强学生的健康意识，培养其良好的卫生习惯[2]。另一方面，在进入学龄阶段之后，儿童社会化的主要媒介便从家庭拓展到了学校。由于学校正是以社会化为目的而专门设立的教育机构，因此它在儿童社会化的过程中也起到了更强的指导作用，是传授知识和帮助建立正确价值观的重要场所。当儿童能够明确的感受到自己是被接纳和认可的时候，其越轨行为就会被有效遏制[3]。因此，来自老师的充足关怀和对学生的较高期望可以有效防止各种不良行为和危险行为的发生[4]。但从客观上讲，由于学龄期儿童还未正式进入社会，仍然需要家庭与学校的共同监管和相互配合才能为孩子提供一个健康的成长环境。而就留守家庭而言，父母外出打工造成了家庭教育的缺失，势必无法及时配合学校参与对子女的监管，在一定程度上弱化了学校教育的有效性。与此同时，农村地区经济发展普遍落后，其基础教育的薄弱和师资力量的缺乏也使学校很难针对留守学生进行单独的教育和辅导，极易造成家庭和学校监管的双重缺失[5]。

与此同时，除了家庭成员和老师之外，同学和伙伴是儿童成长过程中接触最频繁的群体之一，也是青少年社会化过程中不可或缺的社会环境因素。青少年阶段的农村儿童正处于性格形成的过渡时期，对外界的感受较为敏感，极其容易受到同伴关系的影响。一般认为，积极的同伴关系有利

---

[1] 高盛：《隔代抚养对儿童健康状况影响的研究》，《西南交通大学学报》（社会科学版）2021年第3期。

[2] 郝志明、杨振波：《全面改善学校环境 促进儿童健康成长——学校全方位环境改善项目在中国的实践》，《广西教育》2019年第16期。

[3] 任婧：《不良同伴交往与青少年冒险行为的关系：学校联结的中介作用》，硕士毕业论文，陕西师范大学，2017年。

[4] Resnick, M. D., Bearman, P. S., Blum, R. W., et al., "Protecting Adolescents From Harm Findings From the National Longitudinal Study on Adolescent Health", *JAMA The Journal of the American Medical Association*, Vol. 278, No. 10, 1997, pp. 823–832.

[5] 邹先云：《农村留守子女教育问题研究》，《中国农村教育》2006年第10期。

于减少儿童不良行为的发生。来自同伴的支持越多，儿童出现行为问题的概率就越小①。反之，不良的同伴交往通常会使儿童产生消极情绪，从而增加其参与冒险行为的可能性。但如果能够得到老师的及时干预，儿童的不良行为也会被有效遏制②。此外，对于农村地区外出务工人员的子女来说，同伴还能起到另外的作用。研究表明，农村留守儿童虽然很期待父母的陪伴，但也能理解父母外出务工的目的是为了家庭未来更好的发展。因此，为了不给家人添麻烦，当他们在学习或生活中遇到困难或负性事件时，往往更倾向于寻求老师和朋友的帮助。随着年龄的增长，这种倾向会逐渐变强，同伴将在农村留守儿童的生活中发挥越来越重要的作用。当然，这种影响既有可能是正面的，也有可能是负面的③。因此，农村儿童的社会交往状况也是促进或阻碍其健康发展的一大因素。

（五）社区因素对农村儿童健康的影响

农村地区的社区环境主要在两个方面对儿童健康起作用，一是是否拥有充足的医疗资源并保证居住环境的卫生条件达到健康标准，二是是否可以面向所有居民提供完善的健康服务。首先，基础设施建设和居住卫生条件是一个十分重要的外部因素。研究发现，长期暴露在受到污染的环境中会造成肠道功能的紊乱，增加肠道感染和腹泻的发病率。改善饮用水质量、完善卫生设施建设、注重个人卫生预防可以降低儿童发育迟缓的风险④。国内研究也发现，饮用水安全和卫生厕所与农村儿童健

---

① 褚好：《同伴友谊质量对青少年一般偏差行为的影响研究》，硕士毕业论文，华东理工大学，2015年；程美玲：《初中生攻击行为与亲子依恋、同伴关系的相关研究》，硕士毕业论文，南昌大学，2018年。

② 任婧：《不良同伴交往与青少年冒险行为的关系：学校联结的中介作用》，硕士毕业论文，陕西师范大学，2017年。

③ 叶敬忠、王伊欢、张克云等：《对留守儿童问题的研究综述》，《农业经济问题》2005年第10期。

④ Mduduzi, N. N. Mbuya, Humphrey, J. H., "Preventing Environmental Enteric Dysfunction Through Improved Water, Sanitation and Hygiene: An Opportunity for Stunting Reduction in Developing Countries", *Maternal & Child Nutrition*, Vol. 12, 2016, pp. 106 – 120; Guerrant, R. L., Deboer, M. D., Moore, S. R., et al., "The Impoverished Gut-A Triple Burden of Diarrhoea, Stunting and Chronic Disease", *Nature Reviews Gastroenterology & Hepatology*, Vol. 10, No. 4, 2012, pp. 220 – 229.

康和生活环境紧密相关①。在控制个人和家庭等因素后，居住周围没有粪便和使用过滤后的饮用水会显著提升儿童的自评健康水平，且这一影响会随着儿童年龄的增加而增大②。因此，卫生经费的投入、卫生医疗体系的建设以及医疗卫生服务的提供都是影响农村儿童健康水平的重要因素③。目前我国农村地区的经济发展水平较弱，无法为农村儿童的社会支持提供充足的资金供应；再加上农村地区的社区空心化问题严重，社区层面的支持主体流出严重，而现有的社会资源也未能得到充分利用④，因此，我国农村地区基本未能建立完善的社区关爱体系，为农村儿童提供关心和照护。

其次，完善的社区服务和专业的社区支持也有利于提升儿童健康水平。研究表明，儿童健康会受到社会和环境的强烈影响，这些因素的不断累积有可能增加家庭的风险因素，但也可以有效提高孩子和父母的社会适应能力，前提就是加强社区支持网络的建设⑤。尤里·布朗芬布伦纳指出，完善社区治理体系，增强家庭及其居住社区的韧性，对于实现家庭成员在身体、心理和社会表现上的良好状态来说是至关重要的⑥。这需要社区通过加强基础设施建设和增加服务来提高社区包容性，并且为公民参与社区活动和融入社区生活提供更多的机会⑦。如社区志愿者

---

① 石鹏、席淑华：《我国农村生活饮用水卫生现状研究进展》，《中国公共卫生》2019年第10期；冯琳、余军、黄国斐、郑春龙、赵世文：《云南省农村改厕现况调查》，《中国公共卫生》2019年第5期；宋月萍、张婧文：《改水与儿童健康：基于中国农村的实证研究》，《人口学刊》2021年第2期。

② 兰莹利：《家庭收入和家庭卫生对儿童健康影响》，硕士毕业论文，东南大学，2021年。

③ 宋月萍：《中国农村儿童健康：家庭及社区影响因素分析》，《中国农村经济》2007年第10期。

④ 邓纯考：《农村留守儿童社区支持的资源与路径——基于西部地区四省两区的调研》，《教育发展研究》2013年第1期。

⑤ Grace, R., Kemp, L., Barnes, J., et al., "Community Volunteer Support for Families with Young Children: Protocol for the Volunteer Family Connect Randomized Controlled Trial", *Jmir Research Protocols*, Vol. 7, No. 7, 2018, pp. 7–26.

⑥ Bronfenbrenner, U., *The Ecology of Human Development*, Harvard University Press, 1979.

⑦ Byrne, Fiona, Grace, et al., "Structured Social Relationships: A Review of Volunteer Home Visiting Programs for Parents of Young Children", *Australian Health Review: A Publication of the Australian Hospital Association*, Vol. 40, No. 3, 2016, pp. 262–269.

提供的家庭服务可以为家庭提供更多与卫生健康、科学育儿、教育服务等有关的信息[1]，还有助于改善父母情绪、帮助父母与孩子间建立更好的亲子关系，减少家庭的孤立感和培养家庭的归属感，从而提高家庭成员的心理健康和社会适应能力，促进家庭成员更好地融入社区环境，等等[2]。

五　文献评价

总体上看，国内外学者在农村儿童健康水平及其影响因素上有着较为深入的研究，其提出的研究方法、研究结论和对策建议等也具有一定的借鉴意义。但是从文献的梳理和分析中仍然可以看到以下几点问题。

第一，身体健康、心理健康和社会适应性是相互影响和相互制约的，三者都是衡量儿童健康水平的重要组成部分。但就目前来看，国内外关于农村儿童健康水平的研究，大多较为单一地针对某一方面的健康水平来谈，较少有文献全面涵盖了各因素对农村儿童身体、心理和社会适应三方面影响的问题。不仅研究结果较为单一，更无法全面地分析农村儿童的生活困境及产生原因之间的联系机制，其研究结论的推广和应用具有较大的局限性。

第二，我国学者关于农村儿童健康问题影响因素的研究除了不够全面之外，还存在一定的偏向性。就现有文献来看，学者们的关注点和出发点大多局限于本学科的范畴，单独从心理学的视角或者营养和卫生的角度来谈农村儿童的健康问题，未能深层次地挖掘其背后的家庭结构和社会环境等因素，缺乏一定的多学科视角。

第三，国外关于贫困地区流动儿童或留守儿童健康水平影响的研究，较我国而言更加深入和翔实。但国外主要指因跨国移民与劳动力的全球

---

[1] Johnson, Z., Howell, F., Molloy, B., "Community Mothers' Programme: Randomised Controlled Trial of Non-professional Intervention in Parenting", *BMJ Clinical Research*, Vol. 306, No. 6890, 1993, pp. 1449–1452.

[2] Cummins, S., Curtis, et al., "Understanding and Representing 'Place' in Health Research: A Relational Approach", *Social Ence and Medicine*, Vol. 65, No. 9, 2007, pp. 1825–1838.

流动所造成的留守本国的儿童，与我国由于城乡流动所产生的留守儿童群体存在较大的差异。此外，国外家庭结构的变化、社会环境的发展，以及家庭教养的方式也与我国情况有所不同，因此，其研究结论也与我国实情存在较大的出入，并不完全适用于我国的农村儿童。

第四，我国现有关于农村儿童健康水平影响的研究，大多使用全国性调查项目的二手资料，较少有专门针对农村儿童，尤其是农村留守儿童进行的实证调研。因此其相关的变量往往范围较窄，选择有限，对研究结论存在一定的影响。与此同时，各研究在调查对象概念的界定上均不相同，因此，关于样本的选择也有着不同的标准，这就使得研究结论因样本选择的差异而呈现一定的出入。

第五，在研究方法上，大部分关于儿童健康状况的测量量表或测量指标都是由外国学者制定的。当充分了解其制定的标准后发现，有些指标是按照国外的实际情况编制的，并不完全适用于中国儿童，因此，在研究时有必要进行进一步的确定和筛选。

综上所述，目前我国关于农村儿童健康水平影响的研究还存在着概念不统一、分析不全面、研究视角单一等问题。鉴于此，本书将在综合国内外已有研究成果的基础上，从相关概念的界定入手，结合我国经济社会发展的实际情况和农村儿童面临的现实困境，从社会学、人口学、心理学等多学科交叉的视角出发，研究农村儿童健康水平及其影响因素。并通过对其影响机制的深入分析，探索出解决农村儿童健康问题的有效途径，为青少年创造一个健康的成长环境，保证社会的稳定和未来经济的可持续发展。

第二节　理论基础

一　家庭社会学理论关于家庭对儿童成长影响的论述

马克思主义家庭观认为，家庭是人口再生产的社会组织形式，它并不是简单的个体相加，而是由具有婚姻关系或血缘关系的夫妻、父母和子女所组成的基本单位,其本质上是一种社会关系的体现,而这种社会属性则决定了家庭的本质[1]。因此,家庭的变迁并不是孤立于社会发展过程的,它始终是社会系统的一部分,并且在整个社会系统中起着十分重要的作用。对于儿童本身来说,家庭也是促使其社会化的重要场所。在从幼儿到成人的整个过程中,无论是家庭的迁移、家庭的生活方式,还是家庭的瓦解与重组,都会对家庭成员产生重要的影响[2]。因此,儿童健康水平的背后,反映的其实是其家庭的发展状况。美国著名社会学家塔尔科特·帕森斯(Talcott Parsons)在其结构功能理论中指出,社会是一个复杂的系统,它由多个子系统组成,各组成部分相互依存,相互作用,共同促进其团结和稳定。在这一系统中,无论是整个社会,还是构成其中的家庭、群体或社会组织,都具有一种独特的结构,并在各自的运行中发挥着某种特定的功能。这种功能和结构之间的依存和交换关系,是社会系统得以保持稳定的重要前提。而家庭作为一个基本的社会单位,无疑是社会关系和社会组织的一个典型[3],其特有的结构和功能,也将对个人的健康发展和社会的良性运行产生极为重要的影响。

从概念上看,家庭结构是家庭成员的组合状况及成员之间的相互关系[4]。它不仅反映了家庭成员间关系构成的类型,也反映了社会组织形式随性关系和血缘关系的发展而产生的变化,是社会生产方式和经济发展状况的重要体现。在不同的社会背景下,家庭的结构形态存在着极大的差异。因此,生活环境的不同,也将使家庭的规模和类型发生改变。在环境变化的过程中,家庭人员的流动、成员的角色变化都是影响家庭结构的主要因素。这种结构的不同,也决定了家庭关系、家庭观念,以及家庭生活方式的差异,进而使家庭的功能产生一定的变化。根据家庭成员之间关系的不同,一般来说,家庭结构可以划分为核心家庭、直系

---

[1] 陈旸:《马克思主义家庭观及其当代价值》,《理论月刊》2013年第8期。
[2] [加]大卫·切尔:《家庭生活的社会学》,彭锢旎译,中华书局2005年版,第2页。
[3] 朱强:《家庭社会学》,华中科技大学出版社2012年版,第14页。
[4] 吴忠观:《人口科学辞典》,西南财经大学出版社1997年版,第139页。

家庭、联合家庭三种传统的家庭结构类型,以及独身家庭、丁克家庭、空巢家庭、同性恋家庭等其他形式的非传统家庭结构类型①,农村地区特殊的务工人员子女家庭属于这其中的一种。

但是,无论家庭结构发生怎样的变化,家庭既然是一种特殊的社会单位,那么它始终会承担一定的社会功能。这一功能不仅满足了社会的各种需求,也反映了家庭与外界间的多种联系。具体来讲,家庭具有的功能主要包括:生产功能、生育功能、抚养和赡养的功能、教育功能、情感慰藉功能、休闲娱乐功能、政治和宗教功能等七种。这些功能对家庭成员的个人和社会的发展,都具有十分重要的作用。就个人而言,家庭一方面可以为家庭成员的健康发展提供基本的满足和保障,一方面也促进了其社会化的成功转变。就社会而言,除了维护人口的生产、社会的延续和文化的传承外,家庭成员的正确培养和良好发展,势必能够促进个人与社会各组织间关系的和谐,保证社会的稳定发展,进而推动着社会的变迁。当然,若一个家庭丧失或者违背了部分应有的功能,那也必然会对经济社会的良性运行造成极大的阻碍。

家庭系统理论认为,个体的发展受到家庭成员的影响,每一个成员的行为及情绪都是相互促进或相互制约的。家庭系统越稳定,家庭功能就发挥得越好,家庭成员也会得到更好的发展②。马克思主义家庭观强调了家庭关系和谐和家庭功能正常发挥对于个人发展的重要性,农村儿童身上出现的各类问题,与其所在家庭都有着直接的关系。家庭结构和功能的变化,势必会给儿童的成长带来一定的影响。Murray Bowen③指出,三角关系是情感系统的基本分子,也是维持关系稳定的最小单位④。在一个核心家庭中,父亲、母亲和孩子组成了一个稳定的三角形,无论

---

① 朱强:《家庭社会学》,华中科技大学出版社2012年版,第105—106页。
② Bowen, M., *Family Therapy in Clinical Practice*, New York: Jason Aronson, 1978.
③ Bowen, M., "The Use of Family Theory in Clinical Practice", *Comprehensive Psychiatry*, Vol. 7, No. 5, 1966, pp. 345-374.
④ Kerr, M. E., Bowen, M., *Family Evaluation: An Approach Based on Bowen Theory*, New York: Norton, 2015.

是农村家庭还是城市家庭，稳定的家庭结构都可以更好地促进家庭功能的发挥。一旦父母一方缺席都会造成家庭中核心角色的缺失，进而使家庭失去原有的稳定性。这样一来，势必会对家中儿童的健康成长带来深刻的负面影响，也进一步阻碍了社会的良性运行。

二　依恋理论关于亲子关系对儿童成长影响的论述

依恋理论是一种描述人类长期和短期人际关系动态的心理学模型，但它并不是作为关系的一般理论来阐释的。依恋理论只涉及一个特定的方面，即当人们受到伤害，与所爱的人分离，或者感知到威胁时，人们在人际关系中的反应[1]。这种"依恋"的情感一般形成于儿童早期，基本上婴儿会对任何照护者产生依恋情绪，但两者关系的亲密程度会存在一定的个体差异。依恋理论最重要的原则是，婴儿至少需要与一个主要的照料者建立关系，以促进孩子成长过程中的社会交往与情感发展，尤其是对于情感调节的学习。这种关系的建立是儿童心理建设和社会化发展的重要前提。

对于儿童来说，依恋是一种动机和行为系统，它会引导孩子在受到惊吓或感到不安时，对熟悉的看护人亲近，并期望得到保护和情感支持。因此，只要提供大部分的照料和相关的社会互动，那么任何的照护者都有可能成为孩子的主要依恋对象[2]。这种关系可以是二元的，比如母亲与孩子，也可以是一个多元的照护者团体，比如兄弟姐妹、大家庭、老师同学等，但其中起主要作用的仍然是父母，尤其是母亲。在依恋理论中，依恋是一种生物的本能。当孩子感知到威胁或不适时，他们会寻求接近依恋对象，以消除这种威胁或不适[3]。这种情感的纽带在两个成年人之间可能是相互的，但在孩子和照顾者之间，这种纽带则是基于孩子

---

[1] Waters, E., Corcoran, D., Anafarta, M. Attachment, "Other Relationships, and the Theory that All Good Things Go Together", *Human Development*, Vol. 48, No. 1-2, 2005, pp. 80-84.

[2] Holmes, J., *John Bowlby and Attachment Theory*, Routledge, 1993, p. 69.

[3] Vivien Prior, Danya Glaser, "Understanding Attachment and Attachment Disorders", *Infant Observation*, Vol. 10, No. 1, 2007, pp. 93-97.

对安全和保护的需要的,因此在个体的婴儿时期和儿童时期显得十分重要。在孩子的成长过程中,个人的发展会受到早期亲密关系的影响。与照护者建立安全和稳定的依恋关系可以帮助孩子形成一个关于自我和他人的思想、记忆、信念、期望、情感和行为的系统,并随着时间和经验的积累而不断发展[1],不仅有利于孩子的健康成长,还会进一步影响其社会化发展的过程。

美国发展心理学家玛丽·安斯沃斯(Mary Ainsworth)根据其设计的陌生情境测验(strange situation test)的结果,将依恋关系分为了四种类型:安全依恋、焦虑—回避型依恋、焦虑—抵抗型依恋,以及紊乱型依恋。其中安全依恋型的儿童与照护者的关系处于一种较为牢固的状态。他们会在照护者在场时进行自由的探索,并与陌生人接触。在照护者离开时,他们会表现出明显的不安,当照护者回来时,他们则会表现得十分高兴。在这种依恋类型中,孩子们觉得他们可以依靠照护者来满足他们的情感支持和保护的需要,因此也被认为是最好的依恋类型。除此之外,另外三种类型均呈现出一种不稳定的依恋关系。焦虑—回避型的儿童在照护者离开或返回时,会回避或忽略照护者,并且不会对任何事物进行探索。焦虑—抵抗型依恋的儿童很少会进行主动的探索,并且经常会对陌生人保持警惕。当照护者离开时,孩子会感到非常焦虑,即使照护者回来后,孩子也会感到不放心,呈现出的是一种被动和矛盾的心理[2]。而紊乱型的儿童则缺乏依附行为,并且会对陌生人产生恐惧心理,常常处于压力当中,从而产生一些矛盾或混乱的行为。与安全依恋型儿童相比,另外三种类型的儿童均更容易受到家庭或社会其他风险的影响。

但总体而言,无论哪种类型,依恋关系的中断都会对儿童的健康成长造成较大的影响。具体来看,依恋行为及其对孩子的影响在孩子不同

---

[1] Mercer, J., "Understanding Attachment: Parenting, Child Care, and Emotional Development", *Praeger*, Vol. 53, No. 5401, 2005, p. 12.

[2] Ainsworth, M. D. S., Blehar, M. C., Waters, E., et al., *Patterns of Attachment: A Psychological Study of the Strange Situation*, Lawrence Erlbaum Associates, 2015, p. 23.

的成长时期存在不同的方式和结果。在婴儿时期，与照护者身体的分离会导致孩子的焦虑和愤怒，随之而来的是悲伤和绝望。但到三四岁时，身体上的分离将不再会对孩子的依恋关系造成威胁。而对年龄较大的儿童和成人来说，影响最深刻的则来自长期的缺席、沟通的障碍、情绪不稳定或遗弃的迹象等[1]。由此可见，儿童的心理健康状况，与他们早期和照护者间形成的依恋关系，存在着极为紧密的联系。

三 生态系统理论关于生长环境对儿童成长影响的论述

遗传和环境之间的相互作用，赋予了人们作为一个生命个体的独特性[2]，而青少年由于处在个体发展的早期阶段，任何生活中或社会上的环境变化都会或多或少地改变其发展轨迹。因此，个体所处的环境势必会对少年儿童的成长造成较为深刻的影响。

著名的发展心理学家尤里·布朗芬布伦纳（Urie Bronfenbrenner）在其研究中强调了环境对儿童发展的重大影响，并在此基础上提出了著名的人类发展理论——生态系统理论。他认为，人类发展的过程是在个体与环境的相互作用中形成的，因而其发展路径会受到周围环境的影响，如父母、朋友、学校、工作、文化等[3]。个体的发展不是孤立于社会之外的，而是存在于家庭、学校、社区和社会等诸多关系体系中的。从直接围绕在个体周围的人和各类机构到全国性的文化力量，有许多不同维度的环境因素都会对孩子的发展造成直接或间接的影响。因此，生态系统理论认为环境是发展的核心，伴随着个体的发展和环境的改变，共有四个层次的环境系统会对个体的发展造成深刻的影响，分别为微系统、中系统、外系统和宏系统（见图2-1）。

微系统是最接近个体本身的一层系统，它包含了孩子成长过程中最

---

[1] Shaffer, D. R., *Social and Personality Development*, 6th ed, Wadsworth Cengage Learning, 2009.

[2] ［美］詹姆斯·W. 范德赞登等：《人类发展（第八版）》，俞国良等译，中国人民大学出版社2011年版，第9页。

[3] Bronfenbrenner, U., *The Ecology of Human Development*, Harvard University Press, 1979.

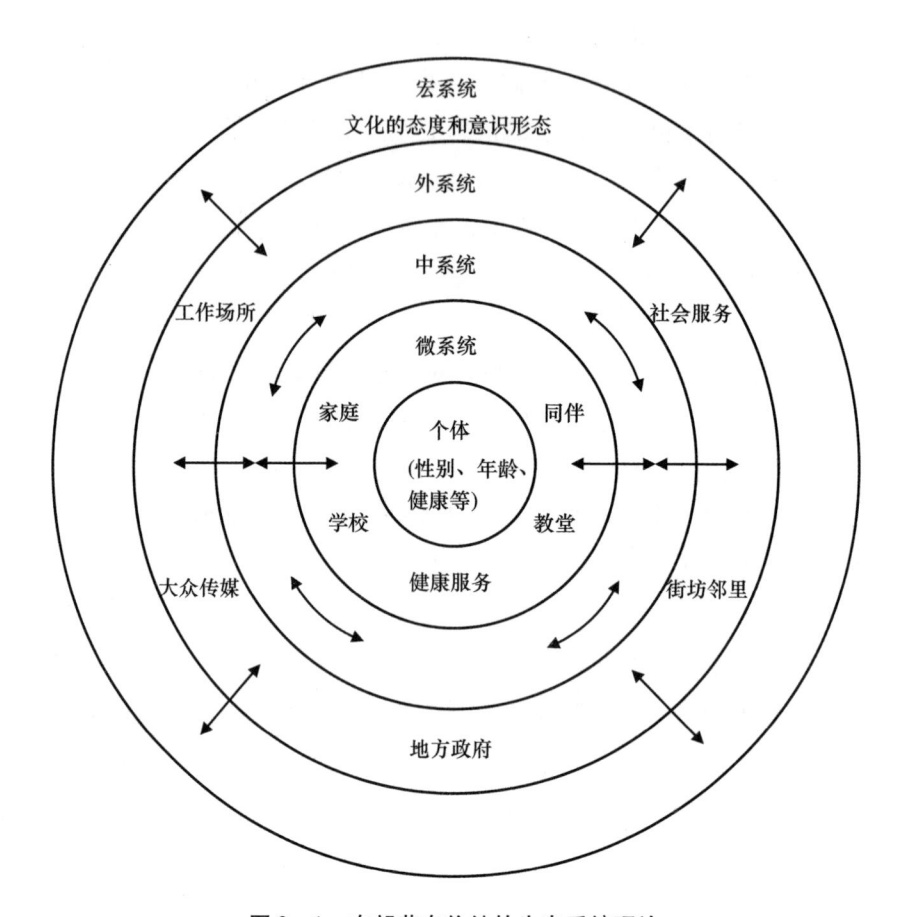

图 2-1 布朗芬布伦纳的生态系统理论

资料来源：Ecological systems theory，https：//en.wikipedia.org/wiki/Ecological_systems_theory。

直接接触的社会关系和环境结构，如家庭、同伴、学校、教堂、卫生健康服务等最直接影响儿童发展的机构和群体[1]，是对儿童影响力最强、影响程度最深的一层系统。中系统连接了孩子、父母和家庭生活的两个或多个系统，由孩子和微系统之间的多种关系构成，如家庭和老师之间的互动，孩子的同龄人和家庭之间的互动，以及孩子的邻居和教堂之间

---

[1] Berk, L. E., *Child Development* (5th edition), Allyn and Bacon, 2000.

的联系等。外系统则定义了一个更大的社会系统，是孩子发展的外部环境，包括父母的工作场所、社区环境、当地政府、大众传媒等。在这一层系统中，孩子可能并不会直接地受到外部环境的影响，但外部环境却可以通过与微系统中的某些结构的相互作用直接或间接地对孩子的未来发展产生影响[1]。比如父母的工作就是一个典型的例子。虽然孩子不会直接与父母的工作产生关联，但父母却有可能将工作中的压力和消极情绪带回家，从而影响自己与孩子的相处方式。宏系统由文化价值观、风俗习惯和法律构成[2]，是特定社会或社会群体的意识形态和组织的总体形式，如国家发展程度、社会阶级、种族群体或宗教附属机构[3]。一个孩子自身、孩子的父母、孩子的学校、父母的工作场所，都是一个大的文化背景的一部分，他们也因此拥有着共同的身份、相同的文化传统和一致的价值观，从而对儿童的发展产生缓慢却深刻的影响，是一种文化思想和价值观念逐步渗透的过程。由于每一代人都有可能改变宏系统，因此宏系统也会随着时间的推移而演化，导致每一代人都在他们唯一的宏系统中成长和发展[4]。在后续的研究中，布朗芬布伦纳还在这一理论中加入了时间系统以解释时间的影响，如生活中特定的环境事件和文化随时间的变迁等[5]。无论是个体还是社会，都是可变性和稳定性的统一。相同年龄的个体可能会具有相同的生活经历，但是相同年龄不同辈分的个体，其生活经历却很有可能具有极大的差异，因为这些都取决于他们生活的时代[6]。

由此可见，人与人之间的关系都是社会的。即使是最小层次的亲子

---

[1] Berk, L. E., *Child Development* (5th edition), Allyn and Bacon, 2000.
[2] Berk, L. E., *Child Development* (5th edition), Allyn and Bacon, 2000.
[3] Mclaren, L., Hawe, P., "Ecological Perspectives in Health Research", *Journal of Epidemiology and Community Health*, Vol. 59, No. 1, 2005, pp. 6–14.
[4] Kail, R. V., Cavanaugh, J. C., *Human Development: A Lifespan View* (5th edition), Wadsworth Cengage Learning, 2012.
[5] Berger, K. S., *The Developing Person Through Childhood* (6th edition), New York, NY: Worth Publishers, 2012.
[6] ［美］詹姆斯·W. 范德赞登等：《人类发展（第八版）》，俞国良等译，中国人民大学出版社2011年版，第11页。

关系，也不会仅存在于社会真空中，而是嵌入在社区、社会、经济和政治等某些更大的社会结构中。换句话说，人类就是根据环境变化而发展的，包括人们所在的整个社会和他们生活的时期，任何一个环境的变化都会对儿童未来的发展造成较大的影响，农村儿童就是其中一个典型。因此，生态系统理论有助于理解环境因素对于农村儿童健康状况的影响路径，各系统的划分更是有利于统筹社会环境中的各层次和各要素，以保证农村儿童的健康成长。对于提高农村儿童健康水平的政策制定具有较为宏观的指导意义。

本章小结

本章首先梳理了历年来与农村儿童健康问题相关的文献。研究发现以下几点。第一，随着城市化和工业化进程的不断推进，农村儿童的健康状况已经得到极大改善，但城乡之间固有的发展差异导致农村儿童拥有的家庭资源、公共医疗卫生服务相对不足，家庭教育也存在一定问题，阻碍了农村儿童的健康成长。第二，从整体上看，农村儿童的健康状况低于城市儿童。并且由于缺少父母的关爱和照护，留守儿童的健康水平普遍更低。一方面身体素质较差，患病率高于非留守儿童；另一方面焦虑情绪更加明显，容易出现心理问题和行为偏差。但也有研究表明，父母外出会通过提高家庭收入、促进儿童劳动来提高儿童的身体素质，而逆境也是促进儿童成长、使其适应社会的有效途径。第三，农村儿童的健康水平会因实际情况的不同而产生巨大的差异，个体差异、家庭因素、社会环境都是影响农村儿童健康状况的关键因素。

其次，本章对与儿童健康问题高度相关的三种理论进行了回顾与整理。根据对以往文献和研究的查阅，进一步对马克思主义家庭理论、家庭社会学相关理论、依恋理论，以及生态系统理论进行了整合。根据文献内容可以明确，外部环境对儿童的健康水平起到了极为重要的作用。第一，环境对儿童发展存在重大影响。人类的发展过程不是孤立于社会之外，而是在个体与环境的相互作用中形成的，因而其发展路径会受到周围环境的影响。第二，伴随着个体的发展和环境的改变，从直接围绕在个体周围的人和各类机构到全国性的文化力量，共有四个层次的环境系统会对个体的发展造成影响，分别为微系统、中系统、外系统和宏系统，各系统层层递进，共同作用。第三，家庭是最接近个体本身的一层系统，也是儿童学习和成长的最初场所。家庭中父母和子女间的联系是十分紧密和深刻的，一旦家庭结构发生改变，势必会造成亲子关系的断裂，并阻碍家庭功能的正常发挥。因此，家庭成员的照护、亲子关系的形成，以及家庭结构的变动，都是影响儿童健康发展的关键因素。

第三章 理论分析与研究设计

随着社会的转型和城市化的不断推进，人口流动的趋势对人口管理和社会发展提出了全新的要求和挑战，其中农村儿童的健康问题就是社会稳定和谐与经济持续发展的一大制约因素。从狭义上看，农村儿童健康不仅关系到个人的发展和家庭的幸福，还会降低中国未来青少年的整体健康水平；从广义上看，人口流动背景下的农村儿童问题从根本上来说是"三农"问题的延伸，也是城乡一体化建设的一大障碍，若不及时解决，势必会造成社会冲突和城乡矛盾，影响社会的稳定和国家的兴旺。因此，在流动人口规模较大且存在增长趋势的现实背景下，研究农村儿童多维健康的影响机制，探索可以促进农村儿童健康成长的有效途径，具有极其重要的现实意义。鉴于此，本章将对几大关键概念进行明确的界定，并对影响农村儿童健康的理论进行简要的分析，在此基础上构建出影响农村儿童健康水平的理论框架与实证模型，并选取研究所需的测量指标，为后文的研究做充分准备。

第一节 相关概念界定

农村儿童具有较强的特殊性，受到经济形势变化和地区发展差异的影响，其中很大一部分儿童是属于父母长期流动在外的务工人员子女。由于家庭结构和家庭成长环境不同的农村儿童受到外界环境变化的影响程度可能会存在一定差异，因此为了保证研究的科学性和严谨性，本书将农村儿童划分为留守儿童和非留守儿童两类，通过对比分析的方法，来探究农村儿童健康的基本状况及其主要影响因素和影响途径。

一 农村儿童

"农村"在本质上与"乡村"的概念基本无异。根据《现代汉语词典》对这两个名词的解释，"农村"指的是"以从事农业生产为主的人聚居的地方"，"乡村"指的是"主要从事农业、人口分布较城镇分散的地方"[①]，两者强调的都是以自然经济和第一产业为主、人口居住相对分散的地区，是与城市相对应的一个概念。在具体的划分标准上，城市人口和农村人口可以通过户口性质来区分，也可以通过行政区域来区分。一般来说，农村人口也是与城镇人口相对应的一个概念，指的是"居住在城镇范围以外的全部常住人口"[②]。在我国，县级及以下的乡镇和村落区域通常被称为农村地区。"儿童"的概念相对来说很好理解，按照联合国《儿童权利公约》的规定，18岁以下的人群均指儿童。因此按照以上概念和标准，本书将农村儿童定义为"居住在县级及以下行政区域的18岁以下青少年"。

二 农村留守儿童

到目前为止，留守儿童的概念并没有形成统一的标准。最普遍的解释是，"因父母双方或一方长期外出打工而被迫留在户籍地，并因此不能和父母双方一同生活的孩子"[③]。但严格来说，"留守儿童"需要从三个方面来界定：父母外出的数量、父母外出的时间，以及儿童的年龄[④]。

[①] 中国社会科学院语言研究所词典编辑室编：《现代汉语词典（第7版）》，商务印书馆2016年版。

[②] 朱光磊、裴新伟：《中国农民规模问题的不同判断、认知误区与治理优化》，《北京师范大学学报》（社会科学版）2021年第6期。

[③] 吕开宇、吴蓓蓓：《留守儿童教育与健康问题研究》，经济科学出版社2013年版，第111页。

[④] 周福林、段成荣：《留守儿童研究综述》，《人口学刊》2006年第3期。

首先是父母外出的数量。2016年民政部进行留守儿童排查摸底工作时，国务院将排查对象限定为"父母双方外出务工或一方外出务工另一方无监护能力"。但在实际分析中，大部分研究都认为，父母双方只要有一方向外流出，其子女就算作留守儿童。并且由于父母性别角色的差异，父亲和母亲外出对儿童健康的影响是不同的。为了区别这一差异，本书将父母任意一方外出打工的儿童都视为留守儿童。其次是父母外出的时间。各学者的判断标准存在较大差异，大多数文献都以"父母长期外出务工"笼统带过，部分文献将时间定义为三个月、半年或者一年[①]。如果按照2000年以后人口普查对于流动人口概念的界定，外出半年是较为科学和普遍的标准，但考虑到某些留守儿童存在单次留守时间较短，但多次留守时间累积较长的情况，且无论时间长短如何，其亲子分离的处境和留守的性质都是相同的[②]，因此本书不对父母外出时间做出明确规定。最后是儿童的年龄。在以往的研究中，留守儿童的年龄划分存在不同标准。全国妇联在2013年开展全国农村留守儿童、城乡流动儿童状况研究时，选取的是18岁以下的样本；段成荣和周福林[③]在估计留守儿童的数量时将其定义为14周岁以下；之后段成荣和杨舸又将这一年龄标准提高到了17岁[④]；江荣华[⑤]和邹先云[⑥]的年龄界定为16岁以下；吴霓[⑦]和吕绍清[⑧]进一步将其范围缩小为处于义务教育阶段，即6—16岁的儿童。但由于本书选取的数据来源于在四川省J县进行的农村儿童问题调研，

[①] 叶敬忠、[美]詹姆斯·莫瑞：《关注留守儿童：中国中西部农村地区劳动力外出务工对留守儿童的影响》，社会科学文献出版社2005年版；吕绍清：《中国农村留守儿童问题研究》，《中国妇运》2006年第6期。

[②] 刘志军：《留守儿童的定义检讨与规模估算》，《广西民族大学学报》（哲学社会科学版）2008年第3期。

[③] 段成荣、周福林：《我国留守儿童状况研究》，《人口研究》2005年第1期。

[④] 段成荣、杨舸：《我国农村留守儿童状况研究》，《人口研究》2008年第3期。

[⑤] 江荣华：《农村留守儿童心理问题现状及对策》，《成都行政学院学报》（哲学社会科学）2006年第1期。

[⑥] 邹先云：《农村留守子女教育问题研究》，《中国农村教育》2006年第10期。

[⑦] 吴霓：《农村留守儿童问题调研报告》，《教育研究》2004年第10期。

[⑧] 吕绍清：《中国农村留守儿童问题研究》，《中国妇运》2006年第6期。

调研对象均为小学五年级的学生,年龄差距不大,因此本书也不对留守儿童的年龄做出明确的界定。综上所述,本书认为的农村留守儿童指的是"因父母双方或一方长时间外出打工而被迫留在户籍地的农村地区,并因此不能和父母一同生活的孩子"。

三 健康与儿童健康

从生物学的角度看,"健康"被认为是一种正常的功能状态。它一方面是生物系统能够持续地获得、转换、分配和利用能量的能力;另一方面也是人们能够履行个人价值,承担家庭、工作和社会角色,并合理应对生理、心理和社会压力的能力[1]。早期人们对于健康的界定侧重于身体功能这一主题,认为健康是一种正常的功能状态,可能会不时地被疾病破坏。但随着时间的推移,健康的定义也在不断地演变。1948年,世界卫生组织在其签订的《世界卫生组织组织法》中对"健康"的概念进行了升华,认为健康是"一种在身体上、精神上和社会上都完全良好的状态,而不仅仅是没有疾病或身体不虚弱"[2],这就将健康与幸福联系了起来。虽然这一具有创新性的概念受到了一部分人的欢迎,但由于世界卫生组织将"社会福利"作为"健康"的衡量标准之一,不仅缺乏实际操作价值,并且在制定卫生战略时也过于含混不清,使人们想要达到"健康"状态的目标几乎是不可能实现的[3],因此多年以来始终存在较大的争议,这一概念也只能被当作不切实际的理想搁置一旁,导致人们对健康的定义又回到了生物学的基础上。

直到 20 世纪 80 年代,世界卫生组织推动了健康促进运动的发展,

---

[1] Stokes, J., Noren, J., Shindell, S., "Definition of Terms and Concepts Applicable to Clinical Preventivemedicine", *Journal of Community Health*, Vol. 8, No. 1, 1982, p. 33.

[2] World Health Organization, "Constitution of the World Health Organization as Adopted by the International Health Conference, New York, 19–22 June 1946", *Bulletin of the World Health Organization*, Vol. 80, No. 12, June 1946, p. 982.

[3] Callahan, D., "The WHO Definition of 'Health'", *Hastings Center Studies*, Vol. 1, No. 3, 1973, pp. 77–87; Jadad, A. R., O'Grady, L., "How Should Health Be Defined?", *Bmj British Medical Journal*, Vol. 337, No. 7683, 2008, pp. 1363–1364.

再次带来了一种全新的健康概念，从动态的角度，将健康视为日常生活的资源而不是生活的目标，即个人或群体实现愿望和满足需求以及改变或应对环境的程度。这是一个积极的概念，它强调了社会和个人的资源以及身体的能力。除了身体健康外，心理、智力、情感和社会健康也至关重要，如处理压力、获得技能、维持人际关系的能力等。由此可见，现代健康的定义是广泛的，现代人的健康观也是整体和多元的。即使在疾病不可避免的情况下，人们也可以获得其他满足为目标，达到另外一种健康的状态。因此，也有定义将"健康"与"个人满意度"联系起来，认为健康是个人愿望的实现[1]。或者认为"健康"是一种适应和管理人们在生活中面临的生理、心理和社会挑战的能力[2]。从人口学的角度看，高标准的人口质量也具有生物和社会的两重属性，是将人的身体素质、文化素质和思想素质都囊括其中的。

同理，"儿童健康"也是如此。由于很多健康问题都是在人们的身体发育和心智尚未健全的情况下形成的，并且这些问题还会随着孩子的成长继续成为影响成年人慢性健康状况的潜在因素，从而影响一代人的基本人口素质。因此，比起成年人，儿童时期对于健康的培养和健康问题的预防显得更加关键和迫切。由上文可知，世界卫生组织认为的健康主要包括了生理、心理和社会适应性三个方面，因此，这一定义对于孩子来说也不例外。在这三个主要内容中，心理健康是生理健康的精神支柱，生理健康又是心理健康的物质基础，而社会适应性究其根本也取决于人们的生理健康和心理健康状况。心理功能具有一定的生理基础，并与生理和社会功能以及健康结果有着根本的联系。因此，对于任何一个个体来说，生理、心理和社会适应性都是密不可分的一个整体，他们相互作用，相互支撑，共同决定了人们的健康水平：首先，人们的身体发

---

[1] Bellieni, C. V., Buonocore, G., "Pleasing Desires or Pleasing Wishes? A New App Roach to Health Definition", *Ethics & Medicine*, Vol. 25, No. 1, 2009, pp. 7–10.

[2] Huber, M., Knottnerus, J. A., Green, L., et al., "How Should We Define Health?", *Bmj*, Vol. 343, No. 7817, 2011, p. d4163.

育良好，身高、体重等发展水平均处于正常范围，能够较好地抵抗各种疾病；其次，不存在任何心理障碍，能够保持正确的认知、完整的性格，以及积极乐观的生活态度；最后，拥有较强的应变能力和适应能力，能够更好更快地融入外部社会，适应人际关系和生活环境。三者相互影响，缺一不可，是青少年良好生活、学习和社会交往的基本前提。

第二节 影响儿童健康的相关理论分析

一 家庭结构健全是儿童健康成长的前提

人类发展的过程是在个体与环境的相互作用中形成的。大到整个社会，小到一个家庭，任何个体都存在于一个特殊的系统之中。青少年处于个体发展的早期阶段，极易受到周围环境的影响，任何生活或社会上的环境变化都有可能改变其未来的发展轨迹。因此，儿童成长过程中接触的社会关系和环境结构按照层次的递进形成了一套完整的环境系统，其中对儿童成长影响最直接的，就是来自家庭的变化因素。

在学龄儿童的成长过程中，家庭是最主要的生活场所，它既是孩子最初学习和了解世界的地方，也是早期养育孩子成长的核心环境。家庭特有的结构和功能满足了家庭成员在抚养、教育、娱乐和情感慰藉等多方面的需要，不仅可以为家庭成员的健康发展提供基本的物质和情感保障，还有效促进了家庭成员的社会化转变。对于身心都还处在建设期的少年儿童来说，家庭这一最初影响其学习和成长的环境则显得尤为重要。但是，随着社会的发展，我国家庭规模逐渐趋向小型化，使核心家庭成为我国最主要的家庭结构形式。这一趋势在弱化家庭功能的同时，也意味着父母将在孩子的成长过程中承担起更为重要的抚养和教育责任。

从社会发展的角度看，非传统家庭类型的出现反映了社会文化的时代变迁，同时也体现出许多不可忽视的社会问题。改革开放以来，我国家庭规模的小型化趋势明显，家庭功能受到极大的冲击。而随着城镇化进程的不断推进和我国经济的快速发展，人口的迁移流动也日渐频繁，促使我国现在已稳定进入了人口流动时代。虽然人口流动的家庭化趋势越来越明显，但受制于户籍制度、迁移成本和就学限制等客观因素，仍有很大一部分流动人口的子女并未跟随父母一同迁移，这就使其家庭的完整结构再次发生改变，也进一步地弱化了家庭原有的功能。对于正常家庭的孩子来说，由父亲、母亲和自己组成的三角结构可以很好维持家庭系统的稳定，保证家庭功能的正常发挥。但是对于部分家庭结构不完整的儿童来说，父母的外出必然会打破一个稳定的结构，这就使家庭成员无法有效承担其应有的责任，同时也阻碍了家庭功能的发挥，难以维持家庭的正常发展。

由此可见，家庭结构是否完整是影响儿童健康发展的基础，这一结构恰好也是存在于对儿童成长影响最大的微系统当中的。在家庭结构有所缺失的环境中成长的孩子，无论是性格养成、人际交往、还是学业成绩，其出现问题的可能性都将高于普通家庭中成长的儿童。因此，尽可能地保持家庭结构的完整，保证家庭功能的正常发挥，对于儿童的健康成长来说，具有十分关键和根本的作用。

二　亲子关系紧密是儿童健康成长的基础

在儿童早期的成长过程中，父母的照护可以为孩子提供安全和稳定的生长环境，保证儿童身体的健康发展；而孩子与父母的感情纽带更是促进儿童社会交往、建立儿童心理发展的重要前提。就目前来讲，核心家庭是我国最为主要的家庭结构形式，因此亲子关系和夫妻关系也是这一家庭结构中最为主要的关系类型。在这样一种前提下，一旦家庭关系出现破裂，不仅会使孩子的抚养和教育受到极大的影响，同时也会造成家庭情感功能的弱化，影响儿童健康性格的养成。

少年儿童的个体发展与早期形成的依恋关系存在着紧密的联系，这种关系往往来自与孩子互动最多的家庭成员，即父亲和母亲。父母的养育行为是建立依恋关系的重要前提，尤其是来自母亲的关怀和照护，这对于儿童的社会化发展和心理健康来说是至关重要的。正常情况下，与父母建立安全、稳定的依恋关系可以帮助孩子形成一个完善、健康的心理和行为的系统。在与家庭成员的交往中，孩子可以学会与重要的人建立起信任和相互依赖的情感连接，来自父母或其他看护者的关爱更是有助于孩子形成健康的性格。与此同时，孩子与父母间情感的纽带还是安全和保护的象征。一般来讲，与父母间形成稳定的沟通和关怀，会让孩子感受到有人关心他们，并且会在他们焦虑或痛苦的时候为他们提供帮助[1]。因此，父母任何一方的长期缺席，都会因为亲子关系的断裂而使孩子出现沟通障碍和情绪不稳定的现象，影响其身心的健康发展。

在流动人口规模快速增长的时代背景下，部分未跟随父母一同迁移的儿童将会面临亲子关系的中断。对于这些儿童来说，亲子间的关怀和沟通恰好是他们成长过程中面临的主要问题。由于父母的长期外出，儿童与父母的依恋关系普遍存在着不稳定的现象。父母的缺席势必会中断孩子与父母之间的联系，当与主要照护者分离时，孩子很容易因为不稳定或焦虑情绪的产生而受到周围环境的刺激。由此可见，情感的缺失会对儿童的身心健康产生极大的负面影响，而这也是外出务工人员子女的心理素质普遍低于其他儿童的一大原因。

但是，从另一个角度来讲，虽然亲子关系是主导孩子性格形成的首要因素，但依恋的特殊性使其并不局限于孩子和父母之间。在感知威胁和不适时，孩子会本能地寻求最亲近的人的庇护。因此，即使他人始终无法取代父母在孩子成长过程中的重要作用，拥有一个负责任和有爱心的监护人也可以在一定程度上满足孩子在情感上的需要。总之，确保孩子与父母有规律的、持续的互动，对于孩子的健康成长来说至关重要。但如果客观条件不允许，也应该由其他照护者为其提供良好的生活照料和充足的情感慰藉，从而弥补父母缺失所造成的遗憾。

---

[1] Barett, H., "Parents and Children: Facts and Fallacies about Attachment Theory", *The Journal of Family Health Care*, Vol. 16, No. 1, 2006, pp. 3–4.

三 社会环境支持是儿童健康成长的保证

由于学龄期儿童已经开始进入学习阶段，因此他们还会直接接触到一类社会关系和环境，那就是学校。在生态系统中，学校与家庭一样同属于直接影响儿童发展的微系统，也是影响最强的一类。老师、同学和朋友与学龄儿童的日常接触频率仅次于家庭成员，尤其是父母不在身边的儿童，他们与老师和同学、朋友的交往程度甚至可能会超过父母。随着年龄的增长，在遇到负向事件时儿童往往更加倾向于老师和同伴的帮助，此时他们在儿童的成长过程中将会凸显出极为重要的作用。学校一方面可以补充家庭教育不能覆盖的部分，或者在一定程度上弥补父母角色的缺失，起到教育和监管的作用；另一方面也有效促进了儿童的社会交往，为其提供了与他人交流的平台和一个快乐健康的成长环境。在这样一种前提下，如果存在基础设施落后、师资力量缺乏等情况，那么势必会造成学校监管的缺失，进一步阻碍儿童的健康成长。

与此同时，在孩子直接接触的一层系统之外，还有更外层的环境或结构会对儿童健康产生影响。这种影响虽不是直接的，却是不容忽视的。如家庭和老师间的互动、同伴与其家庭间的互动、社区环境、当地政府、文化风俗、法律构成等。这些因素往往相互影响，或各自与微系统间存在密不可分的联系，进而对个体的发展产生影响。例如在社会转型和城市化发展的大背景下，社会的改革催生了"农民工"群体的形成，而制度的限制又进一步导致了"留守"现象的发生；儿童看似与父母的工作没有产生关联，但因工作造成的负面情绪或与子女的分离却对孩子造成了严重的影响；学校和社区可以为孩子提供更加专业的健康服务、给予孩子大家庭般的温暖，也可能会因为条件的落后或缺乏和父母的有效配合而出现监管的不力；以上因素的互动又会从不同的角度影响孩子的学习、社会交往和日常行为，进而直接或间接地改变儿童未来的成长轨迹。

由此可见，社会环境的变化对于儿童健康的影响是十分深刻的，在情感弱化和教育缺失环境中成长的孩子，无论是性格养成、人际交往，还是学业成绩，都有可能出现较大的问题。但就现阶段而言，在人口流动时代想要保证所有儿童家庭的完整性并不是一件容易的事，随迁子女的各项政策保障也不能在短期内得到充分解决。在这种情况下，同伴、学校、社区或政府机关可以在一定程度上取代家庭的部分功能，发挥同样重要的作用。与此同时，通过家庭支持、社会服务、政治制度等宏观手段对儿童家庭和儿童自身进行适当的干预，也将有效改善儿童的成长环境，从而促进所有儿童的健康发展。

第三节 儿童健康水平的影响因素分析

由上文的理论分析可知，生活环境对一个人的健康状况和生活质量来说都非常重要。人们越来越认识到，保持和改善自身的健康状况不仅需要依靠健康科学的发展和医学水平的进步，更重要的是需要通过社会环境的改善，以及个人对健康生活方式的选择来达到。Mosley 和 Chen[①]曾提出过一个发展中国家儿童生存决定性因素的分析框架。该模型融合了生物和社会变量，将影响儿童生存的因素分为直接决定因素（包括母亲、环境污染、营养缺乏、伤害和个人疾病控制）和社会经济决定因素（包括个人层面、家庭层面和社会层面）两个层次，认为所有社会和经济决定因素都会通过一套共同的生物机制对儿童健康产生影响。换句话说，儿童健康的生物学问题，其背后必然存在一定的社会学因素，即儿童健康水平的降低，是社会、经济、生物和环境因素共同作用的结果。

这与布朗芬布伦纳的生态系统理论在一定程度上产生了契合，同时也体现出了除个体原因外，家庭、学校和社区等环境因素对儿童健康的重要影响。根据世界卫生组织的说法，健康的主要决定因素包括社会和经济环境、物理环境以及个人特征和行为。在诸多理论和研究中，影响儿童健康的主要因素也都基本被划分为个人、家庭和社会三大维度，这

---

① Mosley, W. H., Chen, L. C., "An Analytical Framework for the Study of Child Survival in Developing Countries", *Bulletin of the World Health Organization*, Vol. 10, No. 2, 1984, pp. 25 – 45.

三类因素层层递进，不同程度地对儿童的身心健康造成直接或间接的影响。因此，本书将着重在这几个方面对儿童健康状况进行深入的研究和分析。

一　个人因素

尽管农村儿童的成长环境和居住条件与城市儿童相比存在一定差距，因人口流动造成的家庭结构或成长环境的变化也会对农村儿童的健康成长造成一定阻碍，但个体的差异和内在的成长力量也是不容忽视的，这种影响仍然会因为个体的不同而呈现出较大的差异。任何时候，我们都不能简单地将某一个群体的儿童视为一个整体，并为其打上"问题儿童"的标签。虽然本文将访问对象限定为J县各小学的五年级儿童，样本的同质性较高，但由于经济不发达地区的特殊情况，同一年级的学生依然存在一定的年龄差距。因此，本书将从年龄和性别因素入手，考虑个体客观的差异对农村儿童健康状况的影响。

（一）性别

人在三岁左右就已经开始逐步形成性别意识，这种性别差异所造成的性格和行为模式是极不相同的。受传统性别观念的影响，即使是处于儿童时期的孩子，也会因受到不同的社会规范的制约而在生活、学习、情感和交往等方面表现出完全不同的行为和态度。例如，社会对女孩的期望和要求使她们自然而然地负担起更多洗衣、做饭和打扫卫生的活动，从而加重了她们的劳动负担；或者由于渠道的单一，男孩普遍缺乏生理卫生知识，但女孩却可以更加多元和灵活地通过各种渠道进行了解和学习等[1]。这些因素都是造成男孩和女孩身体健康水平差异的重要原因。从心理健康和社会适应性上来看，女孩对父母的依赖和需求是普遍高于男孩的，但农村或经济不发达地区根深蒂固的重男轻女的思想使家长无论在物质生活上还是情感上都更加偏向于男孩。当情感的需要始终得不到回应和满足

---

[1] 叶敬忠、潘璐：《别样童年：中国农村留守儿童》，社会科学文献出版社2008年版，第246—249页。

时，女孩必然会出现一定的心理问题，并阻碍其亲社会行为的发展[①]。但这并不意味着男孩的心理发展状况更佳。一般来说，贪玩、好动和叛逆的天性使男孩需要更多的监督和引导，当父母不在身边或教育不到位时，他们很容易因为缺乏管教而做出错误的行为。因此，在大多数情况下，女孩更容易出现心理问题，而男孩更多地则是出现行为上的偏差[②]。

(二) 年龄

除了性别的差异之外，家庭结构或生活环境产生变化之后，儿童健康水平的变化也会因为年龄的不同而产生区别。研究表明，外界环境产生变化后，儿童健康状况受到的影响与其年龄阶段是息息相关的。陈在余[③]在对中国家庭营养与健康调查中18岁以下农村儿童数据进行回归后发现，父母外出对5岁以下儿童不造成显著影响，但对6—18岁学龄儿童来说，无论家庭的经济状况如何，家庭结构的变化都会影响儿童的健康状况，尤其是母亲不在家的孩子，其健康水平会显著降低。这一结果与儿童的生活方式相关。Brauw等[④]在研究中发现，年龄较大的孩子可能会被要求承担更多的家务，比如做饭和照顾家人。这样一来，他们很可能会因为劳动负担的增加而出现体重不足的情况。因此从数据分析结果可以看出，父母外出造成的家庭结构的变化并不会影响2—6岁孩子的营养状况，但7—12岁的孩子体重不足的可能性会大大增加。

二 家庭因素

家庭是孩子直接接触的一层系统，是儿童健康成长的重要前提。在人口流动时代，父母外出或迁移带来的家庭的改变是所有环境变化中最

[①] 郭少榕：《农村留守女童：一个被忽视的弱势群体——福建农村留守女童问题调查分析》，《福州大学学报》（哲学社会科学版）2006年第3期。

[②] 黎志华、尹霞云、朱翠英：《农村留守儿童情绪与行为特征：平均趋势与个体差异》，《湖南农业大学学报》（社会科学版）2013年第3期。

[③] 陈在余：《中国农村留守儿童营养与健康状况分析》，《中国人口科学》2009年第5期。

[④] Brauw, A. D., Mu, R., "Migration and the Overweight and Underweight Status of Children in Rural China", *Food Policy*, Vol. 36, No. 1, 2011, pp. 88–100.

明显和最直观的,因此,家庭因素对于儿童健康的影响将是本书研究的重点。根据文献回顾和理论分析,本书将选取留守类型、家庭结构、家庭经济条件、监护人情况、抚养方式几类家庭相关的指标,对农村儿童健康水平的影响因素和影响机制进行深入分析。

(一) 家庭结构

如果父母存在外出务工的行为,那么家庭结构首先会发生明显的改变,一方面家庭结构出现缺失,无法保证对儿童充足的照护;另一方面家庭的稳定状态遭到破坏,阻碍了家庭功能的正常发挥。其中影响较为深刻的是儿童的留守类型。受家庭观念和性别角色分工的影响,一般是由母亲照料孩子的日常生活,对孩子的学习教育和情感关怀也更加重视,因此父亲外出和母亲外出对于儿童的影响是极为不同的,与之相关的还有父母的婚姻状况或家庭的规模。一方面家庭成员的完整可以为儿童提供大家庭式的关爱,满足其生活和情感的需要。另一方面也可能因为家庭成员太多而忽略了对儿童的成长照护,或者因为亲属太少导致儿童在父母外出之后找不到合适的监护人,从而造成健康水平的降低。

(二) 亲子关系

父母外出所带来的直接影响除了家庭结构的缺失外,还有亲子关系的断裂。研究表明,亲子关系是构成孩子性格的基础,积极的沟通和关爱可以帮助儿童塑造健康的心理性格,及时的教育和引导也可以促进儿童养成正确的生活方式。家庭成员的向外流动增加了孩子与父母的空间距离,在父母无法回家的情况下,孩子只能通过电话或者网络与父母进行联系,两者的互动受到了极大的阻碍。因此,父母回家的频率和父母与孩子间的联系频率决定了父母和孩子间能否保持一种持续和稳定的情感交流。在此基础上,父母与孩子的亲密程度更是决定了孩子是否会在缺乏关爱的环境下成长,对于农村儿童来说,是影响其健康状况的重要因素。

(三) 家庭经济条件

拥有较好的经济条件是提高儿童健康水平的物质基础。数据显示,有63.7%的人是因为"家庭经济压力大"而外出打工，有13.8%的人因为"需要增加家庭收入"而外出打工，仅有1成左右的人是因为其他原因而选择外出的[①]。由此可见，家庭经济状况是造成父母外出务工的最主要原因。从这一点来看，家庭的经济条件可以对儿童的健康形成正负两个方面的影响：一方面，留守儿童家庭的经济条件普遍偏低，无法为儿童提供健康的饮食和医疗保障，从而造成健康水平的低下；另一方面，父母外出所带来的汇款又可以提高家庭的生活水平，使孩子在卫生条件、饮食结构和营养状况上都得到更好的发展，从而提高了农村儿童的健康水平。

(四) 监护人情况

在大多数核心家庭中，孩子的主要监护人是父母。但当父母因向外流动而常年不在家中时，儿童的监护和教养责任往往落在了其他亲属身上。学龄儿童还处于需要他人保护的阶段，在遇到问题时会本能地寻求身边亲近的人的帮助。在这种情况下，父母所起到的作用是最重要且难以替代的。而当父母不在身边时，只有一个有能力和负责任的监护人才可以在一定程度上取代父母的角色，满足孩子在生活照护和情感支持上的需要。反之，若监护人与孩子的关系较为疏远，或者其身体状况较差、文化程度较低，那他们则可能因为自身的原因使孩子不能得到足够的和正确的照料。因此，监护人的身份、文化程度、健康水平等状况都是影响农村儿童健康水平的重要因素。

(五) 抚养方式

家庭抚养、教育和情感慰藉的功能在孩子的成长过程中起到了极为重要的作用。能够为孩子提供良好的生活照料、科学的教育引导，以及充足的情感慰藉，是儿童健康成长的重要条件。因此，监护人的抚养方式是决定被抚养儿童能否健康成长的关键，照护行为不仅会直接影响儿童的身体发育状况，还会影响孩子性格的塑造。如对孩子的关心程度、

[①] 王艳波、吴新林：《农村"留守孩"现象个案调查报告》，《青年探索》2003年第4期。

与孩子的亲密程度、对孩子学习的重视程度；或者孩子的饮食结构、劳动负担、玩耍时间的安排等。若主要监护人的抚养方式过于陈旧，存在较多误区，则往往会造成农村儿童健康水平的下降，或者性格与行为的偏差。

三　社会因素

儿童的发展是存在于家庭、学校、社区和社会等整个关系体系当中的，任何一个部分的环境变化，都会对儿童的成长轨迹造成正向或负向的影响。在家庭结构缺失、生活环境发生较大变化的情况下，儿童的健康成长离不开家庭以外的其他社会关系的支持。因此，根据问卷的实际情况，本书将选取儿童的社会关系——学校因素和社区因素来研究社会这一维度对农村儿童健康的影响。

（一）学校因素

在进入学龄阶段之后，学校成了学龄儿童除家庭外最常接触的场所，学校的老师和同学也是除家人外与学龄儿童接触最频繁的两个群体。从某种程度上来说，儿童在学校与同学和老师相处的时间甚至可能会超过他们与父母或其他监护人相处的时间。因此，学校正确的教育和引导对于儿童来说，也是十分关键和直接的。一般来说，孩子的健康成长需要家庭和学校的相互配合，如果家长和学校缺乏沟通，或者父母长期在外务工时，监管的责任难免会倾向于落在学校一方。为了避免家庭和学校监管的双重缺失，学校需要拥有良好的基础设施和充足的师资配备，才能为孩子建立一个良好的成长环境。基于问卷统计和调查的实际情况，本书选择儿童与老师的、同学的交往状况作为影响农村儿童健康水平的主要因素。

（二）社区因素

就社会发展的趋势而言，人口流动所带来的农村儿童发展问题在现阶段是很难从源头得到有效解决的。此时，来自社会公共资源的外部支持对于农村儿童的健康发展来说则显得尤为重要。儿童健康与外部环境是紧密相关的，除基础教育外，医疗体系的建立、住房条件的优劣、社区环境的好坏等公共资源的建设问题都是决定儿童能否拥有一个健康成长环境的重要因素。由于社会基础设施建设大多受到经济发展状况的影响，基于问卷统计和调查的实际情况，本书选择基础卫生设施（包括卫生水源和卫生厕所）和医疗资源（即居住地配套设施的可及性）来研究社区因素对农村儿童健康水平的影响。

第四节 研究设计

一 儿童健康水平的评价体系

儿童健康是一个涵盖了身体、精神和社会适应的多层次多维度内容的概念。它不仅仅是身体强壮，没有疾病的表现，更是一个人在精神上和社会上都处于完全健康的状况，它可以被定义为人们在一生中适应和处理生理、心理和社会挑战的能力。因此，儿童健康水平也主要通过这三个维度来反映，分别是身体健康状况、心理健康状况和社会适应性水平，三者相互作用，相互支撑，共同决定了儿童的健康水平。因此，在对儿童健康进行评价时，也需要对这三个维度的内容进行综合考虑。

（一）身体健康水平的测量

这一维度的衡量是三个维度中最为直观的。参考以往文献的研究方法，本书根据样本的实际情况以及测量指标的侧重，从三个方面来判断儿童的身体健康水平，分别为"生长发育状况"、"基本身体状况"和"患病情况"。首先，选取身高（Height）、体重（Weight）、Z评分（Zscore），以及身体质量指数（Body Mass Index，BMI）来衡量生长发育状况。其中身高和体重可以比较儿童生长发育水平的高低，而Z评分和BMI指数则可以判断儿童是否存在超重、体重过轻或营养不良的现象。参考标准均以世界卫生组织公布的5—19岁儿童生长参考为准。研究表明，儿童早期的营养不良不仅会导致生长发育迟缓和生长发育缺陷[1]，

---

[1] Guilbert, J. J., "The World Health Report 2002-reducing Risks, Promoting Healthy Life", *Education for Health*, Vol. 16, No. 16, 2003, p. 230.

另外还会影响儿童在学龄阶段的学业表现[1],以及成年之后的生产力水平[2],因此是衡量儿童健康成长的一项重要指标。其次,本书选取了问卷中的自评健康状况和自评体力状况来判断儿童的基本身体状况,体现出儿童成长过程中对自己生长情况的主观判断和直观感受。最后,本书使用一年内因患病看医生的次数和一个月内患病的具体情况来反映受访儿童的疾病状况,这一指标是儿童身体是否出现健康问题的客观反映。

(二) 心理健康水平的测量

心理健康是一种在心理上表现良好,或者没有精神疾病的程度,即某人在情绪和行为调整方面处于令人满意的状态。在这种状态下,人们能够客观的认识到自己的能力,并正确应对生活中的压力。从积极心理学的角度来看,它包括了主观幸福感、自我效能感、智力和情感潜能的自我实现等内容[3]。回顾文献可以发现,以往研究在对受访者的心理健康水平进行评价时,其使用的心理测量量表虽然各有不同,但均可以大致分为以下几个维度:学习兴趣、自信程度、孤独感、抑郁情绪、焦虑情绪、身体症状(躯体化)、行为品行等。因此,参考既有文献的研究方法,本书将根据调查问卷的主要内容,使用问卷中设计的量表对反映受访儿童心理健康水平的三个主要维度进行统计和分析,分别用"自我认同"、"孤独感受"和"抑郁情绪"来表示。其中"自我认同"是儿童对于自我的认知和评价,体现了儿童的主观幸福感和自信程度等内容;"孤独感受"是儿童在生活和交往中的情感体现,包含情感孤独和社会孤独两方面,是儿童心理问题的一种突出表现;"抑郁情绪"则是儿童情绪健康的反映,包含抑郁、焦虑、挫败感等负面情绪,体现了儿童在

---

[1] Jamison, D. T., "Child Malnutrition and School Performance in China", *Journal of Development Economics*, Vol. 20, No. 2, 2006, pp. 299–309.

[2] Maluccio, J. A., Hoddinott, J., Behrman, J. R., et al., "The Impact of Improving Nutrition During Early Childhood on Education among Guatemalan Adults", *Economic Journal*, Vol. 119, No. 537, 2009, pp. 734–763.

[3] "The World Health Report 2001—Mental Health: New Understanding, New Hope", WHO. Retrieved, 4 May 2014, p. 5.

情绪调整上是否处于令人满意的健康状态。三类维度较为完整地反映了儿童心理健康方面的主要内容。

（三）社会适应性水平的测量

根据本书的概念界定，社会适应性指的是拥有较强的应变能力和适应能力，能够更好更快地融入外部社会，适应人际关系和生活环境的变化等。在某种程度上来说，社会适应性水平取决于人们的身体健康水平和心理健康水平。但从社会学的角度来看，它更多地体现出了儿童社会化的程度，是遇到环境改变和外界冲突时儿童会采取的策略，以及对自身心理状态和行为方式的调整。由上文可知，以往文献中对于儿童适应性研究所使用的量表与心理健康量表存在部分重合，为了突出重点，本书将根据文中对"社会适应性"的定义，在考虑问卷实际情况的基础上，参考"青少年心理健康量表"和"青少年社会适应性量表"等对儿童社会适应性水平的项目划分，对农村儿童在人际交往、学习适应、个性素质、意志品格几个方面的问题，建立专门针对农村儿童社会适应性水平的指标。主要分为三个维度，分别用"社会交往能力"、"积极进取能力"和"高效执行能力"来表示。其中"社会交往能力"是儿童处理人际关系的能力，反映了儿童的情绪控制和对人际关系的适应水平；"积极进取能力"是儿童对于新鲜事物的探索热情和冒险精神，同时也是其个性素质的反映，是儿童能否快速融入外部环境的体现；"高效执行能力"反映了儿童的处事能力和专注程度，是儿童能否应对生活中的正常压力，富有成效地工作，保持积极的学习兴趣的体现。

综上所述，在理论分析的基础上，本书参考科学量表在儿童健康测量时的维度划分，设计出了评价农村儿童健康水平的完整体系，综合反映了农村儿童在身体、心理和社会适应三个方面的健康水平。其中每一部分均由不同的指标进行衡量和判断，反映出农村儿童在成长过程中所体现的诸多不同特质。在进行具体计算时可使用熵值法根据各指标评测值所提供信息的效用值大小来进行客观赋权。具体内容如表3－1所示。

表3-1　　　　　　　　　儿童健康水平的评价体系

综合指标	主要维度	反映内容	具体指标或问题
儿童健康水平	身体健康	生长发育状况	身高、体重、Z评分、BMI指数
		基本身体状况	自评健康状况、自评体力状况
		疾病状况	一年内因患病而看医生的次数
	心理健康	自我认同	幸福感、满意度、自信心
		孤独感受	情感孤独、社会孤独
		抑郁情绪	抑郁、焦虑、挫败感、自我否定
	社会适应	社会交往能力	情绪控制、对他人的尊重、社交主动性
		积极进取能力	探索激情、冒险精神
		高效执行能力	专注力、执行力、自主性、学习兴趣

二　健康水平影响因素的指标体系

综上所述，根据对马克思主义家庭理论、家庭社会学理论、依恋理论及生态系统理论的回顾与分析，本书明确了儿童健康与外部环境之间密不可分的关系。第一，人类的发展过程是在个体与环境的相互作用中形成的，因而其发展路径会受到周围环境的影响。第二，伴随着个体的发展和环境的改变，从直接围绕在个体周围的人和各类机构到全国性的文化力量，共有多个层次的环境系统会对个体的发展造成影响。各系统层层递进，共同作用于儿童的成长过程中。第三，家庭是最接近个体本身的一层系统，也是儿童学习和成长的最初场所。因此，家庭成员的照护，亲子关系的形成，以及家庭结构的变动，都是影响儿童健康发展的关键。基于此，本书以几大维度的外部环境对儿童健康的影响机制，结合各因素间的相互作用，构建出了环境对儿童健康的影响框架（见图3-1）。

如图3-1所示，个体间的差异会在一定程度上决定儿童的内在成长力量。当家庭结构完整、亲子关系紧密时，家庭会为孩子的健康成长提供充足的物质和情感支撑，以及正确和完善的教育和监督。但如果父母因外出务工导致家庭结构发生改变，那么在儿童的成长过程中，父母的

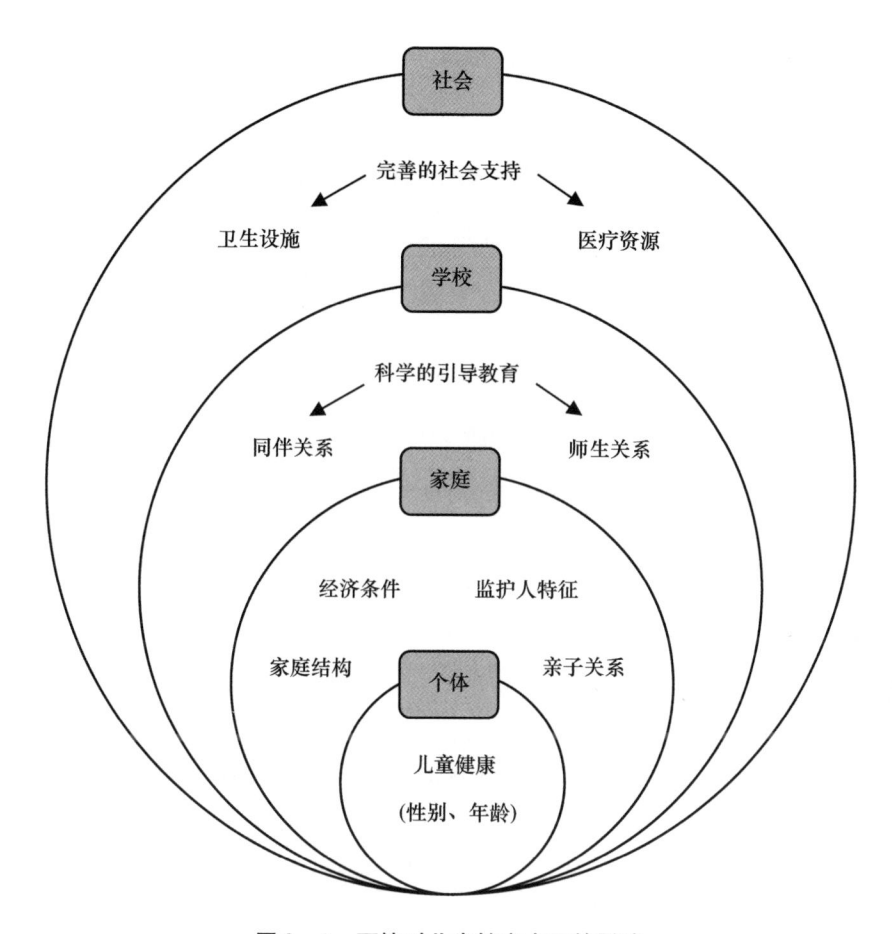

图 3-1 环境对儿童健康水平的影响

长期缺席势必会造成亲子的分离和亲情的隔断,不仅容易出现照料不当、管教不严、教育缺失的问题,还会使儿童缺乏沟通、产生情感的缺失,进而从身体、心理和社会适应三个方面阻碍儿童的健康成长。但同时,这种影响并不是绝对的。父母外出可以通过提高家庭经济条件来提升儿童的营养状况并保证孩子拥有良好的医疗条件;与同伴的交往也能有效缓解留守儿童的负面情绪;此外,学校可以进行积极的引导和科学的教育;社区的关怀和政府的政策支持也可以为儿童提供一个健康的成长环境。因此,个体的差异、家庭的特征和社会的状况都是影响儿童健康水平的重要因素。通过对样本数据的整理和筛选，本书选取了与儿童多维健康水平相关的多项指标，具体变量与详细内容如表3-2所示。

表3-2　儿童健康水平影响因素的主要变量描述

	变量名称	变量定义	变量编码
个人状况	性别	性别归属	0=男孩；1=女孩
	年龄	年龄大小	连续型变量
家庭特征	父母婚姻状况	父母婚姻状况	0=在婚；1=不在婚
	家庭经济状况	家庭一年的收支状况	1=有结余；2=收支平衡；3=有负债
	父母亲密程度	父母与孩子的亲密程度	0=不亲密；1=亲密
	监护人角色	主要监护人	1=母亲；2=父亲；3=祖辈；4=其他人
	监护人健康水平	主要监护人的健康状况	0=好；1=差
	监护人文化程度	主要监护人的受教育水平	1=小学及以下；2=初中；3=高中及以上
	监护人关心程度	监护人对孩子的关心程度	0=不关心；1=关心
社会因素	同伴关系	与同伴间的亲密程度	0=不亲密；1=亲密
	师生关系	与老师间的亲密程度	0=不亲密；1=亲密
	是否经常被同学欺负	是否经常被同学欺负	0=否；1=是
	卫生水源	是否使用卫生的自来水源	0=自来水；1=非自来水
	卫生厕所	是否使用卫生的冲水厕所	0=使用；1=未使用
	医院或诊所的可及性	居住地到医院或诊所的距离	0=便利；1=不便利

本章小结

为明确本书的研究重点，本章首先对相关概念进行了界定。将农村儿童定义为"居住在县级及以下行政区域的18岁以下青少年"；将农村留守儿童定义为"因父母双方或一方外出打工半年以上而被迫留在户籍地的农村地区，并因此不能和父母一同生活的孩子"。而判断儿童健康的标准，则是"生理、心理和社会适应三部分的健康状况良好，即一方面身体发育良好，身高、体重等发展水平处于正常范围，能够较好地抵抗各种疾病；另一方面也不存在任何心理障碍，拥有积极乐观的生活态度；同时能够更好更快地适应周围环境"。

其次，为构建儿童健康水平的影响体系及保证相关问题的后续研究，本章根据前文的文献与理论进行了理论分析，并将其与儿童健康问题的关系进行了简要说明。第一，家庭结构健全是儿童健康成长的前提。家庭是儿童最主要的生活场所。其特有的结构和功能满足了儿童在抚养、教育、娱乐和情感慰藉等多方面的需要。但家庭结构的缺失却是留守家庭最典型的特征。在这样一种环境中成长的孩子，无论是性格养成、人际交往、还是学业成绩，都容易出现较大的问题。第二，亲子关系紧密是儿童健康成长的基础。孩子与父母的感情纽带是促进儿童社会交往和心理健康发展的重要前提。父母任何一方的长期缺席，都会因为亲子关系的断裂而使孩子出现沟通障碍和情绪不稳定的现象，影响其身心的健康发展。因此，确保与父母有规律的、持续的互动，对于孩子的健康成长来说至关重要。第三，社会环境支持是儿童健康成长的保证。在家庭之外，学校、社会、政府等社会环境也是影响儿童成长状况的重要因素。在人口大规模流动的背景下，保证农村流动人口家庭的完整性并不是一件容易的事，流动人口子女的相关问题也不可能在短期内得到充分解决。因此，同伴、学校、社区或政府机关可以与家庭相配合，并在一定程度上取代家庭的部分功能，通过有效改善儿童的成长环境来促进其健康发展。

最后，根据理论分析和以往的研究结果，本书构建了儿童健康水平的指标体系框架，指出影响儿童健康水平的因素主要包括个人因素、家庭因素和社会因素三个维度。其中个人因素属于儿童健康的内部影响机制，是决定儿童健康水平的内生因素；而家庭因素和社会因素则属于儿童健康的外部影响机制，他们通过与个体间的相互作用对儿童健康造成直接或间接的影响，与内部机制一起，共同作用于儿童健康。

第四章 农村儿童的现状分析

儿童健康问题是关系到青少年成长和社会稳定和谐的重大社会问题。在流动人口规模逐渐扩大的现实背景下，唯有深入分析不同类型儿童的基本特征，所处的成长环境，以及日常生活中的学习和照料情况，才能充分了解儿童在父母外出后所面临的生活困境，进而有针对性地解决儿童成长过程中的健康问题，提高其生活质量。本书使用的数据来自四川省J县的农村儿童调查数据。为对调查样本形成一个全面的认识，本章将对J县所有儿童样本的具体情况进行详细的描述与分析，并通过不同类型儿童的对比，探寻可能会影响农村儿童健康水平的主要因素，为后文的分析做充分准备。

第一节 受访儿童的基本情况

一 个体特征

本次调查以儿童为主，监护人做补充，在从青少年自身的角度了解其成长情况及成长环境外，通过对其主要监护人的询问，进一步了解儿童的发展情况以及家庭的成长环境。经过数据的筛选与清理，最终样本的总体规模为儿童1112个，监护人625个，其中监护人样本均与被调查的儿童样本相对应。需要注意的是，由于存在部分缺失值，下文中的表格可能出现统计量与总样本量不一致的情况。主要调查对象的个体基本特征如表4-1所示。

表4-1　　　　　　　调查对象的个体特征统计　　　　　（单位：个，%）

分类		样本量/均值	百分比/标准差
是否为留守儿童	留守儿童	504	45.32
	非留守儿童	608	54.68
留守类型	父亲外出	204	40.48
	母亲外出	32	6.35
	父母均外出	268	53.17
性别	男	562	50.54
	女	550	49.46
年龄	年龄大小	11.37	0.6384

从儿童样本上看，留守儿童在所有受访儿童中所占的比例接近一半。1112名受访儿童中共有留守儿童504名，非留守儿童608名，占比分别为45.32%和54.68%。在非留守儿童当中，又有349名儿童曾经留守过，在所有儿童中占比31.38%。如果按照留守类型进行进一步分类的话，留守儿童中以父母均外出打工的居多，有268个，在所有留守儿童中占了53.17%；父亲单独外出打工而母亲留在家中的，占比40.48%；母亲单独外出打工的较少，仅有32名，占比为6.35%。其次，受访者的性别比例较为均衡，男孩数量略高于女孩数量，所占比例分别为50.54%和49.46%。从年龄上看，虽然调查对象均为5年级学生，但由于农村地区情况特殊，因此受访儿童仍然存在一定的年龄差距。除少数离群值和部分缺失值以外，其余样本的年龄均处在10—14岁之间，平均年龄为11.37岁。其中11岁和12岁的人数最多，分别占比为62.13%和33.30%。

二　家庭情况

（一）家庭基本情况

根据对625个监护人样本数据的整理和归类，本研究对受访儿童的家庭情况进行了相应的统计，统计结果如表4-2所示。

表4-2　　　　　　　　　调查对象的家庭情况统计

分类		所有儿童	留守儿童	非留守儿童
父母婚姻状况（%）	结婚	88.83	85.21	92.18
	离婚	8.63	11.27	6.19
	分居	2.03	2.46	1.63
	未婚	0.51	1.06	0.00
家庭规模（人）	户籍人口数	3.05	3.12	2.98
家庭总收入（%）	1万以下	27.17	28.95	25.45
	1万—6万	58.78	56.39	61.09
	6万—10万	8.50	9.40	7.64
	10万以上	5.55	5.26	5.82
家庭收支状况（%）	有钱存下来	34.36	33.78	34.89
	刚好收支平衡	54.13	53.38	54.83
	借钱或欠债	11.51	12.84	10.28
主要监护人（%）	母亲	49.84	39.06	59.69
	父亲	18.17	11.78	24.00
	祖父母	22.67	36.03	10.47
	外祖父母	4.99	7.41	2.77
	其他	4.33	5.74	3.09

首先，根据数据整理可知，调查对象所在家庭中，儿童的父母大多数处于已婚有配偶的状态，所占比例接近九成（88.83%）；仅8.63%的父母离婚；分居和未婚的则更少，分别只有2.03%和0.51%。与非留守儿童相比，留守儿童的父母无论是离婚、分居还是未婚的概率都更高，体现出留守儿童家庭结构的不稳定性。从总体上看，调查对象的家庭规模适中，平均在3人左右，其中家庭人口数为3人的家庭接近一半（49.44%）；人数最多的家庭总人口有6人，但数量极少，在所有受访者中仅有10名；另外还有3.68%的家庭只有1名家庭成员，即长期是由儿童独自居住的。在这样一种情况下，一旦父母有一方或者双方外出

务工，将会对其他家庭成员或不住在一起的亲戚朋友造成极大的生活压力。

其次，从经济条件来看，留守儿童的家庭经济状况总体上比非留守儿童家庭差，同时受访者的家庭总收入存在极大的差距。数据显示，收入最少的家庭去年一年的总收入在千元以下，而最多的家庭一年的总收入则可以达到60万元。其中，大多数家庭的年收入处于1万—6万元的水平，所占比例超过一半（58.78%）；但年收入在1万元以下的家庭仍然占据了超过2成的比例（27.17%）；而年收入在6万—10万的家庭仅有46个，占比8.50%；另外仅5.55%的家庭年收入在10万元以上。由此可见，受访者所在的地区经济发展状况总体较差，收入处于较低水平。这一情况在家庭收支状况的统计中也可以体现。从统计数据可以看到，仅三成左右（34.36%）的家庭在年底会有结余，大部分家庭（54.13%）是处于收支平衡的状态的。但即使如此，仍有11.51%的家庭入不敷出，存在借钱或欠债的情况。

最后，由于父母角色缺失，留守儿童与非留守儿童的监护人是存在较大差别的。由表4-2中数据可知，调查对象的监护人主要还是以父母为首，尤其是母亲，占所有监护人的49.84%；由父亲抚养的儿童较少，占比仅有18.17%。即便如此，仍有超过三成的儿童主要由祖父母、外祖父母或其他亲属抚养。其中由祖父母抚养的儿童最多，比例达到22.67%；而由外祖父母抚养的则很少，占比不到5%；另外还有4.33%的儿童由其他亲属照料，包括表兄弟姐妹、堂兄弟姐妹、叔叔伯伯、阿姨婶婶等。在对比留守儿童和非留守儿童后可以明显地看出，非留守儿童由父母之外的人照护的比例很低，只有16.33%，而留守儿童却因为客观原因不得不由其他亲属抚养，尤其是祖父母，所占比例接近4成（36.03%），是除母亲外照看家中儿童最主要的长辈。

（二）监护人基本情况

由上文可知，留守儿童与非留守儿童的监护人存在较大的差别。非留守儿童由父母之外的人照护的比例很低，而留守儿童却有大部分是由其他亲属抚养的。这就意味着两类儿童会接受不同的抚养方式，而这也是影响农村儿童健康状况的一大关键因素。因此，针对这一问题，本书单独对调查对象监护人的情况进行了统计，并在两类儿童之间进行了详细的对比，具体统计结果如表 4-3 所示。

表 4-3　　　　　　　　调查对象的监护人情况

分类		所有儿童	留守儿童	非留守儿童
监护人性别（%）	男性	29.26	27.61	30.77
	女性	70.74	72.39	69.23
监护人年龄（岁）	监护人年龄	44.47	46.40	43.22
监护人文化程度（%）	小学以下	10.47	14.28	7.84
	小学	39.77	39.43	40.00
	初中	39.77	36.00	42.35
	高中或中专	9.07	8.57	9.42
	大专及以上	0.93	1.71	0.39
监护人健康状况（%）	极好	11.59	11.78	11.42
	很好	30.27	30.98	29.63
	好	17.55	14.48	20.37
	一般	33.01	33.00	33.02
	差	7.57	9.76	5.56

从性别上看，无论是留守儿童还是非留守儿童，女性都占据了监护人的绝大部分，比例分别为 72.39% 和 69.23%，而男性监护人仅占了三成左右，这一分工与传统的性别观念是相吻合的。与非留守儿童相比，留守儿童由男性监护人照护的比例更低，也说明了父亲相对于母亲拥有更大的外出务工的概率。

从年龄上看，受访儿童的监护人平均年龄为 44.47 岁，总体较为年轻，但留守儿童监护人的年龄略高，平均比非留守儿童高出 3.18 岁。同时，留守儿童监护人的年龄跨度较大，其中年龄最小的仅 19 岁，即调查儿童的姐姐；而年龄最大的达到了79岁，即调查儿童的祖父。但监护人年龄在60岁以上的并不在多数，所占比例仅有7.4%，这一结果与经济落后地区人们的生育年龄较早有关。

数据显示，调查儿童监护人的文化程度总体偏低。大部分人的受教育水平集中在小学和初中阶段。两阶段人数占比相同，均为39.77%，总共占比接近所有监护人的80%。此外，未受过任何教育的和上过私塾的人也较多，所占比例为10.47%。仅有9.07%的监护人接受过高中或中专的教育。上过大专或本科的则更少，占比仅有0.93%。由于留守儿童的监护人中祖父母辈的数量较多，因此小学以下学历的比例有所增加，比非留守儿童高出6.44个百分点，不过大专及以上学历的比例略高于非留守儿童。但总体而言，留守儿童监护人的平均受教育年限仍然是低于非留守儿童的。

就身体状况来看，问卷中将健康状况分为5个等级，从1到5分别表示"极好"、"很好"、"好"、"一般"和"差"。统计结果显示，调查儿童监护人的健康等级平均分为2.95，处于中等水平。仅三成左右（33.01%）的监护人认为自己身体状况一般，7.57%的监护人认为自己身体很差。与非留守儿童相比，留守儿童监护人的健康状况相对略差，但这也是由于其监护人年纪相对较大、身体机能随之减弱造成的。

三　住房条件及社区环境

（一）住房基本情况

为了解调查对象的住房条件和所在社区的基本状况，探讨生活环境对儿童健康水平的影响，本书对受访者的住房及其所在社区的环境进行了相关情况统计。由表4-4的统计数据可知，大多数调查对象的住房都是自家所有的，极少数受访者在工作场所或集体宿舍居住，而居住在临时建筑或无固定居所的则仅以个位数计，且留守儿童与非留守儿童家庭住房类型的差异并不大。就住房面积来看，留守儿童所在家庭的平均住房面积比非留守儿童所在家庭小7.95平方米。但总体来说，仅有不到3成，即27.43%的受访者其家庭居住面积在100平方米以下，居住面积普遍较大，这种情况在农村地区或经济不发达的乡镇地区属于普遍现象。

表4-4　　　　　　　　调查对象的住房情况统计

分类		所有儿童	留守儿童	非留守儿童
住房类型（%）	自家所有	90.03	92.04	88.24
	私用的公房或私宅	7.19	5.88	8.36
	工作地或集体宿舍	2.12	1.38	2.79
	其他（临时建筑或无固定居所）	0.65	0.70	0.62
住房面积（m²）	住房面积	130.13	125.90	133.85
基本设施（%）	通电	99.67	100	99.37
	管道输送的天然气或煤气	59.90	51.60	67.30
	独立厨房	91.93	91.49	92.33
饮用水来源（%）	集中供应的自来水	36.50	30.10	42.24
	井水	54.66	61.25	48.76
	桶装水/瓶装水	5.89	4.84	6.83
	其他	2.95	3.81	2.17
厕所类型（%）	冲洗式马桶	54.59	51.45	57.37
	非冲洗式厕所	35.89	36.60	35.26
	未修建固定厕所	9.52	11.95	7.37

调查结果显示，受访者所住房屋基本都通电，厨房也基本都是供家庭专门使用的独立厨房。仅有两户非留守儿童家庭尚未通电，和不到10%（8.07%）的家庭使用公共厨房。基础设施中唯一不够普及的是通过管道输送的天然气或煤气。调查发现，在留守儿童中大约只有一半，即51.60%的家庭能够使用天然气或煤气，而非留守儿童家庭中使用天然气或煤气的则要多一些，占比为67.30%。

就家庭饮用水的来源来看，大多数受访家庭仍然保留了早期的生活习惯，即通过水井获得家庭所需的饮用水，所占比例超过所有受访者的一半（54.66%）；饮用集中供应自来水的家庭有36.50%；仅5.89%的家庭使用的是桶装水或瓶装水；极少数家庭会饮用来自泉水、雨水、河/溪水、池塘或蓄水池等水源的水，使用以上水源的家庭数以个位计。与非留守儿童相比，留守儿童家庭使用井水的比例更高，达到了61.25%，而非留守儿童家庭只有48.76%。

在厕所类型的统计上，大部分家庭的厕所状况良好。有一半左右（54.59%）的家庭使用的是家用的冲洗式卫生厕所，但仍有接近一成（9.52%）的家庭没有修建固定的厕所。其中非留守儿童使用家用冲水式马桶的比例比留守儿童高出5.92个百分点，留守儿童家庭中没有固定厕所的也比非留守儿童家庭更多，两者占比分别为11.95%和7.37%，这也从侧面看出了两类儿童家庭在生活水平上存在的差异。

（二）家庭生活条件

为进一步了解受访对象家庭的生活条件，本研究还列举了几类家庭常用的电器或生活用品，在调查时询问其"家中是否拥有"，并进行了相应的统计。图4-1显示的是调查对象所在家庭对于相应电器或生活用品的拥有率。如图4-1所示，除了电视机、电冰箱、洗衣机等最基本的家电在调查家庭中的普及率很高，并且在留守儿童与非留守儿童家庭中不存在显著差异外，其余所有设施或生活用品的拥有率均较为低下。在所有受访家庭中，有线网络和电热水器的拥有率分别为62.05%和72.37%，而空调、影碟机、微波炉和个人电脑的拥有率均没有超过一半，最少的为22.55%，最多的也只有42.38%。

除此之外，从图4-1的对比可以清楚地看到，留守儿童所在的家庭在上述用品或家电中的拥有率除电视机和电冰箱外均低于非留守儿童，其中比例相差最大的是空调和有线网络，两者差距分别达到了13.21%和13.18%。从这一点也可以明显地看出两类家庭生活条件的差距。但也正是因为如此，生活条件较差的家庭中的父母才会为了提高家庭的生活水平而外出打工，从而造成留守儿童的现象。

图表数据：调查对象的家庭生活用品情况统计

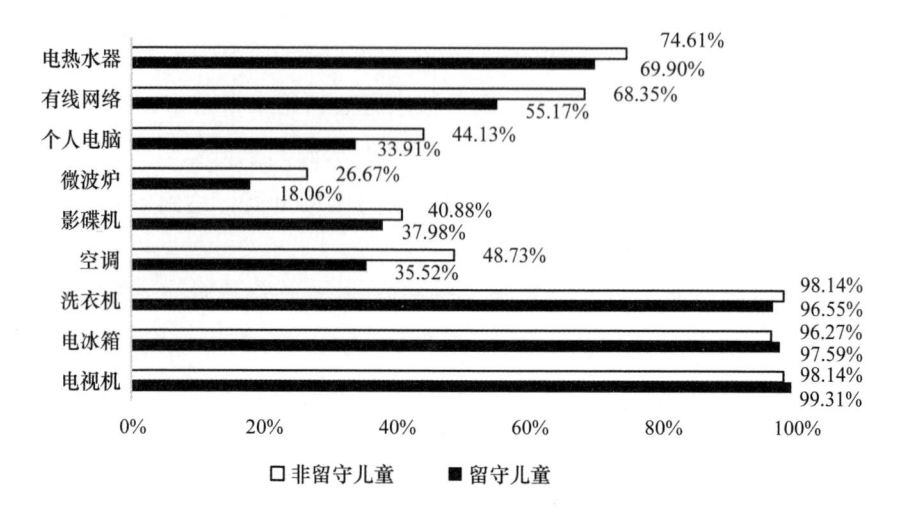

- 电热水器：非留守儿童 74.61%，留守儿童 69.90%
- 有线网络：非留守儿童 68.35%，留守儿童 55.17%
- 个人电脑：非留守儿童 44.13%，留守儿童 33.91%
- 微波炉：非留守儿童 26.67%，留守儿童 18.06%
- 影碟机：非留守儿童 40.88%，留守儿童 37.98%
- 空调：非留守儿童 48.73%，留守儿童 35.52%
- 洗衣机：非留守儿童 98.14%，留守儿童 96.55%
- 电冰箱：非留守儿童 96.27%，留守儿童 97.59%
- 电视机：非留守儿童 98.14%，留守儿童 99.31%

图 4-1 调查对象的家庭生活用品情况统计

（三）社区便利程度

住房条件在一定程度上反映的也是家庭的经济状况，而社区环境则可以更加准确地反映出调查对象所处外部环境的差异。图 4-2 显示了调查对象居住地的周边环境，体现出了其地理位置的优劣和生活的便利程度。统计数据显示，调查对象居住地所处的地理位置较为便利，超市或百货商店、医院或诊所、公交站或班车站的配置都较为成熟。有 70.32% 和 71.95% 的家庭可以在步行 30 分钟之内到达离家最近的超市/百货商店和公车站/班车站；48.18% 和 41.79% 的家庭可以在步行 10 分钟内到达。即使是相对来说较为分散的邮局和银行，也有 45.17% 和 45.53% 的家庭可以在步行 30 分钟内到达。

虽然总体情况较好，但调查对象居住地周边的相关配套设施在留守儿童家庭和非留守儿童家庭之间依然呈现出了一定的差异。从图 4-2 可以看到，与非留守儿童相比，留守儿童家庭周边的生活便利程度较差，所有配套设施或机构的可及性都比非留守儿童低。其中留守儿童家庭步行 10 分钟以内可以到达各类配套设施的概率比非留守儿童家庭低 6%—15%，而步行 1 个小时以上的概率则高出了 3%—12%。尤其是邮局和银行，接近40%的留守儿童家庭需要步行1个小时以上才能够到达，而非留守儿童家庭只有26.58%和25.16%。由此可见，两类儿童的生活环境的确是存在一定的差距的。

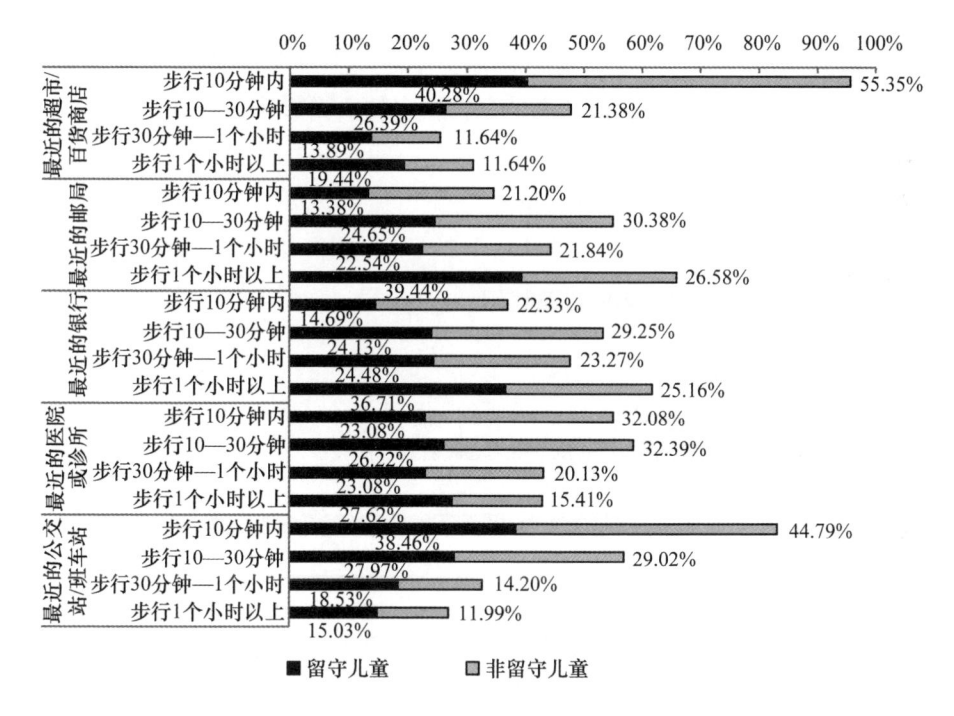

图 4-2 调查对象所在地区生活便利度情况统计

（四）社区日常活动

社区文化不仅是地方文化的体现，还是居民长期共同的经济和社会生活的反映。对于缺少家庭关爱和支撑的孩子来说，社区日常活动更是帮助其健康成长，促进其社会化发展的重要环节。因此，图4-3统计了调查对象监护人在其居住和生活的社区中，参与社区活动的情况，包括教育、文娱、公益活动等。从图4-3可以看出，受访者所处地区的社区文化建设较为欠缺。无论是留守儿童还是非留守儿童家庭，都有超过四成的受访者从未参加过任何社区活动，且有18.87%的受访者所在的社区没有组织过任何活动，经常参加社区活动的人仅占6.79%。其中留守儿童家庭虽然经常参加社区活动的比例比非留守儿童大，却有11.46%的留守儿童家庭不知道所在社区的活动情况，而在非留守儿童家庭中这一比例仅有4.75%。由此可见，留守儿童家庭和非留守儿童家庭所处的社区在活动的组织和安排上不存在较大的差异，且两类家庭参与社区活动的频率也无明显差别，均处于较低水平。这对于处于成长期的儿童，尤其是留守儿童的健康成长来说是存在一定的负面影响的。

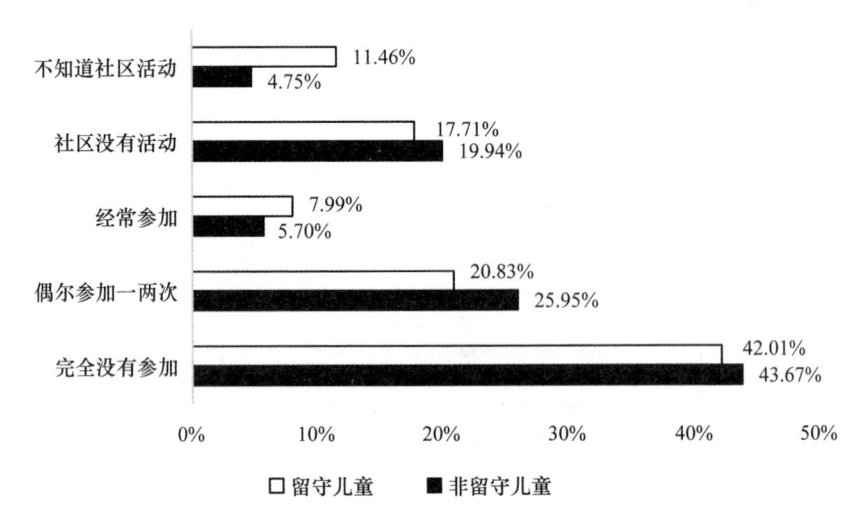

图4-3 调查对象所在社区活动情况统计

第二节 受访儿童的生活现状

一 家庭交流情况

（一）与父母的交流

前文分析可知，在家庭这一微系统当中，亲子关系是影响儿童性格形成的关键因素。在结构完整的家庭中，父母和孩子间积极的沟通和充分的关爱可以帮助儿童塑造健康的心理性格。但如果长期处于一种结构缺失的家庭环境中，儿童与父母的交流程度自然会远低于其他家庭的儿童。他们平时也只能通过电话、社交软件或视频等方式与父母取得联系。

因此，受客观条件的影响，留守儿童与其父母的联系频率也会极大地降低。在问卷调查的过程中，本书统计了在过去一个月的时间内，所有受访儿童与父母交流的情况和联系频率，并对留守儿童和非留守儿童进行了比较。

首先，本书从四个方面统计了一个月内受访儿童与父母的交流状况，包括与父母谈论自己的近况、与父母谈论朋友的近况、与父母谈论将来的计划，以及与父母谈论在学校遇到的问题。选项主要包含 0—6 六个等级，分别表示"从不"、"1—2 次"、"大概一星期 1 次"、"一星期 2—3 次"、"几乎每天"和"每天"，图 4-4 的显示结果为留守儿童和非留守儿童与父母在各个方面平均交流频率的相应等级。

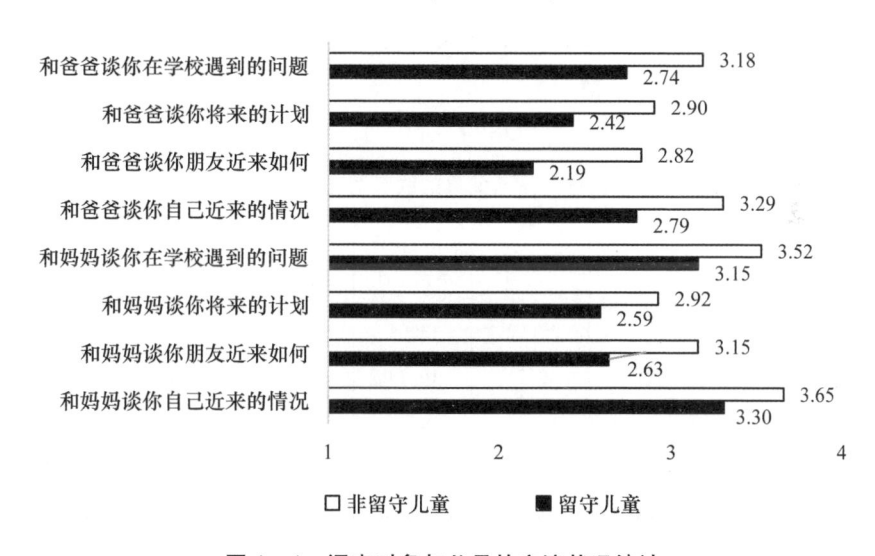

项目	留守儿童	非留守儿童
和爸爸谈你在学校遇到的问题	2.74	3.18
和爸爸谈你将来的计划	2.42	2.90
和爸爸谈你朋友近来如何	2.19	2.82
和爸爸谈你自己近来的情况	2.79	3.29
和妈妈谈你在学校遇到的问题	3.15	3.52
和妈妈谈你将来的计划	2.59	2.92
和妈妈谈你朋友近来如何	2.63	3.15
和妈妈谈你自己近来的情况	3.30	3.65

图 4-4 调查对象与父母的交流状况统计

从图 4-4 的对比可以看出，受访儿童与父母的交流并不是很频繁，且由于空间距离太远的缘故，留守儿童与父母交流的程度明显不够，并且和非留守儿童形成了强烈的对比。从数据统计中可以明显地看到，在非留守儿童当中，有 12.08%—21.44% 的孩子每天都会和妈妈谈论自己、朋友或学校的事情，有 11.11%—17.75% 的孩子每天都会和爸爸谈论。但对于留守儿童来说，这一比例则很低，仅 6.83%—15.00% 的孩子会每天与妈妈进行各种交流,6.22%—11.35%的孩子会每天和爸爸交流,而从不与妈妈和爸爸交流的比例最高分别达到了38.08%和49.40%,但对于非留守儿童来说,这一比重分别仅有31.65%和34.93%。由此可见,父母外出打工对于家中儿童与父母间的交流是存在一定的阻碍的,极大地降低了孩子与父母间有效沟通的频率。

(二)与父母的联系

针对父母不在身边的农村留守儿童,表4-5专门统计了在过去一年时间内,他们与外出务工父母的联系方式和相应的联系频率,以便于进一步了解他们与父母的联系情况。由于部分留守儿童是母亲外出,部分儿童是父亲外出,因此调查过程中我们也只针对儿童与外出打工的父母间的联系进行统计。比如,如果该儿童是父亲外出而母亲在家,则只统计他与外出父亲的联系情况。

表4-5　　　　　留守儿童与父母的联系情况统计　　　　(单位:%)

父亲或母亲	联系方式	从不	平均一个月不到一次	一个月一到三次	一周一次	一周两次及以上
母亲	打电话	10.03	13.04	14.05	12.71	50.17
	发短信/微信	42.71	10.17	9.49	9.15	28.47
	写信	80.13	5.72	2.69	5.72	5.72
	写电子邮件	80.13	5.72	4.71	4.04	5.39
	网上/视频聊天	43.69	9.56	9.22	11.26	26.28
	其他	53.11	10.53	9.09	5.74	21.53
父亲	打电话	8.89	10.85	14.32	14.10	51.84
	发短信/微信	42.01	9.85	9.63	10.94	27.57
	写信	73.50	6.46	6.01	3.56	10.47
	写电子邮件	73.84	6.65	3.33	5.32	10.86
	网上/视频聊天	42.23	9.63	9.41	12.91	25.82
	其他	53.14	9.66	6.76	8.70	21.74

由表4-5可知，大多数留守儿童是通过电话与父母进行日常联系的，平均联系频率接近一周一次。并且分别有50.17%和51.84%的留守儿童一个星期内与妈妈和爸爸打电话联系的次数在两次以上。此外，发短信/微信和网上/视频聊天也是较为普遍的联系方式，一周至少有一次以上与父母通过这两种方式进行联系的留守儿童都在30%以上。极少有儿童会通过写信和发送电子邮件与父母取得日常联系，平均下来一个月都不到一次。联系方式和频率在父亲和母亲之间不存在明显的差别。总体而言，尽管超过一半的留守儿童可以和父母保持较为频繁的联系，但仍有接近5成的儿童与父母的联系是远远不够的。这对于长期流动在外的父母及时了解孩子在生活和学习上的情况，以及给予孩子足够的关心和鼓励来说，依然是存在较大阻碍的。

面对面交流是个体社会化和经验积累的重要组成部分，也是最直接和最有效的信息传播方式，对维护亲子关系和提高家庭教育的有效性来说都具有十分重要的意义。从图4-5中留守儿童与外出打工父母见面或探望的次数可以看到，受客观因素的影响，留守儿童与父母见面的机会很少。统计数据显示，无论流动在外的是爸爸还是妈妈，都有接近3成

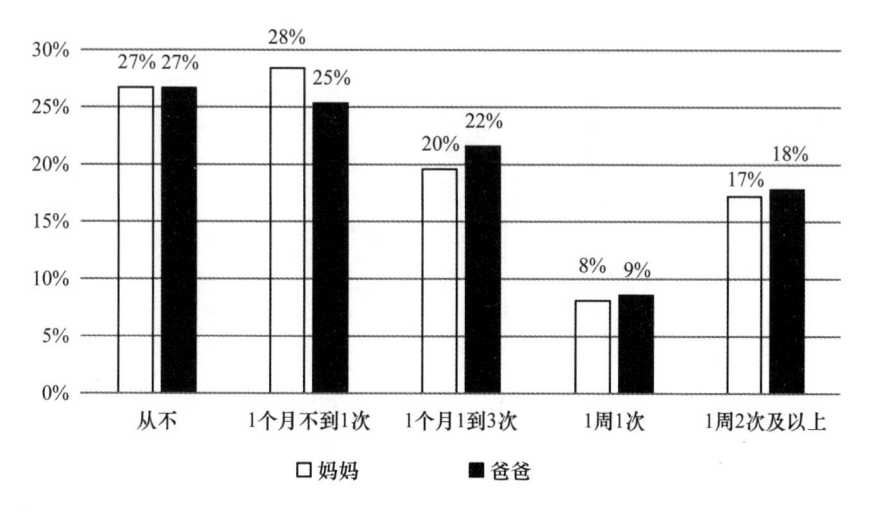

图4-5 留守儿童与父母的见面/探望情况统计

的留守儿童从来没有探望过他们或与他们见过面,另外还有30%左右的留守儿童与父母的见面次数平均一个月还不到一次。探望妈妈和爸爸的频率一周在一次以上的儿童分别只有25.34%和26.43%,这无疑使孩子与父母间缺少了一种稳定和有效的面对面沟通。长此以往,孩子与父母的亲密程度会逐渐降低。在缺乏保护和情感支持的情况下,儿童的情绪和行为都容易出现偏差,不仅不利于孩子的健康成长,还会进一步影响其社会化的发展过程。

（三）对家人的期望

从上文的分析可以看出,留守儿童与非留守儿童在人际交往和家庭关系上是存在一定的差距的,也正是因为如此,与非留守儿童相比,留守儿童在感情方面的需求在理论上和实际上都会更加突出。图4-6统计了受访儿童最期待父母和家人对自己的关注点在哪一个方面进行改善。换句话说,就是对父母和家人在各个不同方面的需求程度如何。由图4-6可知,留守儿童和非留守儿童对父母的需求呈现出一致的规律。无论是留守儿童还是非留守儿童,他们最希望的还是父母和家人能改善

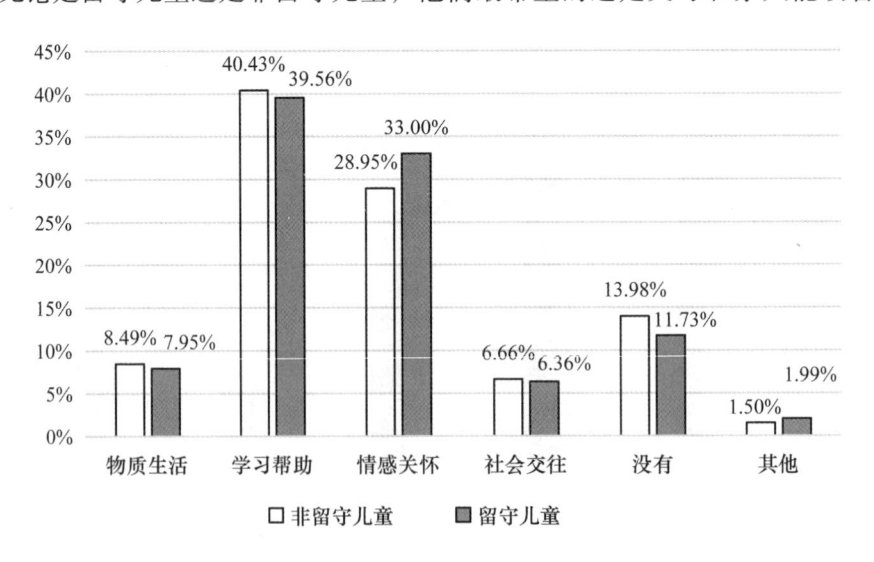

图4-6 调查对象对父母和家人的需求

在学习方面对自己的帮助。这一点在两类儿童间不存在较大差距,选择这一项的非留守儿童比例只比留守儿童多了0.87个百分点。其次是情感关怀,在所有受访儿童中,有30.80%的孩子希望父母和家人能加强在情感上对自己的关注度。同时,可以明显地看出,留守儿童在这一方面的需要是更为强烈的,所占比例比非留守儿童高出4.05个百分点。相反,孩子们对于物质生活的需求较少,分别只有7.95%和8.49%的留守儿童和非留守儿童希望父母和家人能做出物质方面的改善。这也反映出了学龄儿童在成长过程中的主要需求,并不是优越的生活条件,而是家人的陪伴和关怀,而这恰恰是留守儿童成长过程中最为欠缺的部分。

二 生活照料情况

对于普通家庭的孩子来说,父母在孩子的成长过程中占据了最为主要的地位,是抚养和教育孩子的首要责任人。但对于父母日常工作繁忙或者长期在外打工的儿童来说,其父母是无法尽到相应责任的,只能将孩子交由他人抚养。这些监护人大多是孩子的祖父母、外祖父母,或者大家庭中的其他亲属,同时也有家庭规模较小的极少数父母可能会将孩子交由家属以外的人照顾。对于不同的监护人来说,其抚养方式和教育理念将存在极大的差异,而这对于孩子的成长来说是极为关键的,不仅关系到孩子的日常生活水平,也影响到孩子的成长和未来的发展。

总结第三章内容可以发现,与非留守儿童相比,留守儿童的监护人具有年龄偏大、文化程度偏低、健康状况较差的特征,而这些特征的不同都会在监护人对孩子的照料中体现出来。对于小学阶段的孩子来说,家庭是其成长和社会化的主要场所,监护人在其生活中承担了极为关键的照护、指导和教育任务。有研究指出,留守儿童的监护人大多以祖辈为主,由于其文化水平普遍较低,再加上家庭条件较差,留守儿童的生活水平大概率会出现下降,同时其照料方式也可能存在较大误区,这对于留守儿童的健康成长来说是极为不利的。

(一) 日常接送情况

生活照料是儿童日常生活中最为基本的需求,同时也是监护人最为基本的责任。孩子上学过程中的日常接送、平时的饮食照料、家中日常活动的安排等,都会对孩子的健康成长产生一定程度的影响。表4-6统计了监护人对留守儿童与非留守儿童上下学途中的接送情况。从监护人对孩子的接送情况来看,在日常接送这一方面,留守儿童与非留守儿童的差别不大。在所有调查样本中,监护人日常接送家中小孩的概率并不是很大,接送也不是很频繁。数据显示,大部分时间都会接送孩子或者总是会接送孩子的监护人只有37.66%,非留守儿童略高于留守儿童,两者分别为38.84%和36.36%。除此之外,只是偶尔或有时才会接送孩子的家长接近四成,从未接送过孩子的家长也达到了24.20%,且留守儿童的家长从没有接送过孩子的比非留守儿童多,比例高出6.51个百分点。

表4-6　　　　　　监护人的日常接送情况统计　　　　　　(单位:%)

		全部儿童	留守儿童	非留守儿童
孩子上下学有人接送吗	总是	26.76	26.60	26.91
	大部分时间	10.90	9.76	11.93
	有时	19.07	15.49	22.32
	偶尔	19.07	20.54	17.74
	从没有	24.20	27.61	21.10
上下学使用的交通工具	公共汽车	15.18	17.53	13.02
	校车/班车/包车	3.47	3.09	3.81
	自行车/三轮车	13.53	12.71	14.29
	步行	52.31	51.89	52.70
	私家车	9.74	10.31	9.21
	其他	5.78	4.47	6.98

除此之外,孩子上下学的交通方式在留守儿童与非留守儿童间也

不存在明显差别。步行始终是调查地区农村儿童上下学的主要方式，所占比例超过50%。其次是公交车和自行车或三轮车，占比分别为15.18%和13.53%。使用其他交通方式的儿童较少，均在10%以下，这与受访地区的实际情况存在很大的关系。一方面，由表4-7可知，绝大多数儿童从家到学校的距离都很近，单程所需时间在半个小时之内的儿童超过了80%，10分钟之内就能到达的也接近三成，因此孩子们并不需要借助其他交通工具就可以顺利到达学校。另一方面，受地区经济发展的限制，受访地区学校附近的交通状况可能存在道路条件较差、公交车尚未通行等问题，因此步行成为孩子们相对来说最为便利的一种上学方式。

表4-7　　　　　儿童从家到学校单程需要的时间　　　　（单位：%）

时长	全部儿童	留守儿童	非留守儿童
少于10分钟	27.84	25.50	29.97
10—30分钟	56.48	53.69	59.02
30—60分钟	12.48	15.77	9.48
1—1.5个小时	2.88	4.70	1.22
多于1.5个小时	0.32	0.34	0.31

（二）饮食照料情况

儿童的饮食健康是生长发育的关键，家庭是否拥有健康的饮食习惯，或者说家庭是否拥有为孩子提供健康饮食的条件，既体现了监护人对孩子营养状况的关注，也是孩子能否健康成长的直接影响因素。据此，表4-8对调查样本一周内的饮食情况做了详细的统计。调查问卷列举了日常生活中常见的食物类别，每一类食品都对应4个等级：1表示一周内几乎每天都吃；2表示一周内有3—5天会吃；3表示一周内有1—2天会吃；4表示一周内从未吃过。数字越高，表示受访者一周内吃过相应食物的频率越低。表4-8中的统计结果为所记录答案的平均值。

表4-8　　　　　　　　　调查对象的饮食情况统计

饮食情况	所有儿童	留守儿童	非留守儿童
绿叶蔬菜	1.524	1.520	1.528
水果	1.805	1.834	1.781
鸡肉、猪肉、牛肉或其他肉类食品	1.902	1.894	1.908
鱼虾或其他海鲜	2.991	3.061	2.931
牛奶或豆奶	2.024	2.022	2.026
方便面	3.233	3.283	3.190
西式快餐	3.281	3.365	3.209
加糖饮料	2.408	2.395	2.420
零食和甜点	2.372	2.350	2.391
油炸食品	2.863	2.899	2.835

有研究表明，当父母外出之后，由父母汇款所带来的家庭经济条件的提升，会让子女在营养状况和健康水平上都得到更好的发展。但从上表数据可以看出，留守儿童和非留守儿童的饮食情况并不存在明显的差异或形成特殊的规律。与非留守儿童相比，留守儿童在绿叶蔬菜、肉类食品、奶制品、饮料、零食和甜点上的食用频率更高；但在水果、鱼虾或其他海鲜、方便面、西式快餐和油炸食品上的食用频率则更低，其中西式快餐的差异在两类儿童间最为明显。由此可见，虽然父母外出务工对于留守家庭来说可以增加家庭收入，创造更好的生活条件，但对于孩子的照料最主要的还是体现在抚养方式和教育理念上。无论是不是由父母亲自照顾，照护方式的不同都会使儿童在健康饮食方面存在较大的差异，而不仅仅是在留守儿童和非留守儿童间出现差别。

除此之外，虽然留守儿童食用垃圾食品的频率低于非留守儿童，但这可能也同样体现出了父母的缺席对留守儿童饮食丰富程度的影响，使其无法像正常家庭的孩子一样，可以更加自由地选择自己喜欢的食物，即使这种食物并不一定是对健康有益的。

（三）劳动负担状况

与城市中长大的孩子不同，受家庭经济条件的限制，生活在农村地区的孩子往往会过早地承担起家庭中部分甚至大部分的家务及劳动,以减轻家庭的生活负担,这一点无论是留守儿童还是非留守儿童都不例外。但对于留守儿童来说,父母的外出无疑会使其背负更大的家庭责任,尤其是当家里还有老人或弟弟妹妹时,除了需要照顾家人外,一些日常的家务,如洗碗、擦桌子、打扫房间等简单的劳动自然也会落到他们头上。有一些儿童甚至还会帮家里人干农活,使他们的劳动负担变得更重,这一点在问卷调查中也得到了证实(见表4-9)。

表4-9　　　　　　　　　调查对象的劳动情况统计　　　　　　　　(单位:小时)

		全部儿童	留守儿童	非留守儿童
家务劳动时间	上学时	0.99	1.04	0.95
	周末	1.73	1.84	1.64
干农活的时间	上学时	0.89	0.95	0.84
	周末	1.67	1.79	1.57
照顾家人时间	上学时	0.99	0.96	1.01
	周末	2.00	2.13	1.89

表4-9统计了最近一个月内受访儿童每天花费在家务及劳作上的平均时间,统计结果以小时计。如表4-9所示,除了在上学时,非留守儿童照顾家人的平均时间略高于留守儿童外,其余每一项劳动,留守儿童所花费的时间都更长。数据显示,上学期间由于学业内容较重,在家时间较短等原因,两类儿童在家务及劳作中所耗时间的差距很小,而周末时会有所增加。其中差距最大的是周末干农活的时间和周末照顾家人的时间,两者分别相差0.22个小时和0.24个小时。由此可见,留守儿童的劳动负担的确高于非留守儿童,但总的来说两者的差异并不明显。无论父母有没有外出打工,受当地经济社会发展的实际情况影响,受访地区的儿童都需要承担起部分力所能及的家务劳动。

(四)零花钱状况

零花钱对于学龄期的孩子来说是必不可少的,即使是农村地区的儿童，也是有自己的消费需求的。正常情况下，孩子的零花钱一般是由父母给的，金额大小一般由家庭经济状况和消费习惯决定。但当父母外出打工之后，孩子的生活基本交由现在的监护人负责，零花钱也主要由他们给，或者是父母的汇款。研究表明，留守儿童的父母在外出打工之后会提高家庭的经济水平，同时，出于对家中孩子的愧疚，远在外地的父母也会增加向家中汇款的数量和频率。

但经调查发现，留守儿童在零花钱的数量上并没有显现出优势，反而少于非留守儿童，两者平均每个月的零花钱数量分别为 62.79 元和 77.74 元，这可能与留守儿童家庭的实际情况有关。理论上讲，父母外出打工的确会增加家庭的收入，但其外出打工本来就是出于家庭经济条件太差的原因，即使务工会在一定程度上改善家庭生活状况，父母或监护人也并不会因此增加孩子的零花钱，失去对家庭开支的理性规划。另一方面也可能与留守儿童本身的消费观念有关。调查中可以发现，大多数留守儿童对于父母长期外出的行为是表示理解的，他们明白父母外出是为了家庭的发展和自己的未来。虽然情感上会觉得孤单，但还是会自觉地从自身的行为上对父母和家庭表示支持，因此也会更加理性和节省地索取和使用零花钱。

三　学习教育情况

父母是学校之外最主要的负责孩子教育的人，在学龄儿童的成长过程中承担了极为重要的教育责任。大部分研究认为，家庭结构的完整可以保证父母教育的权威性、针对性和持续性，而父母长期不在身边则会使儿童缺乏严格的管教和科学的教导。家庭教育功能的缺失难免会导致儿童在成长和学习的过程中出现性格的缺陷和行为习惯的偏差，使这类孩子出现学习不够进取、生活缺乏热情的情况，严重的甚至会造成越轨行为的发生。因此，本书针对受访儿童的学习状况以及监护人对他们的教育情况进行了总结。

（一）学习成绩

考试成绩是反映孩子学习状况的最直观指标。研究表明，父母的长期缺席会使儿童在成长过程中缺少家长的监管和家庭的教育，使其出现行为偏差、成绩下滑等问题。由于本次调查的受访对象为五年级的小学生，因此，本书统计了从一年级开始到五年级上学期为止所有学生的语文和数学成绩，数据均来源于学校提供的历年来的成绩单，对于对比留守儿童和非留守儿童的成绩差异和成绩变化来说具有极大的参考价值。

如图4-7所示，留守儿童和非留守儿童学习成绩的变化呈现出相同的规律，总体都呈现出下滑的趋势。但同时也可以看出，在二年级之前，留守儿童无论在语文还是在数学上，考试成绩都比非留守儿童低，而在这之后，留守儿童的成绩相对开始提高，除了二年级上的数学成绩低于非留守儿童外，其余成绩始终高于非留守儿童。总体上看，两者间的差距是在逐渐拉大的，这与以往的研究结论不符。在此本研究猜测，父母外出对孩子成绩的影响并不是绝对的。一方面学习成绩与孩子自身条件、主要监护人的教育方式都是息息相关的；另一方面父母外出对于孩子来说也是一种磨砺和锻炼，而对父母的理解会让他们变得更加懂事和独立，在学习上也会更加刻苦，从而出现留守儿童的学习成绩比非留守儿童更好的情况。

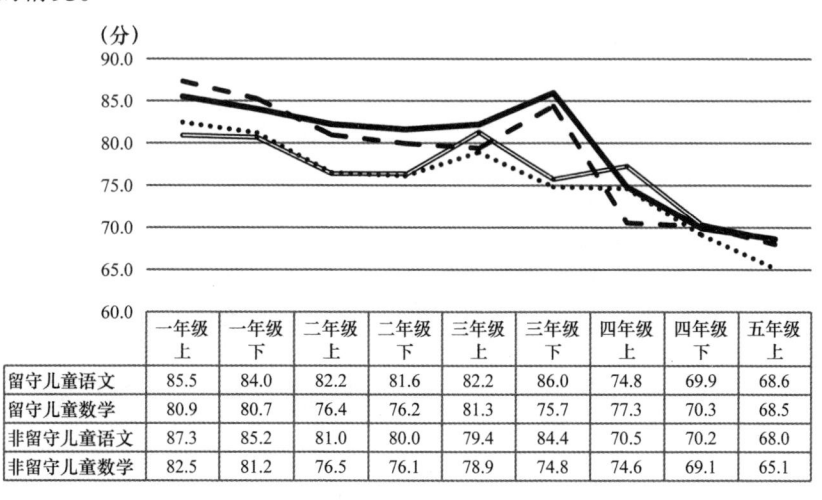

	一年级上	一年级下	二年级上	二年级下	三年级上	三年级下	四年级上	四年级下	五年级上
留守儿童语文	85.5	84.0	82.2	81.6	82.2	86.0	74.8	69.9	68.6
留守儿童数学	80.9	80.7	76.4	76.2	81.3	75.7	77.3	70.3	68.5
非留守儿童语文	87.3	85.2	81.0	80.0	79.4	84.4	70.5	70.2	68.0
非留守儿童数学	82.5	81.2	76.5	76.1	78.9	74.8	74.6	69.1	65.1

图4-7 调查对象的学习成绩统计

（二）教育方式

无论是父母还是其他亲属，监护人对于孩子的教育方式都是直接影响其学习的关键因素。由上文可知，留守儿童与非留守儿童的成绩并不存在较大差距，且留守儿童的成绩普遍高于非留守儿童，这一结果是否与其监护人的学习辅导存在联系，监护人又是否会因为身份或年龄的不同而表现出不同的教育方式？本书针对这一问题进行了相关的统计和分析。

图4-8对平时主要照看受访儿童学习，确保其完成作业的人进行了统计。需要说明的是，由于该问题为多选，因此可能出现监护人数量相加超过样本数的情况。由图4-8可知，非留守儿童由于家庭结构健全，父母在其学习过程中承担了主要的教育责任，因此他们也是平时最主要照看孩子学习的人。除此之外，爷爷奶奶和哥哥姐姐也会偶尔辅导其完成作业，但这种情况发生的概率与父母相比仍然存在很大的差距。而对于留守儿童来说，平时学习监督和辅导的责任则有很大一部分转移到了其他监护人身上。虽然妈妈仍然是最主要辅导孩子学

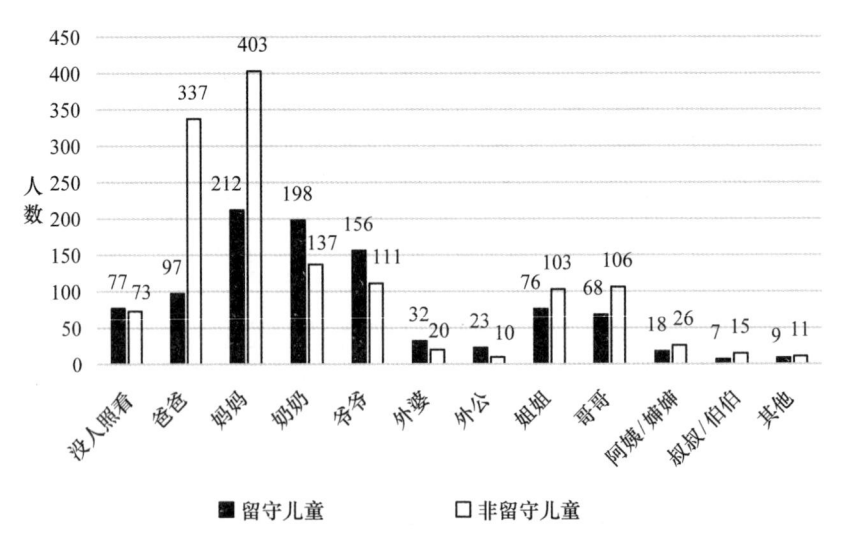

图4-8 调查对象的学习辅导情况统计

习的人，但与非留守儿童相比有了明显的下降，基本与爷爷奶奶辅导孩子的情况相当。同时，由爷爷和奶奶监督的孩子人数也远高于由爸爸监督的孩子。由此可见，父母外出务工前后，孩子的学习辅导情况产生了很大的变化，但这种变化的影响好坏与否，还需要做进一步的研究。

表4-10从儿童自身的视角统计了主要监护人对于自己学习的重视程度。数据显示，留守儿童监护人对于所监护儿童的学习重视程度是低于非留守儿童监护人的，但两者的差距并不明显。两类儿童的监护人非常重视孩子学习的比例分别为58.85%和61.40%。总体上看，大多数监护人对于孩子的学习都是较为重视的，不重视和非常不重视孩子的学习的监护人仅占3%左右。由此可见，虽然父母外出前后监督和辅导孩子学习的人产生了很大的变化，但无论父母是否在身边，监护人大多都尽到了教育监督的责任，这对于农村儿童的成长来说是十分乐观的。

表4-10　　　　　监护人对调查对象学习的重视程度　　　　（单位:%）

	全部儿童	留守儿童	非留守儿童
非常重视	60.24	58.85	61.40
重视	22.64	23.46	21.96
还可以	14.31	14.71	13.98
不重视	2.08	2.19	2.00
非常不重视	0.72	0.80	0.67

（三）娱乐活动

对于学龄期儿童来说，学校是除了家庭以外最主要的教育机构和场所。在进入学龄阶段之后，儿童社会化的主要媒介便从家庭拓展到了学校，同学和伙伴也成了儿童成长过程中接触最频繁的群体之一。学龄期儿童正处于发育阶段，不仅精力充沛，而且容易对周围事物感到好奇。虽然学校生活占据了孩子们日常活动的大部分时间，但在空闲时间，除了做家务、照顾家人，一定的闲暇活动也可以帮助学龄期儿童丰富的自己课余生活，满足其精神需求，同时也有助于孩子扩大知识面，开阔视野，是促进儿童社会化进程的一种良好手段。

为对比农村儿童课余活动的区别，本书统计了受访儿童每天课后学习及娱乐活动的时间安排，并按照所耗时间长短进行排序。如图4-9所示，与城市孩子不同，生活在农村或乡镇地区的儿童课余活动的选择较少，活动内容和时间分配在两类儿童之间都具有较强的一致性。数据显示，无论是上学期间还是周末，看电视都是最主要的娱乐方式，占据了受访儿童最多的课余时间。其次，看课外书、室内游戏、户外锻炼或玩耍也是较为普遍的选择，且这几类活动的时间差距都不大。同时，课后学习的时间也与这几类活动的时间相当，即使是周末也并不会因为其他娱乐活动而相对减少。最后，受访儿童也会适当使用互联网络来打发时间，但使用的时间较短，即使是周末每天也只有一个小时左右。

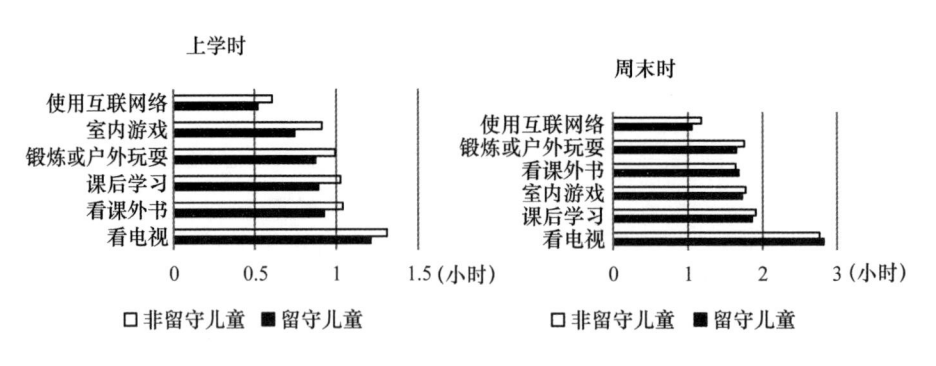

图4-9 调查对象的闲暇活动情况统计

总的来说，受经济发展状况和当地实际情况的影响，受访地区儿童的闲暇活动方式较为单一，每天耗费在看电视上的时间居多，儿童的课余生活具有一定的闭锁性。但与此同时，从两类儿童的对比可以看出，留守儿童上学期间耗费在各项娱乐活动上的时间均少于非留守儿童,这与前文所述的内容相吻合。虽然父母长期不在身边,留守儿童缺乏一定的父母监督和管束,但由于需要承担更多的劳动负担,因此他们每天放学后的玩耍时间并不会太长。而在周末时,两类儿童各项娱乐活动的时间差距有所减少,且留守儿童看电视的时间和课外阅读的时间略高于非留守儿童,成为了他们一个合理的放松形式。

第三节 受访儿童的综合健康水平

为对受访儿童的健康水平形成一个总体印象和初步判断,本书根据上文中儿童健康评价体系的测量标准,对受访儿童的健康水平进行了统计和计算,并经数据处理形成了一个综合指标。由于各评价指标的性质、量纲和方向等都存在差异,因此本书首先对原始数据进行了标准化处理,将其转化为方向相同且无量纲化的指标评测值。再使用熵值法,根据各指标评测值所提供信息的效用值大小来确定权重,对各个指标进行客观赋权,赋权结果见表4-11。其中各指标用对应英文或简要的词汇表示,完整的问题可见下文的分析,在此不进行赘述。需要说明的是,由于反映身体健康的指标较少,因此身体健康部分在权重上的占比相对较低。但考虑到在当前的经济发展水平下,我国儿童的身体健康状况基本较好,调查地留守儿童与非留守儿童的差异较小,在身体发育方面的特点并不突出,其主要差异还是体现在心理健康和社会适应方面,因而本书在此忽略这一问题。

在得到每一个指标的具体权重之后,本书使用标准化后的数据,通过计算得到调查样本健康水平的综合得分,由于数据已经经过方向上的处理,因此得分越高表示受访儿童的健康水平越高。计算后得到的综合健康水平及其在不同类型儿童中的对比如表4-12所示。

表4-11　　　　　　　　农村儿童健康水平的综合指标

主要维度	权重	反映内容	权重	具体指标或问题	权重
身体健康	0.089	生长发育状况	0.041	height	0.013
				weight	0.008
				BMI	0.005
				HAZ	0.016
		基本身体状况	0.047	自评健康	0.023
				自评体力	0.024
		疾病状况	0.001	患病就医	0.001
心理健康	0.492	自我认同	0.209	自我总体评价	0.022
				现状满意度	0.032
				生活现状喜爱度	0.035
				自信心	0.025
				喜欢自己	0.028
				自豪感	0.040
				未来期待	0.025
		孤独感受	0.140	找不到人谈话	0.018
				善于集体学习	0.047
				不容易交友	0.024
				没有玩伴	0.016
				无人愿意陪伴	0.019
				总是单独一人	0.016
		抑郁情绪	0.143	挫败感	0.016
				悲观	0.021
				恨自己	0.017
				烦恼	0.032
				否定长相	0.033
				不被人喜爱	0.024

续表

主要维度	权重	反映内容	权重	具体指标或问题	权重
社会适应性	0.419	社会交往能力	0.121	主动谈话	0.043
				和睦相处	0.023
				情绪控制	0.002
				在乎他人感受	0.028
				征求他人意见	0.024
		积极进取能力	0.172	尝试新事物	0.027
				冒险吸引	0.046
				探险	0.050
				尝试危险	0.048
		高效执行能力	0.127	精力集中	0.015
				行为自主	0.034
				主见	0.034
				自己解决问题	0.026
				学习兴趣	0.018

注：由于表中数据是四舍五入的结果，因此可能出现相加不等的情况。

表4－12　　　　　不同类型儿童健康水平综合得分

留守儿童	非留守儿童	F	P		
1.625±0.012	1.627±0.014	0.085	0.770		
父亲外出	母亲外出	父母均外出	非留守儿童	F	P
1.632±0.011	1.618±0.010	1.620±0.014	1.627±0.014	0.433	0.730

注：表中数据表示 $\bar{x}±s$，即均值加减标准差。

从表4－12中数据可以看到，留守儿童的健康水平综合得分略低于非留守儿童，其中母亲外出的留守儿童健康水平相对较低，而父亲外出的留守儿童则相对较高，但这一差异在不同样本间并不具有统计学意义。根据本书对儿童健康的定义，健康主要由身体健康、心理健康和社会适应三部分组成，因此留守儿童的健康水平很可能在这三个方面存在程度和方向上的差异，而表4-12的统计结果也可能是由多项指标相互抵消所造成的。如果仅从综合指标来判断留守儿童的健康状况，则可能会忽略不同维度内的很多信息。鉴于此，为进一步探讨留守儿童在不同维度下的健康状况，本书将在下面的研究中将健康进行详细的划分，从身体健康、心理健康和社会适应性三个角度来探讨农村儿童健康状况的差异及其主要影响因素。

本章小结

本章主要对调查对象的基本情况进行了详细的描述与简要的分析。第一部分是调查对象的基本状况。第一，从个体特征来看，受访者年龄大多在10—14岁之间；性别比例较为均衡，男孩数量略高于女孩数量；留守儿童占所有儿童的45.32%，其中53.17%的留守儿童父母均外出。第二，从家庭情况来看，调查对象的家庭规模平均在3人左右；大多数父母都处于已婚有配偶的状态，但留守儿童的父母离婚、分居和未婚的概率更高，体现出留守儿童家庭结构的不稳定性；受访家庭收入水平总体较低且存在较大的贫富差距，留守儿童的家庭经济水平低于非留守儿童家庭；非留守儿童由父母之外的人照护的比例很低，但留守儿童却有大部分由其他亲属抚养，他们大多具有年龄偏大，文化程度偏低，健康状况较差的特征。第三，从住房条件和社区环境来看，留守与非留守儿童家庭的住房类型差异并不大，但从家庭基础设施的普及率、饮用水来源，以及家用电器和生活用品的拥有率来看，留守儿童家庭与非留守儿童家庭相比仍然存在一定的差距；相对来讲，留守儿童家庭所在地配套设施的可及性不如非留守儿童家庭；两类家庭参与社区活动的频率也无明显差别，均处于较低水平。

第二部分是调查对象的生活现状。第一，从与父母的交流情况来看，父母外出对亲子间的沟通造成了一定的阻碍。留守儿童与父母的交流程度明显不够，双方大多通过电话联系，但频率很低，且见面的机会很少，因此留守儿童在感情方面的需求更加突出。第二，从生活照料情况来看，两类儿童在上下学的接送和交通工具上不存在明显差异。由于路程较近，大多数儿童步行上学，监护人日常接送的概率也不大。孩子日常的饮食并不会因为父母外出有所差异，但非留守儿童对食物的选择更加自由；留守儿童的劳动负担略高于非留守儿童，零花钱数量比非留守儿童少。第三，从学习和教育情况来看，非留守儿童的学习大多由父母监督和辅导，但父母外出后，教育的责任大部分都转移到了爷爷奶奶身上，但无论父母是否在身边，监护人大多都尽到了应有的责任。不过由于缺少监督，留守儿童放学后往往更加自由，每天玩耍的时间更多，好在这并没有对其成绩造成影响。结果显示，两类儿童的成绩并不存在较大差距，且留守儿童的成绩普遍更高。

最后，本章对农村儿童的健康水平进行了一个综合测量。统计结果显示，留守儿童的综合健康水平略低于非留守儿童，其中母亲外出的较低，而父亲外出的则相对较高，但这一差异在不同样本间并不具有统计学意义。由于健康主要由身体、心理和社会适应性三部分组成，因此下书将对农村儿童不同维度的健康状况进行深入的探讨。

第五章　农村儿童身体健康状况及影响因素分析

前文主要描述了受访儿童的基本情况，并对他们的生活现状进行了简要的分析。本书认为，个体的发展并不是孤立于社会之外，而是在与环境的相互作用中形成的，因而其发展路径会受到周围环境的影响。从直接围绕在个体周围的人到社会性的组织机构，不同维度的各个因素都会对儿童的身体健康造成影响。因此，在前文的基础上，本章将着重对受访儿童的身体健康水平进行详细分析，并就留守儿童与非留守儿童进行全面对比，最后从个人特征、家庭状况和社会因素三个方面研究各因素对农村儿童身体健康的影响。包括性别、留守类型、家庭结构、监护人情况、社区状况、学校因素等。这些因素来自不同维度，但却通过相互之间的作用直接或间接地对农村儿童的身体健康造成不同程度的影响。

第一节　研究假设与研究方法

一　研究假设

本书的研究目的，是分析农村儿童在身体、心理和社会适应方面是否存在问题，并在此基础上探究影响农村儿童健康水平的因素及其作用机制，为"人口流动时代"农村儿童健康的科学管理和相关政策制定提供决策参考，从而为青少年提供一个健康的成长环境，以保证家庭和社会的稳定，以及经济的可持续发展。由上文的分析可知，受访儿童家庭经济水平整体偏低,其中留守儿童的家庭经济状况相对更差,居住条件也与非留守儿童存在一定的差距。虽然监护人对孩子们的照料大多都很尽责,但受客观因素的影响,留守儿童的劳动负担依然较重。综上分析,本章提出以下几点假设。

第一,受到家庭收入、住房条件和照护水平等因素的制约,农村儿童的身体健康水平较低,各项指标可能表现都一般,容易出现发育不良、体力不佳、患病较频繁等问题。

第二,父母的照护是直接促进儿童健康成长的关键因素。如果缺少父母的关爱,儿童将很难得到充分的照顾,从而造成健康水平的普遍较低和患病率的明显上升[1]。因此本章假设,留守儿童与非留守儿童的身体健康状况存在差异,留守儿童的身体素质比非留守儿童差。

第三,由于各年龄阶段的儿童受环境变化的影响程度有所不同,同时男孩与女孩的生长发育状况也存在区别。因此本章假设,儿童的身体健康水平在不同性别和不同年龄的个体间存在一定差异。

第四,家庭是儿童最早期的生活场所,特殊的家庭结构会在减少儿童可利用资源的同时压缩父母照顾孩子的时间,从而影响孩子的生长发育[2]。因此本章假设,家庭结构和家庭经济状况等会影响儿童的生长环境,进而造成留守儿童与非留守儿童身体素质的差异。

第五,祖父母身体状况和思想观念存在差异,年纪较大的监护人很可能因为文化素养和生活习惯的落后而忽略了对儿童营养和卫生问题的重视,从而导致儿童身体状况的低下[3]。因此本章假设,监护人的角色、健康状况、文化水平、照料方式等直接关系到儿童的营养和卫生问题,是影响儿童健康水平的重要因素。

第六,社区居住条件以及社区的公共资源可以在一定程度上保证儿

---

[1] 李强、臧文斌:《父母外出对留守儿童健康的影响》,《经济学(季刊)》2011年第1期。
[2] Hill, M. S., "The Role of Economic Resources and Remarriage in Financial Assistance for Children of Divorce", *Journal of Family Issues*, Vol. 13, No. 2, 1992, pp. 158–178.
[3] 叶敬忠、王伊欢:《留守儿童的监护现状与特点》,《人口学刊》2006年第3期。

童健康的维护和发展,反之也可能会造成家庭与社会照护的双重缺失,从而降低儿童的身体健康水平。因此本章假设,社区的医疗和卫生资源会影响儿童的身体状况。

二 研究方法

本章将首先对受访儿童身体健康水平的基本现状进行详细的描述,比较分析调查数据中留守儿童和非留守儿童在身体健康各项指标上的问题和差异。再参考以往文献的研究结果,从个人、家庭和社会三个方面入手对各因素进行单因素方差分析,初步推测出有哪些因素会对儿童身体健康造成影响。最后根据筛选出来的相关变量建立方程,进一步研究留守儿童和非留守儿童不同的个人特征、家庭状况、家庭结构、抚养方式、社区环境等对其身体健康水平所带来的影响。

第二节 受访儿童的身体健康状况对比

一 生长发育状况对比

(一)身高体重

表5-1对所有调查对象的身高和体重进行了统计和汇总,测量结果均来自调查学校所提供的体检数据,具有较高的准确性。需要说明的是,样本中部分变量存在缺失情况,但由于数量较少,因此不会对统计结果造成显著影响。

表5-1 调查对象的身高和体重统计

	男孩		女孩	
	留守儿童	非留守儿童	留守儿童	非留守儿童
身高(cm)	138.86±5.93	138.51±6.45	140.29±7.40	139.76±6.51
体重(kg)	34.33±7.42	33.58±6.64	33.38±6.79	33.30±6.57

注:表中数据表示 $\bar{x}\pm s$,即均值加减标准差。

受访儿童的年龄大多为 11 岁或 12 岁，对标我国《0—18 岁儿童青少年体重身高百分位数值表》的评价标准，11 岁男童和女童身高的中位数分别为 145.3cm 和 146.6cm，体重的分位数分别为 37.69kg 和 36.1kg；12 岁男童和女童身高的中位数分别为 151.9cm 和 152.4cm，体重的分位数分别为 42.49kg 和 40.77kg。从表 5-1 的统计结果可以看到，调查地农村儿童的身高体重发育水平是较为低下的，与权威的评价标准相比身高属于中下到下等水平，体重属于中等到中下水平。

就两类儿童的对比来看，留守儿童的身高和体重均没有出现低于非留守儿童的现象，反而留守儿童的指标是高于平均水平的，并且总体呈现出比非留守儿童更高的情况。这与某些文献的研究结果类似，其原因可能是由家长外出打工使家庭经济条件得以提高所带来的良性结果。分性别来看，女孩的身高普遍高于男孩，体重普遍低于男孩，这与青春期儿童的一般生长规律相符。除此之外，其余各项指标的测量结果均显示为留守儿童优于非留守儿童。即便如此，总体而言两者的身高和体重差距仍十分细微，留守儿童并未呈现出太大的优势，说明受访地儿童的身体健康水平受到家庭结构改变的影响并不会很大。

为进一步探索父亲和母亲在儿童身体照料上的差异，表 5-2 对留守儿童的不同类别进行了细分。从表中结果可以看到，母亲外出的留守儿童与其他类型的儿童相比，无论在身高还是体重上都处于最低的水平，但父母均外出的儿童在身高和体重上都处于领先位置。这不仅体现出了母亲在儿童生活照料上所起到的关键作用，也再次证明了父母均外出所带来的经济水平的提升对儿童身体发育的正向作用。研究表明，作为家庭中孩子照料的主要承担者，母亲的照料质量与孩子的健康成长密切相关。在母亲外出打工后，劳动时间的增加必然会造成育儿时间的下降。在孩子得不到高质量的照料时，儿童的成长和发育势必会受到显著的负面影响，且这种负面影响往往难以单独通过母亲个人收入提高对孩子成长的正向作用来抵消[1]。但如果父母均外出打工，那么父母双方带来的

---

[1] 刘靖：《非农就业、母亲照料与儿童健康——来自中国乡村的证据》，《经济研究》2008 年第 9 期。

收入则会有效地提升儿童的发育水平，从而抵消母亲不在对孩子身体健康造成的负面影响。

表5-2　　　　　　不同类型受访儿童的身高和体重统计

	父亲外出	母亲外出	父母均外出	非留守儿童
身高（cm）	139.67±6.96	138.90±6.88	139.69±6.68	139.09±6.50
体重（kg）	33.84±7.32	33.16±7.61	33.87±6.87	33.45±6.60

注：表中数据表示$\bar{x}±s$，即均值加减标准差。

（二）BMI指数

表5-3对所有调查对象的身体质量指数（Body Mass Index，BMI）进行了统计和汇总。计算方法是用调查对象的体重（kg）除以身高（m）的平方，根据这个数值将调查对象归为体重过轻、体重正常、超重或肥胖。BMI指数的评判方法有两种，一种是通过标准差来判断，如果结果小于1个标准差，则该儿童偏瘦；如果结果小于2个标准差，则该儿童严重偏瘦；如果结果大于1个标准差，则该儿童属于超重；如果结果大于2个标准差，则该儿童属于肥胖。另一种方法是用百分比来判断，即与同年龄和同性别参考人群的身体质量指数相比，体重指数低于第5个百分位的视为体重过低，在第5到第85之间的视为正常，在第85到第95之间的视为超重，第95以上的视为肥胖[1]，在此本研究使用第一种判定方法。参考标准来自世界卫生组织公布的5—19岁儿童BMI指数的生长参考。与成年人不同的是，由于儿童和青少年的身高和体重是随着年龄的变化而变化的，他们的身体质量指数需要与相同年龄和性别的其他孩子进行比较，而不同性别和年龄的儿童其参考标准也存在一定的差异。因此，为使判定结果更加科学，本书将严格按照年龄和性别对BMI指数进行计算和统计。

---

[1] Centers for Disease Control and Prevention, "About Child & Teen BMI", https：//www.cdc.gov/healthyweight/assessing/bmi/childrens_ bmi/about_ childrens_ bmi.html.

由表5-3的计算结果可以发现，受访儿童的 BMI 指数大部分都是处在正常水平的，只有不到二成的男孩存在超重和肥胖现象，女孩出现相同问题的比例仅有 6.88%。留守儿童与非留守儿童的身体质量指数从计算结果上看并不存在明显的区别。从超重和肥胖的比例来看，无论是男孩还是女孩，留守儿童超重的比例都比非留守儿童高，而肥胖的比例则是非留守儿童更高。但从整体上看，留守儿童体重超标（含超重与肥胖）的比例为 11.11%，非留守儿童为 10.69%，留守儿童体重超标的情况相对更多。这与部分研究结果相反，如丁继红和徐宁吟则发现，父母外出可以促进儿童的劳动参与和健康生活，从而使儿童保持正常的体重，因此较少出现超重的现象[1]，但在表5-3中却呈现出了相反的结果。因此本书认为，对于本次研究的调查对象来说，经济水平的提升对于儿童的影响可能会起到比促进儿童劳动参与更加突出的作用，父母的汇款会更加直接地提升家庭成员的饮食水平和营养摄入[2]。

表5-3 不同类型受访儿童的身体质量指数（BMI）统计

儿童类型	男孩			女孩		
	BMI	超重（%）	肥胖（%）	BMI	超重（%）	肥胖（%）
全部儿童	17.52±2.74	3.85	14.38	16.91±2.55	1.20	5.68
留守儿童	17.69±2.93	5.88	14.06	16.84±2.32	1.61	5.33
非留守儿童	17.41±2.60	2.41	14.59	16.97±2.76	0.80	6.02

注：表中 BMI 数据表示 x̄±s，即均值加减标准差；统计结果没有出现偏瘦和严重偏瘦的情况，因此上表中没有统计。

从不同类型留守儿童的 BMI 指数统计来看，父亲单独外出、母亲单独外出、父母均外出和非留守四类儿童体重超标（含超重与肥胖）的比

---

[1] 丁继红、徐宁吟：《父母外出务工对留守儿童健康与教育的影响》，《人口研究》2018年第1期。

[2] Antman, F. M., "Gender, Educational Attainment, and the Impact of Parental Migration on Children Left Behind", *Journal of Population Economics*, Vol. 25, No. 4, 2012, p. 1187.

例分别为 11.76%、6.26%、11.20% 和 10.69%。由此可见，父亲单独外出的留守儿童超重和肥胖的比例从总体上来看是相对更多的，而母亲单独外出的儿童体重超标的比例则最少。这与上文的分析结果一致，即收入水平提升对孩子饮食摄入起正向作用。由于性别分工的差异，父亲在非农业劳动上的成就往往是高于母亲的，因此父亲外出打工可以带来更多的经济收入，从而为儿童成长提供了充足的物质基础[①]。虽然造成了一定比例的肥胖，但对于还处在成长期的儿童来说，经济条件也是一种不可缺少的基础支撑。

表5-4　　　　　调查对象的身体质量指数评价结果统计　　　　（单位:%）

BMI 评价结果	父亲外出	母亲外出	父母均外出	非留守儿童
超重	3.43	3.13	2.99	1.48
肥胖	8.33	3.13	8.21	9.21

注：统计结果没有偏瘦和严重偏瘦的情况，因此表中没有统计。

（三）HAZ 评分

表5-5 对调查对象的 Z 评分进行了统计和汇总。一般来说，世界卫生组织关于儿童及青少年生长发育状况的相关测量指标除了 BMI 指数，主要还包括年龄别身高 Z 评分、年龄别体重 Z 评分和身高别体重 Z 评分。但根据世界卫生组织的说法，少年儿童的体重年龄参考数据在 10 岁之后是不可获取的。因为在这一年龄阶段，大多数孩子正在经历青春期的生长高峰，但这一指标无法严格区分身高和体重，比如当他们实际上只是长得很高的时候，他们很可能在体重的 Z 评分中表现为超重。因此在其发布的参考数据中，本书只能获取 10 岁及以下儿童的体重年龄参考标准，故在此本书只对受访者的年龄别身高 Z 评分进行计算和判定。

[①] 李钟帅、苏群：《父母外出务工与留守儿童健康——来自中国农村的证据》，《人口与经济》2014 年第 3 期。

表5-5　　　　　　　　　调查对象的 HAZ 评分统计

性别	儿童类型	HAZ 评分	HAZ 评分评价结果（%）			
			正常	低于正常标准	中度营养不良	严重营养不良
男孩	所有儿童	-1.43±0.96	6.05	59.25	17.62	4.98
	留守儿童	-1.40±0.90	5.15	61.37	18.45	2.58
	非留守儿童	-1.45±1.01	6.69	57.75	17.02	6.69
女孩	所有儿童	-1.43±1.00	7.45	55.45	24.00	3.82
	留守儿童	-1.44±1.01	8.86	52.40	26.94	3.32
	非留守儿童	-1.42±1.00	6.09	58.42	21.15	4.30

注：表中 HAZ 评分数据表示 $\bar{x}\pm s$，即均值加减标准差；统计结果没有超重和肥胖的情况，因此表中没有统计。

HAZ 评分的计算方法是以调查对象的实际测量身高减去世界卫生组织发布的同年龄同性别标准平均身高，再除以同年龄同性别参考身高的标准差，最后得到一个评分值 Z。按照世界卫生组织对于儿童生长的判断标准，±2 是儿童生长发育 Z 评分的一个分界点。如果评分值小于 -2，则该儿童处于中度营养不良的状态；如果评分值小于 -3，则该儿童处于严重营养不良的状态；如果评分值大于 +2，则该儿童处于超重的状态；如果评分值大于 +3，则该儿童处于肥胖的状态[1]。但严格来说，如果评分值 Z 为负，则可以说明该儿童的生长发育状况是低于正常参考人群的。本书计算的参考标准同样来自世界卫生组织公布的 5—19 岁儿童分性别的 Z 评分权威参考数据。需要说明的是，由于计算方法和评价标准的不同，HAZ 评分的评价结果和 BMI 指数的评价结果可能存在一定的差异，在此本书仅作为参考标准之一，以便于对不同类型的儿童进行身体健康水平的对比。计算结果如表 5-5 所示。

---

[1] De, Onis M., Blossner, M., "The World Health Organization Global Database on Child Growth and Malnutrition: Methodology and Applications", *International Journal of Epidemiology: Official Journal of the International Epidemiological Association*, Vol. 32, No. 4, 2003, pp. 518-526.

由表 5-5 数据可知，与 BMI 指数相比，HAZ 评分反映出受访儿童的身体发育状况普遍存在一定的问题，这与前文中身高体重的评价结果一致。首先，极少有儿童的评分是正值，数据显示，生长发育状况正常的儿童仅占所有受访儿童的 6.74%。其次，大多数儿童的评分是低于正常儿童发育标准的，超过50%都达不到正常标准，且中度营养不良的状况较为常见，留守儿童和非留守儿童的比例分别为 23.02% 和 18.91%。再次，有 26.00% 的留守儿童存在营养不良的现象，而非留守儿童则为 24.50%，说明留守儿童的生长发育状况比非留守儿童差。最后，HAZ 的评价结果存在明显的性别差异，生长发育状况正常的女生比男生略高，但女生出现营养不良的概率则比男生高出 5.22 个百分点。由此可见，可能是受调查地区经济发展水平的限制，该地区儿童的生活条件总体一般，因此普遍都低于正常标准，且部分会出现营养不良的情况。而父母的外出将会进一步对儿童健康造成一定的负面影响，且对女孩的影响相对于男孩来说可能会更加明显。

从不同类型的留守儿童的对比中也可以看出（见表 5-6），母亲单独外出的留守儿童身体状况正常的比例虽然最高，但其出现中度营养不良和重度营养不良的概率总和也是相对最多的，体现出母亲在儿童照料上所起到的关键作用。研究表明，对于十几岁的学龄儿童来说，由于祖辈的年纪较大且身体状况较差，儿童的日常生活照料会更多的由母亲负责。因此，在母亲外出的情况下，孩子的营养状况和健康水平将会受到显著的负向影响[1]。

表 5-6　　　　　　　调查对象营养不良的发生率统计　　　　（单位:%）

营养状况	父亲外出	母亲外出	父母均外出	非留守儿童
正常	5.88	9.38	7.84	6.41
低于正常标准	58.33	40.63	57.09	58.06

---

[1] 陈在余：《中国农村留守儿童营养与健康状况分析》，《中国人口科学》2009 年第 5 期。

续表

营养状况	父亲外出	母亲外出	父母均外出	非留守儿童
中度营养不良	23.04	34.38	21.64	18.91
重度营养不良	3.92	0.00	2.61	5.59

注：统计结果没有超重和肥胖的情况，因此表中没有统计。

二 健康水平状况对比

表5-7统计了调查对象健康状况相关的多项指标，包括自评健康状况、自评体力状况、吃不饱饭的频率、因饥饿无法集中注意力的频率以及是否近视。其中自评健康状况分为五个等级，从1到5分别表示极好、很好、好、一般和差；自评体力状况分为3个等级，从1到3分别表示高于平均水平、处于平均水平和低于平均水平；吃不饱饭和因饥饿无法集中注意力的频率分为4个等级，从1到4分别表示从不、偶尔、有时候和经常；"是否近视"这一指标为了便于儿童理解，在问卷上的问题是"你不带眼镜的时候，看远处的物体或纸上的字时有没有困难"，1表示有困难，2表示没有困难。统计结果如表5-7所示，各项指标用均值和百分比表示。

统计结果显示，调查样本的平均健康水平整体较好。仅五分之一左右（21.41%）的受访儿童认为自己的身体状况一般，1.99%的受访儿童认为自己的身体状况较差，其中留守儿童自评健康状况的平均水平略低于非留守儿童。具体来看，22.62%的留守儿童认为自己的身体状况一般或者差，比非留守儿童低了1.42个百分点，可以看出身体状况较差的留守儿童数量是少于非留守儿童的。但同时，身体状况极好的留守儿童数量却略微低于非留守儿童，两者比重分别为24.40%和26.53%。就自评体力状况而言，留守儿童略低于非留守儿童，但大部分受访者都处于平均水平，无论是留守儿童还是非留守儿童，所占比例都接近7成。因此，总体而言，调查样本的自评健康状况均处于较好水平。

表 5-7　　　　　　调查对象的身体健康状况统计　　　　　　（单位:%）

项目		所有儿童	留守儿童	非留守儿童
自评健康状况	极好	25.56	24.40	26.53
	很好	28.64	29.37	28.03
	好	22.40	23.61	21.39
	一般	21.41	20.44	22.22
	差	1.99	2.18	1.82
自评体力状况	高于平均水平	21.95	20.28	23.34
	处于平均水平	67.75	70.58	65.40
	低于平均水平	10.30	9.15	11.26
吃不饱饭的频率	从不	41.24	44.31	38.67
	偶尔	38.42	38.12	38.67
	有时候	16.17	13.17	18.67
	经常	4.18	4.39	4.00
因饥饿无法集中注意力的频率	从不	61.61	61.51	61.69
	偶尔	27.10	27.18	27.03
	有时候	9.58	9.72	9.45
	经常	1.72	1.59	1.82
是否近视	是	27.44	27.27	27.58
	否	72.56	72.73	72.42

尽管如此，仍有较大一部分儿童出现过吃不饱饭，甚至因饥饿无法集中注意力听课的情况。其中仅四成左右（41.24%）的儿童从未出现过吃不饱饭的情况，频率为有时和经常的比例达到了20.35%，且非留守儿童有时或经常吃不饱饭的频率比留守儿童高出5.11个百分点。由此可见，调查地儿童的生活质量并不算太高，导致其物质水平较为低下，但父母外出打工会使家庭的经济条件得到一定改善，从而提高家中儿童的生活水平，减少其吃不饱饭的频率。此外，因饥饿无法集中注意力的情况与吃不饱饭相比有所减少，从未出现过这一情况的儿童超过六成。

11.31%的留守儿童有时甚至经常会因饥饿影响上课的注意力,比非留守儿童出现该情况的比例仅高出0.04个百分点。总体来看,这一情况在留守儿童和非留守儿童中并不存在显著差别。

除此之外,调查样本的视力状况整体较好。近年来,我国儿童近视率呈逐年上升趋势,疫情期间户外活动的减少和云端教学的广泛开展又进一步增加了青少年患近视的风险。《2022年中国儿童健康成长白皮书》显示,2020年我国青少年儿童近视率达到52.7%,其中小学生有35.6%。但调查地的受访儿童的近视率是低于全国平均水平的,大约有三成左右(27.44%)的儿童摘掉眼镜时,看远处的物体或纸上的字有一定的困难。不同的儿童类型相比,留守儿童近视的发病率略低于非留守儿童,但两者的差别并不显著。经检验,除吃不饱饭的频率外,其余指标在留守儿童与非留守儿童之间的差异均不具有统计学意义。

三 患病情况对比

就诊情况是直接反映调查样本疾病状况的客观指标。图5-1针对这一问题对受访儿童过去一年内因患病而看医生的次数进行了统计。数据

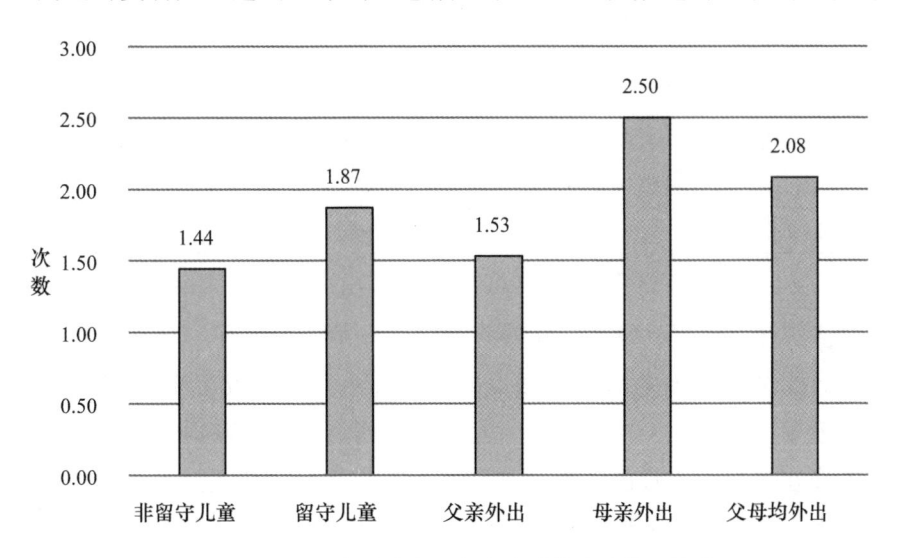

图5-1 不同类型受访儿童患病后的就诊情况统计

显示，受访儿童年平均就诊次数并不算多，一年仅有一两次。但可以清晰地看到，留守儿童一年内的平均就诊次数是明显高于非留守儿童的。其中母亲单独外出的留守儿童看病次数最多，平均一年有2.5次；其次是父母均外出的留守儿童，平均看病次数为2.08次。但父亲单独外出的情况下，留守儿童因疾病而看医生的次数与非留守儿童相比并不存在太大区别。这一结果反映出了母亲照护对儿童健康最为显著的促进作用。

为进一步了解受访儿童所患疾病的类型，表5-8统计了调查样本在过去一个月内的具体患病情况。针对这一问题，调查问卷列举了少年儿童最常见的多种症状和病症情况，包括发烧、腹泻、摔伤等，并要求受访者填写其过去一个月内出现相应症状的情况。为方便儿童理解并顺利填写问卷，所有症状均使用较为口头的方式表达。相应症状的发生率由表5-8所示。

表5-8　　　　　　　　调查对象的患病情况统计　　　　　　　（单位:%）

症状	所有儿童	留守儿童	非留守儿童
发烧/感冒/咽喉疼痛	58.71	59.60	57.97
呼吸困难/气短/哮喘	8.99	8.38	9.51
拉肚子	54.86	56.49	53.48
眼部感染	10.25	10.46	10.07
牙痛	39.37	39.52	39.26
头痛	42.33	46.40	38.88
肚子痛	58.13	58.35	57.94
摔伤/扭伤/磕碰	60.31	62.12	58.78

经统计，感冒、发烧、咽喉疼痛，肚子痛，拉肚子，摔伤、扭伤和磕碰是受访儿童最常出现的几类症状，一个月内的发生率均在50%以上，发生次数也处于较高水平。尤其是摔伤、扭伤和磕碰，有超过六成的儿童在过去一个月内发生过这一情况，且平均每名受访儿童会出现2次以上。其次是头痛和牙痛，分别有42.33%和39.37%的受访儿童在过去一个月内出现过此类症状。呼吸困难、气短、哮喘和眼部感染是较少

第五章 农村儿童身体健康状况及影响因素分析

发生的两类症状，每个月的发生率仅为8.99%和10.25%。从不同的儿童类型来看，除呼吸困难、气短、哮喘这一类较少出现的症状外，其余任何一种症状，留守儿童的发生率都高于非留守儿童，比例高出0.26到7.52个百分点不等，其中头痛在两者间的差异最为突出。统计显示，留守儿童发生头痛的概率明显高于非留守儿童，且这一差距具有统计学意义。从这一结果可以看出，虽然留守儿童与非留守儿童的健康状况不存在明显差别，但留守儿童患病的概率还是普遍高于非留守儿童，这与监护人的照料方式和家庭的生长环境的差异是密不可分的。

如图5-2所示，就不同类型的留守儿童来看，母亲单独外出的留守儿童患各类疾病的概率明显比父亲单独外出和父母均外出的留守儿童更大，其次是父母均外出的留守儿童，父亲单独外出的留守儿童患病的概率是最低的。这一结果再次证明了母亲在儿童照料上所起到的难以替代的作用。在母亲外出后，其他监护人往往更容易忽略孩子的饮食健康和个人卫生，使孩子患各类传染性疾病和儿童常见病的风险增加[①]。

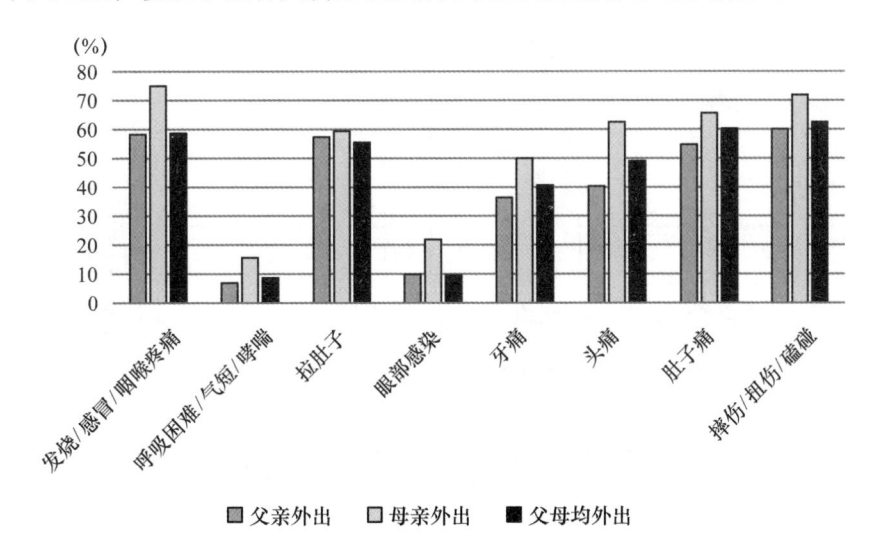

图5-2 不同类型留守儿童的患病情况统计

---

① 宋月萍、张耀光：《农村留守儿童的健康以及卫生服务利用状况的影响因素分析》，《人口研究》2009年第6期。

与此同时，不同的监护人对儿童照料的差异还可以反映在受访地区儿童就诊率的统计上（见图 5-3）。调查问卷询问了监护人当孩子生病时，他们通常会怎么做。统计结果显示，当孩子患病较为严重时，分别有 84.71% 和 79.73% 的非留守儿童和留守儿童的监护人会请当地卫生工作者出诊或者带孩子到诊所或医院去看医生，其中不同类型的留守儿童之间存在较大的差别。数据显示，父亲单独外出的留守儿童就诊率不会受到太大的影响，但当母亲单独外出后，儿童就诊率将大幅度下降，仅 62.50% 的儿童监护人会带患病儿童及时求医，这无疑会严重影响儿童的疾病康复和健康成长。

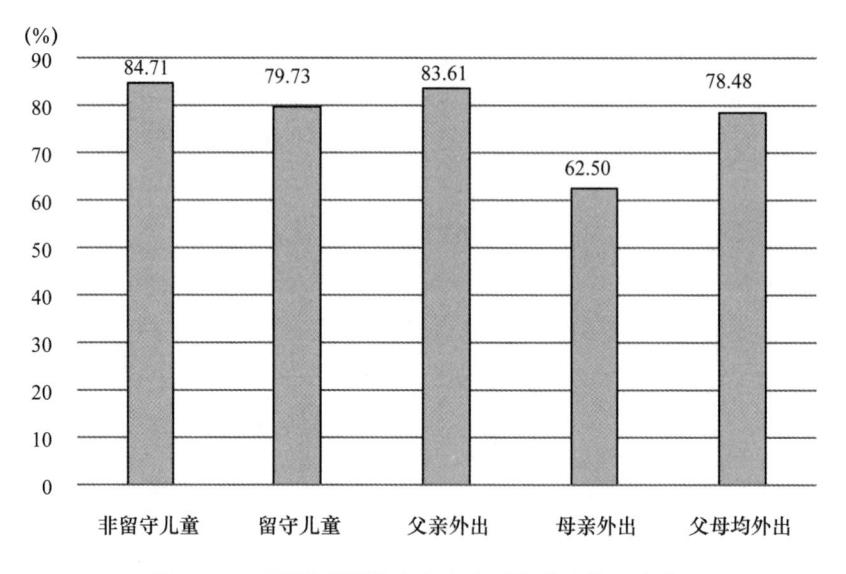

图 5-3 不同类型受访儿童患病后的就诊情况统计

第三节 受访儿童身体健康的影响因素分析

由前文分析可知，受调研地区经济发展状况的限制，受访儿童的身体发育水平较低，患病较为频繁。但受访儿童中，留守儿童和非留守儿童的健康水平差异不大。在某些情况下，留守儿童的生长发育状况甚至存在优于非留守儿童的情况。但从患病状况的对比可以看出，留守儿童患各种常见病的概率还是普遍高于非留守儿童的。为深入研究农村儿童身体健康状况的具体影响途径，本章将利用单因素方差分析和多元回归分析，详细检验在各因素的作用下，不同类型农村儿童身体健康水平的差异。

在指标的选取上，本书将一年内因患病而看医生的次数作为儿童身体健康的因变量，原因主要有以下几点。第一，由上文的分析可知，留守儿童与非留守儿童在生长发育状况上水平相当，并不存在较大区别。此外，刚刚进入青春期的儿童处于生长发育的一个高峰阶段，由身高和体重为基础计算的统计指标难免存在一定的误差，相比之下患病情况则是一个可以更加直观反映两者身体状况的现实指标。第二，本章统计了受访儿童的自评健康水平，但这一指标存在较大的主观性，可能会出现受访者频繁患有儿童常见疾病，但因患病程度不深或症状不影响其日常活动而被受访儿童忽略的情况，因此实际情况可能不会体现在问卷的答案中。第三，受儿童生长发育和生活习惯的影响，五年级儿童患各种常见疾病的概率较大，在此基础上，因患病而看医生的次数则是一个可以客观反映儿童身体状况的指标，同时一年的时间也保证了该指标的长期性和稳定性。因此，考虑到问卷的实际情况，本章选择儿童一年内因患病而看医生的次数作为儿童身体健康的因变量。

一 受访儿童身体健康的单因素方差分析

为探究影响农村儿童身体健康的主要因素有哪些，本书首先将根据以往研究和理论分析，从个人、家庭和社会三个维度，对农村儿童身体健康状况的影响因素进行单因素方差分析。统计结果如表5-9和表5-10所示。

从统计数据可以看出，在个人因素中，性别和年龄对于受访儿童身体健康水平的影响在所有类型的样本中均不具有统计学意义。

在家庭因素中，受访儿童的身体健康水平并不会显著地受到父母婚姻状况的影响，但家庭的经济状况会显著影响全部儿童和留守儿童的身体健康水平，表现为家庭经济条件越好的儿童患病的可能性越小。但在不同类型的留守儿童当中，这一因素的影响仅在父母双方均外出的留守儿童中具有统计学意义。

在监护人方面，监护人的文化程度在三种类型的样本中都具有显著性，监护人的角色和健康状况在所有儿童和留守儿童中显著，监护人的关心程度在所有儿童中都具有统计学意义。总体上来说，由母亲照料的儿童身体健康状况越好，监护人身体越健康，文化程度越高，儿童患病就医的情况也越少。监护人的关心程度会显著影响全部儿童的健康状况，监护人对儿童越关心，儿童患病的风险也就越低。在不同类型的留守儿童当中，监护人的健康状况和关心程度是显著影响留守儿童身体状况的重要因素。

表5-9　　　　　受访儿童身体健康状况的单因素方差分析

因素			全部儿童		留守儿童		非留守儿童	
			$\bar{x} \pm s$	z/χ^2	$\bar{x} \pm s$	z/χ^2	$\bar{x} \pm s$	z/χ^2
个人因素	性别	男孩	1.80±3.93	0.29	2.31±4.84	0.88	1.43±3.06	-0.21
		女孩	1.5±2.86	(0.774)	1.53±2.89	(0.378)	1.46±2.84	(0.835)
	年龄		5.27		5.44		4.29	
			(0.510)		(0.246)		(0.637)	
家庭因素	父母婚姻状况	在婚	1.54±3.03	-0.68	1.55±2.95	-1.60	1.53±3.11	1.18
		不在婚	2.52±5.85	(0.497)	3.50±1.06	(0.109)	0.72±1.35	(0.238)
	家庭经济状况	有结余	1.24±3.33	12.27***	1.58±4.51	8.91**	0.94±1.66	3.53
		收支平衡	1.59±3.07	(0.002)	1.67±3.09	(0.012)	1.52±3.06	(0.171)
		有欠款	3.01±4.70		3.25±4.56		2.75±4.93	
	监护人角色	母亲	1.55±3.31	8.97**	1.40±3.11	6.27*	1.64±3.43	3.13
		父亲	1.08±2.05	(0.03)	1.23±1.89	(0.099)	1.01±2.12	(0.372)
		祖辈	2.18±4.29		2.47±4.79		1.33±2.03	
		其他人	2.00±2.88		2.00±3.42		2.00±1.93	

续表

因素		全部儿童		留守儿童		非留守儿童	
		$\bar{x}\pm s$	z/χ^2	$\bar{x}\pm s$	z/χ^2	$\bar{x}\pm s$	z/χ^2
家庭因素	监护人健康状况 好	1.33±3.03	-2.23**	1.51±3.75	-1.80*	1.18±2.25	-1.30
	差	2.09±3.89	(0.026)	2.28±3.97	(0.071)	1.89±3.82	(0.192)
	监护人文化程度 小学及以下	2.10±3.50	14.36***	2.04±3.27	5.11*	2.14±3.71	8.89**
	初中	1.15±2.72	(0.001)	1.35±2.96	(0.078)	1.02±2.56	(0.012)
	高中及以上	1.12±2.25		1.59±2.99		0.74±1.35	
	监护人关心程度 关心	1.47±2.92	2.04**	1.61±2.96	1.74	1.33±2.87	1.34
	不关心	2.63±5.47	(0.041)	3.71±7.55	(0.082)	1.88±3.27	(0.181)
社会因素	卫生水源 自来水	1.58±3.46	-0.52	1.67±3.33	-1.47	1.11±2.13	-1.77*
	非自来水	1.73±3.44	(0.603)	2.32±4.80	0.143	1.80±3.57	(0.076)
	卫生厕所 冲水的卫生厕所	1.22±3.16	-3.48***	1.42±4.05	-2.72***	1.07±2.24	-2.08**
	非冲水的卫生厕所	2.17±3.71	(0.001)	2.46±3.82	(0.007)	1.90±3.59	(0.037)
	医疗资源的可及性 便利	1.17±2.31	-1.85*	1.43±2.51	-0.84	1.02±2.18	-1.52
	不便利	1.77±3.64	(0.064)	1.98±4.16	(0.402)	1.55±2.99	(0.128)

注：括号里为 P 值，*P<0.10，**P<0.05，***P<0.01。

在社会因素方面，是否使用卫生水源对儿童身体健康的影响在非留守儿童中具有统计学意义，使用统一供应的自来水的儿童患病概率会有所降低。使用卫生厕所也会显著提高各类儿童样本的健康水平，同时这一因素在父亲外出的留守儿童中也具有显著性。此外，在所有儿童样本中，家到附近卫生诊所的距离越近，儿童患病就医的次数越少，同时这一因素在母亲外出和父母均外出的儿童样本中也具有显著性。

表 5-10　不同类型留守儿童身体健康的单因素方差分析

因素			父亲外出		母亲外出		父母均外出	
			$\bar{x} \pm s$	z/χ^2	$\bar{x} \pm s$	z/χ^2	$\bar{x} \pm s$	z/χ^2
个人因素	性别	男孩	1.38±2.72	-0.52	2.25±4.17	-0.36	2.87±5.78	1.51
		女孩	1.62±3.43	(0.602)	2.83±4.31	(0.720)	1.35±2.10	(0.132)
	年龄		1.29		1.11		3.86	
			(0.524)		(0.775)		0.425	
家庭因素	父母婚姻状况	在婚	1.49±3.18	-0.03	1.73±3.32	-1.38	1.59±2.72	-1.18
		不在婚	1.75±4.17	(0.973)	5.33±6.11	(0.167)	3.79±7.81	(0.240)
	家庭经济状况	有结余	1.26±2.39	0.16	2.80±4.76	0.00	1.80±6.13	11.63***
		收支平衡	1.86±3.93	(0.925)	2.33±3.94	(0.947)	1.46±2.20	(0.003)
		有欠款	1.18±1.66				4.16±5.13	
	监护人角色	母亲	1.49±3.28	0.10		3.55	1.21±2.46	3.09
		父亲	1.46±2.22	(0.992)	1.20±1.79	(0.314)	1.00±1.68	(0.379)
		祖辈	1.36±2.25		5.20±5.89		2.45±4.92	
		其他人	4.00±6.93		3.00±0.00		1.22±1.79	
	监护人健康状况	好	1.03±2.18	-1.81*	4.00±4.87	1.72*	1.64±4.43	-1.56
		差	2.13±4.02	(0.071)	0.50±1.22	(0.086)	2.59±4.08	(0.120)
	监护人文化程度	小学及以下	2.11±3.93	2.91		2.27	2.13±2.57	3.69
		初中	0.82±1.63	(0.234)	4.00±5.66	(0.322)	1.61±3.55	(0.158)
		高中及以上	1.90±3.84		2.00±0.00		1.27±2.28	
	监护人关心程度	关心	1.48±3.27	1.17	1.77±3.14	1.79*	1.71±2.69	0.76
		不关心	2.00±2.41	(0.241)	12.00±0.00	(0.074)	4.29±9.23	(0.446)

续表

因素		父亲外出		母亲外出		父母均外出	
		$\bar{x}\pm s$	z/χ^2	$\bar{x}\pm s$	z/χ^2	$\bar{x}\pm s$	z/χ^2
社会因素	卫生水源 自来水	1.49±3.48	-1.01	2.17±4.40	-0.72	1.77±3.17	-0.84
	卫生水源 非自来水	1.81±2.78	(0.315)	2.75±4.10	(0.474)	2.65±6.07	(0.402)
	卫生厕所 冲水的卫生厕所	0.76±1.90	-2.74***	1.20±1.64	-1.09	1.97±5.23	-1.64
	卫生厕所 非冲水的卫生厕所	2.43±4.08	(0.006)	3.63±5.07	(0.276)	2.34±3.48	(0.102)
	医疗资源的可及性 便利	1.10±1.67	-0.06	5.00±5.29	1.93*	0.93±1.53	-1.97*
	医疗资源的可及性 不便利	1.57±3.37	(0.953)	0.63±1.19	(0.054)	2.39±4.78	(0.049)

注：括号里为P值，*P<0.10，**P<0.05，***P<0.01。

二 受访儿童身体健康的多元回归分析

本书选择多元线性回归模型对受访儿童的身体健康水平进行影响因素的回归分析。由于不同类型的儿童受周围因素影响的状况可能存在差异，模型Ⅰ到模型Ⅲ是在留守儿童和非留守儿童间进行的对比。模型Ⅰ主要控制了儿童的个人因素和家庭特征，包括性别、年龄、父母婚姻状况和家庭经济；模型Ⅱ在模型Ⅰ的基础上引入了监护人的一些基本特征，包括监护人角色、健康状况、文化程度以及监护人对被监护儿童的关心程度；模型Ⅲ进一步综合考虑了社会因素，包括是否使用卫生水源、是否使用卫生厕所，以及医疗资源的可及性。由于超过90%的调查对象都有医疗保险，因此本章在模型中不考虑这一因素。最后，模型Ⅳ则将留守儿童细分为父母一方外出和父母双方均外出，以便进一步分析在不同留守类型的情况下，各因素对留守儿童身体健康状况的影响。需要说明的是，由于母亲单独外出的样本量较少，为保证回归结果的有效性，在回归中本书将父亲单独外出和母亲单独外出统一合并为了父母一方外出。具体的回归结果如表5-11所示。

由模型Ⅰ的回归结果可以看到，在只考虑个人因素和家庭因素时，留守儿童和非留守儿童的健康状况在不同年龄和性别的儿童间都不存在显著差异。但与非留守儿童不同的是，留守儿童的身体健康状况会受到父母婚姻状况和家庭经济条件的影响。具体来看，在单亲家庭中生活的留守儿童，过去一年内因患病而看医生的次数显著高于父母婚姻关系良好的留守儿童，而家庭经济水平的提升也会显著减少留守儿童因患病而看医生的次数。

在模型Ⅱ中，当纳入监护人的基本情况之后，个人状况和家庭状况依然不会对非留守儿童的身体健康产生显著影响。而对留守儿童来说，父母婚姻状况的影响依然存在，且影响程度有所提升，但经济水平的影响不再显著，说明父母才是影响儿童身体健康最重要的角色。从监护人的角度来看，监护人的角色、健康状况、文化程度和对留守儿童的关心程度对留守儿童身体健康的影响均不具有显著性。但监护人的文化程度会显著影响非留守儿童的身体健康状况，监护人的文化程度越高，儿童的身体状况越好。

模型Ⅲ综合考虑了留守儿童所在地区的社会因素。从回归结果可以看到，在加入社会因素之后，父母婚姻状况对留守儿童身体健康的影响依然存在且变化不大，同时监护人对留守儿童的关心程度开始呈现出显著性。对于非留守儿童来说，个人因素和家庭因素依然不显著，但监护人的文化程度和关心程度的影响开始凸显。在社会因素中起主要作用的是是否使用卫生水源和卫生厕所两项。数据显示，家中使用集中供应的自来水（包含少数使用桶装水或瓶装水的家庭）的留守儿童因患病而看医生的次数明显比使用非自来水的儿童低。家中使用冲水式马桶一类卫生厕所的非留守儿童因患病而看医生的次数会明显降低。但除此之外，医疗资源的可及性并不会对受访儿童的患病就医情况造成显著影响，这一结果可能与调查地区的客观发展水平有关。

第五章 农村儿童身体健康状况及影响因素分析

表5-11 受访儿童身体健康水平的多元回归分析

变量		模型Ⅰ 留守	模型Ⅰ 非留守	模型Ⅱ 留守	模型Ⅱ 非留守	模型Ⅲ 留守	模型Ⅲ 非留守	模型Ⅳ 父母一方外出	模型Ⅳ 父母均外出
个人因素	性别（参照组=男孩）	-0.691 (-1.30)	-0.184 (-0.44)	-0.527 (-0.83)	-0.119 (-0.26)	-0.458 (-0.68)	-0276 (-0.59)	0.643 (0.83)	-0.737 (-0.61)
	年龄	0.165 (0.35)	0.003 (0.01)	0.099 (0.18)	-0.136 (-0.38)	0.146 (0.25)	-0.252 (-0.72)	-0.234 (-0.34)	0.163 (0.17)
家庭因素	父母婚姻状况（参照组=在婚）	1.690** (2.30)	-0.695 (-0.83)	2.342** (2.50)	0.044 (0.04)	2.337** (2.30)	-0.257 (-0.24)	-0.991 (-0.64)	2.539 (1.59)
	家庭经济状况（参照组=有负债）	-0.660* (-1.88)	-0.209 (-0.77)	-0.671 (-1.57)	-0.174 (-0.58)	-0.686 (-1.48)	-0.033 (-0.10)	-0.620 (-1.13)	-1.407* (-1.72)
监护人特征	监护人为父亲（参照组=母亲）			-0.307 (0.30)	-0.485 (-0.85)	-0.529 (-0.50)	-0.550 (-0.96)	0.078 (0.07)	
	监护人为祖辈（参照组=母亲）			1.061 (1.49)	-0.643 (-0.88)	1.161 (1.54)	-0.643 (-0.88)	-1.267 (-0.90)	3.647** (2.02)
	监护人为其他人（参照组=母亲）			1.417 (0.72)	0.717 (0.50)	-0.112 (-0.05)	0.887 (0.63)		-1.010 (-0.36)
	监护人健康状况（参照组=好）			0.678 (1.07)	0.292 (0.62)	0.571 (0.84)	-0.243 (-0.51)	0.835 (1.08)	0.277 (0.24)
	监护人文化程度（参照组=小学及以下）			-0.444 (-1.22)	-1.119*** (-3.36)	-0.555 (-1.39)	-1.089*** (-3.27)	-0.664 (-0.97)	-0.140 (-0.25)
	监护人关心程度（参照组=不关心）			-1.496 (-1.43)	-0.919 (-1.43)	-1.940* (-1.72)	-1.281* (-1.96)	-0.652 (-0.52)	-3.533 (-1.66)

119

续表

变量		模型 I		模型 II		模型 III		模型 IV	
		留守	非留守	留守	非留守	留守	非留守	父母一方外出	父母均外出
社会因素	是否使用卫生水源（参照组＝自来水）					1.344* (1.80)	0.008 (0.02)	0.834 (0.99)	2.057 (1.58)
	是否使用卫生厕所（参照组＝冲水卫生厕所）					0.967 (1.42)	1.251*** (2.65)	1.934** (2.35)	1.723 (1.30)
	医疗资源可及性（参照组＝便利）					0.782 (0.82)	0.333 (0.65)	-0.682 (-0.57)	0.365 (0.23)

注：*P<0.10，**P<0.05，***P<0.01。

通过模型Ⅳ对两种不同类型留守儿童的对比可以看到，父母一方外出的情况下，留守儿童的患病就医情况仅与是否使用卫生厕所显著相关。但当父母双方均外出时，留守儿童的患病就医情况则会因为家庭经济水平和监护人角色的不同而产生明显差异。其中家庭经济水平较好的留守儿童就医次数更低；监护人为祖辈的留守儿童就医次数更多，体现出了祖辈照护与父母照护之间的差距，同时也说明除了父母之外，其他社会性支持对留守儿童健康发展的重要性。

综上所述，留守儿童和非留守儿童的健康状况受周围因素影响的类别和程度都存在较大的差异性。对于留守儿童来说，父母婚姻状况良好可以有效提高留守儿童的身体素质，证明了家庭结构完整的重要性。但是，父母外出所带来的经济水平的提高可以在一定程度上弥补照护不足的缺陷，使留守儿童的患病率降低。祖辈的照养对留守儿童的身体健康有一点负面影响，但对其提供更多的关心则可以显著改善这一情况。同时，改善儿童生活环境，保证用水安全和厕所卫生也可以有效减少留守儿童的患病情况。对于非留守儿童来说，由于家庭结构完整，且监护人大多都是父母，因此更重要的影响因素是监护人的文化程度和关心程度，这体现了监护人的教育和照护方式。此外，使用冲水式的卫生厕所也是保证生活环境干净卫生、降低患病风险的重要条件。

本章小结

本章主要对受访儿童在身体健康方面的基本情况及其影响因素进行了详细的描述与分析。在理论研究和文献结论的基础上，首先对本章的研究假设与研究设计进行了简要的说明，同时根据以往文献对儿童身体健康的判断标准，分别选取了身高、体重、年龄别身高评分和BMI指数来衡量儿童的生长发育状况；自评健康状况、自评体力状况、吃不饱饭的频率、因饥饿无法集中注意力的频率以及是否近视来判断儿童的基本身体状况；一年内因患病看医生的次数和一个月内患病情况来反映受访儿童的疾病状况。

其次，为详细了解受访儿童身体健康的基本情况，本章对留守儿童与非留守儿童在身体健康三个方面内容的具体情况进行了详细的对比。研究发现，农村儿童的生长发育状况总体上一般，且普遍容易出现儿童常见疾病。就两类儿童的对比来看，第一，在生长发育方面，留守儿童与非留守儿童并不存在太大差别。留守儿童的身高和体重总体呈现出更高的情况，BMI 指数显示其体重超标的情况也相对更多，HAZ 评分显示营养不良的情况无明显差异，但母亲单独外出的情况下，留守儿童的发育状况相对较低。第二，从健康水平的对比来看，两类儿童的差异依然不大，调查样本的自评健康状况和自评体力状况在总体上都处于较好水平，但仍有较大一部分儿童出现过吃不饱饭，甚至因饥饿无法集中注意力听课的情况。第三，从患病情况来看，留守儿童患各类儿童常见疾病的次数和因疾病去看医生的次数都是明显高于非留守儿童的，尤其是在母亲外出的情况下，留守儿童患病风险会显著提升。但受不同监护人的影响，母亲外出后留守儿童的就诊率最低，这无疑会对留守儿童的健康成长造成负面影响。

最后，本章使用过去一年内因患病而看医生的次数作为因变量，对受访儿童身体健康的影响因素做了单因素方差分析和多元回归分析。研究结果表明：受访儿童的身体健康状况在不同性别和年龄的儿童间不存在明显差异；在单亲家庭中长大的儿童具有更大的患病风险；在父母均外出的情况下，家庭收入的增加有助于提高留守儿童的身体健康水平，体现出父母外出对留守儿童身体健康状况的正向作用；家庭结构完整时，监护人科学的教育和抚养方式可以显著提升儿童的身体健康水平；父母均外出时，由祖辈照养的留守儿童存在更大的患病风险；儿童身体健康会受到卫生水源和卫生厕所的影响，因此加强基础设施的建设，保证居民的用水安全和卫生条件是有效提高儿童健康水平的一大重要途径。

第六章　农村儿童心理健康状况及影响因素分析

在第五章中，本书对留守儿童与非留守儿童在身体健康水平上出现的差异进行了详细的对比，并对其背后的影响因素进行了深入分析。在此基础上，本章将进一步就农村儿童的心理健康状况及其影响因素进行探索和研究。根据理论分析和数据情况，本章将从"自我认同"、"孤独感受"和"抑郁情绪"三个方面对比留守儿童和非留守儿童在心理健康水平上的差异，并从个人、家庭和社会三个方面探讨内外部环境因素将通过怎样的途径对受访儿童的心理健康产生影响。

第一节　研究假设与研究方法

一　研究假设

研究表明，心理健康状况在个体间会存在较大差异，不同的儿童受外界的影响会有所差别。家庭成员的缺失对儿童心理健康水平所产生的负面影响是十分明显的。家庭结构的改变阻碍了家庭功能的正常发挥，亲子分离更是削弱了父母和子女间的情感交流。但与他人的良性交往可以在一定程度上弥补父母缺席的遗憾，来自社会的充足关爱也可以引导儿童健康成长。因此，根据理论和上文的分析结论，本章提出以下几点假设。

第一，随着年龄的增加，儿童的心智发育会逐渐成熟，对父母的依赖会有所降低①；同时，在面对问题时男孩的情绪波动状况往往比女孩更大②。因此本章假设，受访儿童的心理健康水平在不同性别和不同年龄的个体间存在一定的差异。

第二，亲子关系是构成孩子性格的基础，与父母的分离往往会导致儿童产生明显的焦虑和抑郁情绪③。因此本章假设，留守儿童与非留守儿童的心理健康状况存在差异，留守儿童的心理素质普遍比非留守儿童差。

第三，家庭结构的缺失会切断亲子间的情感连接，导致儿童负向情绪的产生。同时家庭经济状况、居住条件等也会影响儿童的生长环境。良好的居住条件会给身处其中的孩子带来阳光幸福的成长氛围，让其获得心理健康的改善，反之则会让孩子产生压抑、拥挤、焦躁等负面情绪，进而造成留守儿童性格上的缺陷和行为上的不当④。因此本章假设，家庭的相关状况也会影响儿童的心理健康水平。

第四，监护人的照料方式和教育手段如果过于陈旧和传统，很可能造成儿童性格的缺陷和异常⑤。因此本章假设，监护人的角色、健康状况、文化水平等因素会影响留守儿童的心理健康水平。

第五，社会交往和社会关爱是促进儿童健康发展的重要因素。对于非留守儿童来说，来自他人的关心和帮助可以降低心理压力，化解心理障碍，从而提高儿童的心理健康水平。对于留守儿童来说，与学

---

① 袭开国：《农村留守儿童焦虑现状及其个体差异》，《中国健康心理学杂志》2008年第4期。

② Jensen, P. S., Rubiostipec, M., Canino, G., et al., "Parent and Child Contributions to Diagnosis of Mental Disorder: Are Both Informants Always Necessary?", *Journal of the American Academy of Child & Adolescent Psychiatry*, Vol. 38, No. 12, 1999, pp. 1569–1579.

③ 袭开国：《农村留守儿童焦虑现状及其个体差异》，《中国健康心理学杂志》2008年第4期。

④ 李庆丰：《农村劳动力外出务工对"留守子女"发展的影响——来自湖南、河南、江西三地的调查报告》，《上海教育科研》2002年第9期。

⑤ 朱亚杰：《隔代教育对农村留守儿童行为习惯的影响及社工介入研究——以河南省驻马店市W村为例》，硕士毕业论文，沈阳师范大学，2017年。

校同学和朋友的交往可以在一定程度上弥补父母角色的缺失[①]，老师的监管和指导也可以引导儿童形成正确的价值观和生活态度[②]，为其提供来自其他社会群体的关爱，从而保证儿童良好的性格发展。因此本章假设，与他人的亲密关系是影响受访儿童心理健康的重要因素。

二　研究方法

在统计分析部分，由于反映心理健康水平的各个维度的量表都由多项变量构成，为简化数据，找到反映心理健康水平的主要因素，本章使用因子分析法对受访儿童心理健康水平的基本现状进行详细的描述，分析留守儿童与非留守儿童在心理健康上的问题和差异。作为一种降维技术，因子分析可以将相关度较高的多个变量转化为少数几个不相关的因子，以较少的指标反映出原始数据的主要信息。在这一过程中，原始数据不仅可以在丢失最少信息的前提下得到有效的简化，还可以通过生成不相关的几个变量来解决同一维度变量间多重共线性的问题，提高实测数据的可靠性。具体操作方法是通过相关矩阵的内部关系研究，将各个维度的相关问题综合为少数几个公共因子，并以此来反映受访儿童的心理健康状况。

同时，为保证本书数据使用因子分析的可行性，所选择的变量之间需要具备高度的相关性。参考相关文献，本书使用 KMO 检验（Kaiser-Meyer-Olkin）和 Bartlett's 球形检验（Bartlett's test of sphericity）对所选变量的相关性进行判断。首先，KMO 检验的统计量取值在 0 到 1 之间，当所有变量间的简单相关系数平方相对于偏相关系数平方和越高时，KMO 值越接近 1，则变量间的共性越强，所选变量适合进行因子分析；反之则变量间共性越弱，不适宜进行因子分析。具体判断标准为：KMO 值大于 0.9 表示非常适合，KMO 值为 0.8—0.9 表示很适合，

[①] 叶敬忠、王伊欢、张克云等：《对留守儿童问题的研究综述》，《农业经济问题》2005年第10期。

[②] 邹先云：《农村留守子女教育问题研究》，《中国农村教育》2006年第10期。

KMO 值为 0.7—0.8 表示适合，KMO 值为 0.6—0.7 表示勉强适合，KMO 值为 0.5—0.6 表示不太适合，KMO 值小于 0.5 则表示不适合。其次，Bartlett's 球形检验由相关系数矩阵的行列式计算得到，其统计结果服从卡方分布，因此主要根据卡方值和自由度来判断，判断标准为：若卡方值较大且 Sig<0.05，则表示所选变量间的相关性较大，可以进行因子分析。

第二节 受访儿童的心理健康状况对比

调查问卷通过多个维度的一系列变量，对受访儿童心理健康方面的相关问题进行了全面的访问和统计。根据上文中儿童健康水平评价体系的设置，本章选择了"自我认同"、"孤独感受"和"抑郁情绪"三个分量表作为儿童心理健康水平的评价量表，内容包含儿童对自我的认知和评价、情感孤独程度和负面抑郁情绪等。信度检验结果显示，心理健康量表 3 个维度共 19 个条目的 alpha 信度系数为 0.841，具有较高的可靠性。

一 自我认同

心理健康衡量指标的第一部分为自我认同，主要反映了受访儿童对于自我的认知和自我评价。心理健康状况较好的儿童一般能够更加理性地看待和接受自己，在充满自信和热爱生活的前提下，拥有明确的人生目标，并积极地为之奋斗。问卷通过七个问题的访问，统计了受访儿童对自我价值的认知以及对目前生活状态的满意度。答案由 5 个等级组成，从 1 到 5 分别表示"完全不符合""不太符合""有些符合""比较符合""非常符合"，数字越高表明受访儿童的自我认同度越高，自信心越强。在对需要反向计分的问题进行调整之后，各条目的统计结果如表 6-1 所示。

表6-1　　　　　　　　　　自我认同得分统计

条目	留守儿童	非留守儿童
a. 我觉得自己总的来说还挺好	3.75±1.11	3.81±1.14
b. 我对目前的情况很满意	3.58±1.34	3.68±1.30
c. 我不喜欢现在的生活状况（反向计分）	3.97±1.38	3.90±1.44
d. 我对自己很有信心	4.05±1.19	4.00±1.21
e. 我喜欢自己	4.06±1.23	4.08±1.30
f. 我有很多值得自豪的地方	3.29±1.40	3.33±1.36
g. 我觉得自己将来会成为一个有用和有作为的人	3.90±1.16	3.91±1.20

注：表中数据表示 $\bar{x}±s$，即均值加减标准差。

由表6-1的统计结果可知，从整体上来看，虽然两类儿童的差距不是很明显，但留守儿童的生活满意度是比非留守儿童低的，两者对目前生活情况很满意的比例分别为38.72%和40.83%。同时，留守儿童对于自我的认同程度也不如非留守儿童高。与留守儿童相比，非留守儿童认为自己总的来说还挺好的比例要高出3.26个百分点，且无论是自豪感还是对未来的期待值，都是非留守儿童更好。但从另一方面来看，留守儿童与非留守儿童在自信心方面并不存在明显差异，留守儿童在条目d上的得分均值略高于非留守儿童，超过50%的留守儿童表示对自己很有信心。由此可见，与非留守儿童相比，虽然受特殊成长环境的影响，留守儿童对目前生活状况不太满意，但是大部分留守儿童在自我评价中都没有表现出自信心缺乏的问题，这对于推动农村儿童的健康成长来说是十分乐观的。

表6-2　　　　　　　　不同类型留守儿童的自我认同得分统计

条目	父亲外出	母亲外出	父母均外出	非留守儿童
a. 我觉得自己总的来说还挺好	3.77±1.09	3.41±1.13	3.77±1.12	3.81±1.14
b. 我对目前的情况很满意	3.63±1.33	3.53±1.29	3.55±1.35	3.68±1.30
c. 我不喜欢现在的生活状况（反向计分）	3.99±1.40	4.03±1.35	3.95±1.37	3.90±1.44

续表

条目	父亲外出	母亲外出	父母均外出	非留守儿童
d. 我对自己很有信心	4.05±1.23	3.78±1.21	4.08±1.16	4.00±1.21
e. 我喜欢自己	4.14±1.23	3.88±1.21	4.01±1.24	4.08±1.30
f. 我有很多值得自豪的地方	3.28±1.38	3.06±1.53	3.32±1.40	3.33±1.36
g. 我觉得自己将来会成为一个有用和有作为的人	4.00±1.11	3.69±1.28	3.84±1.17	3.91±1.20

注：表中数据表示 $\bar{x}\pm s$，即均值加减标准差。

如表6-2所示，在对留守儿童的具体类型进行细分之后可以发现，除了条目c显示父母均外出的留守儿童最不喜欢现在的生活状况外，其余各项问题中，母亲外出的留守儿童在自我认同的各项得分中均呈现出较低的水平。这一结果可以清晰地反映出母亲在培养儿童自信心，增加儿童生活幸福感上的重要性。不少调查均显示，在控制儿童性别的情况下，母亲单独外出的儿童在生活和学习的各个方面满意度和幸福感都明显低于父亲单独外出的儿童[1]。作为儿童日常生活照护最主要的提供者，母亲与孩子之间的依恋关系通常是最为强烈的，频繁的母子互动会为孩子的社会化发展带来自信的源泉。同时，与父亲严厉的教育方式不同，母亲会更多地表现出包容和理解，这实际上是保护孩子的自尊，提高孩子自信心的做法[2]。因此，一旦母亲角色缺失，父亲的单独照料在很大程度上会使留守儿童的自我认同感产生一定程度的下降，从而对儿童心理健康的发展产生一定阻碍。

二 孤独感受

心理健康衡量指标的第二部分为孤独感受，主要反映了受访儿童的

---

[1] 刘筱、周春燕、黄海等：《不同类型留守儿童生活满意度及主观幸福感的差异比较》，《中国健康心理学杂志》2017年第12期。

[2] 赵亦强：《幼儿自信心与父母教养方式的相关研究》，硕士毕业论文，内蒙古师范大学，2011年。

社会孤独感。传统的孤独量表是一种典型的心理健康量表，分为成人和儿童两种，主要从情感孤独和社会孤独两个维度测量测试者在社会交往过程中的情感体现，是心理健康的重要反映。在本次调查中，调查问卷在参考各类量表的基础上，总共设置了六个问题，答案同样由5个等级组成，从1到5分别表示"完全不符合""不太符合""有些符合""比较符合""非常符合"。得分越高，表明受访儿童的孤独感越强，应对孤独的能力越弱。其中对问题 b 进行反向计分，经整理后各条目的统计结果如表6-3所示。

表6-3　　　　　　　　　孤独感受得分统计

条目	留守儿童	非留守儿童
a. 我找不到人谈话	1.68 ± 1.02	1.73 ± 1.13
b. 我善于和别的同学在一起学习（反向计分）	2.55 ± 1.37	2.49 ± 1.38
c. 我不容易交上朋友	1.90 ± 1.27	1.79 ± 1.19
d. 没有什么人和我一起玩	1.67 ± 1.05	1.62 ± 1.05
e. 我感到别人不愿意和我一起玩	1.76 ± 1.16	1.65 ± 1.08
f. 我总是单独一个人	1.63 ± 1.10	1.50 ± 0.98

注：表中数据表示 $\bar{x} \pm s$，即均值加减标准差。

研究表明，孤独感是农村留守儿童群体中较为突出和典型的一种情绪体验[1]。由于家庭结构的缺失，绝大多数留守儿童在成长过程中的情感需求是得不到满足的。长此以往，留守儿童的心理很有可能会出现明显的孤独情绪，其日常行为也会变得更加孤僻。从表6-3的统计结果来看，农村儿童都存在一定的孤独情绪，但留守儿童表现更加明显。除条目 a 之外，总体上留守儿童的得分是相对更高的，表明留守儿童的孤独感更强，应对孤独的能力越弱。在儿童的成长过程中，亲子关系是他们

---

[1] 刘霞、赵景欣、申继亮：《农村留守儿童的情绪与行为适应特点》，《中国教育学刊》2007年第6期。

最早建立起来的人际关系，它不仅会对儿童的个性形成和社会化发展产生直接的影响，也是难以由其他成员或社会组织替代的。在父母长期外出的情况下，空间距离的增加极大地降低了父母与孩子间的互动，在让孩子产生被遗弃感的同时，也导致儿童自尊心和社交能力下降。如果在社会交往的过程中，留守儿童无法从同伴或老师处得到情感上的弥补，无疑将会进一步增加其孤独和自卑的情绪，对其健康成长造成阻碍。

表6-4　　　　　不同类型留守儿童的孤独感受得分统计

条目	父亲外出	母亲外出	父母均外出	非留守儿童
a. 我找不到人谈话	1.59±0.95	1.84±1.05	1.74±1.07	1.73±1.13
b. 我善于和别的同学在一起学习（反向计分）	2.41±1.28	2.72±1.40	2.65±1.42	2.49±1.38
c. 我不容易交上朋友	1.73±1.15	2.38±1.56	1.97±1.30	1.79±1.19
d. 没有什么人和我一起玩	1.55±0.94	2.03±1.36	1.71±1.08	1.62±1.05
e. 我感到别人不愿意和我一起玩	1.69±1.07	2.34±1.43	1.75±1.17	1.65±1.08
f. 我总是单独一个人	1.57±1.05	1.75±0.95	1.67±1.16	1.50±0.98

注：表中数据表示 $\bar{x}\pm s$，即均值加减标准差。

从表6-4的对比结果可以明显地看出，各个问题中母亲外出的留守儿童得分均最高，明显表现出更强烈的孤独感，这与部分文献的研究结果相一致。袁博成和金春玉等[1]发现，不同类型的留守儿童在孤独感方面存在显著差异，母亲外出的留守儿童其孤独感明显强于父亲外出的留守儿童。也就是说，母亲的缺席对儿童孤独感的影响是最大的。造成这一现象的原因不仅是孩子与母亲间更强烈的依恋关系，更是与家庭中父母的性别分工有关[2]。一般来讲，父亲在孩子心目中呈现出的往往是高

---

[1] 袁博成、金春玉、杨绍清：《农村不同类型留守儿童的孤独感与社交焦虑》，《中国健康心理学杂志》2014年第10期。

[2] 谭深：《中国农村留守儿童研究述评》，《中国社会科学》2011年第1期。

大、严厉的形象,与孩子相处时可能相对冷淡,不会出现太多的情感沟通。而母亲的形象则更加温柔和慈祥,与孩子会形成更多的感情沟通,帮助孩子进行负面情绪的疏导和积极心态的引导。由此可见,母亲是最关注儿童内心情感变化的人,也是家庭支持中最主要的温暖来源,因此成长期的儿童会对母亲形成更多的情感依赖,体现出了母亲陪伴在稳定儿童情绪,降低儿童孤独感上的重要作用。

三 抑郁情绪

心理健康衡量指标的第三部分为抑郁情绪,主要体现了受访儿童的焦虑和抑郁等负面情绪,是反映其心理健康的主要标志。在家庭结构完整、充满关爱的环境中长大的儿童出现抑郁情绪的概率相对较低。但由于缺乏沟通和关爱,农村留守儿童的幸福感大多较低,出现负面情绪的比例普遍较高。在本次调查中,问卷总共设置了六个问题,答案主要由3个等级组成,从1到3表示程度的逐步递增。得分越高,表明受访儿童的负面情绪越强,对情绪的疏导能力越弱。其中问题 c、d 和 f 需要进行反向计分,经整理后各条目的统计结果如表 6-5 所示。

表 6-5　　　　　　　　　　抑郁情绪得分统计

条目	留守儿童	非留守儿童
a. 我感到经常做错事	1.32±0.54	1.28±0.50
b. 我会遇到一些倒霉事	1.35±0.61	1.29±0.57
c. 我恨我自己(反向计分)	1.33±0.57	1.29±0.52
d. 有使我烦恼的事(反向计分)	1.43±0.72	1.40±0.70
e. 我长得不好看	1.49±0.75	1.41±0.69
f. 没有人喜欢我(反向计分)	1.63±0.60	1.60±0.61

注:表中数据表示 $\bar{x}±s$,即均值加减标准差。

从表 6-5 的统计结果可以发现,在抑郁和焦虑等情绪方面,青春期儿童普遍都存在一定的问题。与非留守儿童相比,留守儿童普遍具有更加突出的负面情绪。他们更容易出现做错事的挫败感和面对未知事物的消极情绪，同时也出现更多的自我否定。由于本书调查的五年级学生已经进入青春期，无论身心都处于生长发育的鼎盛时期，当面临社交和学业等压力时，难免会出现不安、烦躁等负面情绪。因此即使是非留守儿童，也会或多或少地出现一些抑郁情绪。此时如果因家庭结构的缺失而得不到充足的情感慰藉和情绪疏导，势必会造成负面情绪的进一步加深。一般来说，对于负面情绪更明显的留守儿童来说，这种情绪甚至还会更加深刻地反映到躯体上来，比如出现疼痛、疲惫、身体不适等现象，因此他们在感到不开心，自我责备的同时，还更容易感到劳累。为探究这种负面情绪是否会在留守儿童内部出现差异，本章将在表6-6中对不同类型的留守儿童做出进一步的划分。

表6-6　　　不同类型留守儿童的抑郁情绪得分统计

条目	父亲外出	母亲外出	父母均外出	非留守儿童
a. 我感到经常做错事	1.33±0.53	1.22±0.49	1.33±0.55	1.28±0.50
b. 我会遇到一些倒霉事	1.36±0.63	1.25±0.51	1.35±0.60	1.29±0.57
c. 我恨我自己（反向计分）	1.28±0.53	1.44±0.67	1.36±0.59	1.29±0.52
d. 有使我烦恼的事（反向计分）	1.40±0.71	1.44±0.76	1.46±0.73	1.40±0.70
e. 我长得不好看	1.49±0.75	1.63±0.79	1.48±0.74	1.41±0.69
f. 没有人喜欢我（反向计分）	1.58±0.57	1.59±0.61	1.66±0.63	1.60±0.61

注：表中数据表示$\bar{x}±s$，即均值加减标准差。

当对留守儿童的类型进行进一步划分之后可以看到，条目b中父亲外出的留守儿童抑郁情绪得分更高，条目c和条目e中母亲外出的留守儿童抑郁情绪得分更高，其余各条目中父母均外出的留守儿童表现出了更加强烈的负面情绪，再次说明母亲在疏导和排解孩子负面情绪上的作用是更加突出的。与上文相同，这一结果同样体现出了孩子对母亲强烈的情感依赖，以及母亲和父亲在对孩子性格培养方面所承担的不同作用。一般来说，母亲的情感都更加细腻，其思维也偏向于感性，而父亲与孩子的情感沟通则相对较少，对孩子心理变化的捕捉也不如母亲敏感。因此母亲的陪伴可以为孩子提供内在的感性和安全感，并可以给予孩子正确处理事情的能力和正确应对情绪的方法。因此有母亲陪伴的孩子，通常可以更加乐观地对待生活和学习中的问题，对心中的抑郁和焦虑情绪进行一定的自我排解，从而使自己对负面情绪的疏导能力得到一定的提升。

第三节　受访儿童心理健康的影响因素分析

一　因子提取

为简化数据，找到反映农村儿童心理健康水平的主要因素，在进行回归分析之前，本书将使用因子分析法对每一个维度的问题提取公因子。首先对每一个维度的各项指标进行 KMO 检验和 Bartlett's 球形检验，以保证各组数据使用因子分析的可行性。检验结果如表 6-7 所示。按照 KMO 检验和 Bartlett's 球形检验的具体判断标准，从表中检验结果可以看出，自我认同和孤独感受的 KMO 值都在 0.8 以上，变量间的共线性很强，而抑郁情绪也在 0.7 以上，且 Bartlett's 球形检验的 P 值均小于 0.05，各变量间的相关性较大。因此，本章所使用的三组数据适合进行因子分析。

表 6-7　心理健康水平的 KMO 检验和 Bartlett's 球形检验结果

心理健康指标	KMO	Bartlett's
自我认同	0.85	0.000
孤独感受	0.83	0.000
抑郁情绪	0.72	0.000

在确定了因子分析的可行性之后，本书对反映受访儿童心理健康状况的各组指标进行了因子分析，其中三个维度的公因子提取结果如表 6-8 所示。从数据上看，各指标反映的情况与上文分析结果一致，留守儿童在自我认同、孤独感受和抑郁情绪上均比非留守儿童差，且孤独

感受在两类儿童间的差距具有统计学意义,说明父母外出对儿童的心理健康会造成一定的负面影响,因情感需求得不到满足而出现的孤独感是最为突出的心理问题。那么这种影响具体通过什么样的途径对受访儿童造成影响,各因素的影响在不同特征的留守儿童间存在什么差别,还需要做进一步的回归分析。

表6-8　　　　　　　　调查对象的心理健康指标统计

心理健康指标	留守儿童	非留守儿童	z	P
自我认同	-0.01±0.98	0.01±1.03	-0.609	0.543
孤独感受	0.06±1.03	-0.05±0.98	2.151	0.032
抑郁情绪	0.67±1.06	-0.06±0.95	1.481	0.139

注:表中数据表示 $\bar{x}±s$,即均值加减标准差。

二　受访儿童心理健康的单因素分析

由前文的分析和因子提取的结果可知,受访儿童或多或少都存在一定的负面情绪,留守儿童与非留守儿童在心理健康的三个维度上也都存在一定的差异,且主要体现在孤独感受上,两者的差距在统计上显著。为探究影响农村儿童心理健康水平的因素,并筛选出最主要的变量,本书首先将根据相关研究和理论分析,从个人、家庭和社会三个维度,分别对三个心理健康指标的影响因素进行单因素方差分析。

(一) 自我认同的单因素分析

表6-9和表6-10统计了自我认同影响因素的单因素分析结果。从统计数据可以看出,在个人因素中,性别仅在非留守儿童中存在显著差异,表现为男孩的自信心比女孩弱。但在留守儿童分类型的子样本当中,性别在母亲外出的留守儿童中呈现出了统计学意义,表现为男孩的自信心更强,说明母亲的照护对于女孩的影响是更明显的。年龄不会对留守儿童的自我认同造成影响,但在所有样本和非留守样本中,儿童的自信心都会随着年龄的增加而增强,这也是符合正常儿童生长发育规律的。

第六章 农村儿童心理健康状况及影响因素分析

表6-9 受访儿童自我认同的单因素分析

因素			全部儿童 $\bar{x} \pm s$	全部儿童 z/χ^2	留守儿童 $\bar{x} \pm s$	留守儿童 z/χ^2	非留守儿童 $\bar{x} \pm s$	非留守儿童 z/χ^2
个人因素	性别	男孩	-0.04±1.03	-1.29	0.00±0.95	-0.02	-0.07±1.08	-1.78*
		女孩	0.05±0.97	(0.196)	-0.02±1.00	(0.983)	0.11±0.94	(0.076)
	年龄			15.54**		8.03		13.87*
				(0.030)		(0.330)		(0.054)
家庭因素	父母婚姻状况	在婚	0.12±0.97	2.66***	0.08±0.97	0.85	0.15±0.97	3.08***
		不在婚	-0.22±1.02	(0.008)	-0.07±0.99	(0.396)	-0.48±1.05	(0.002)
	家庭经济状况	有结余	0.12±1.00	0.55	0.10±1.01	0.72	0.13±1.00	0.58
		收支平衡	0.08±0.96	(0.760)	0.09±0.93	(0.698)	0.08±0.99	(0.750)
		有欠款	0.86±0.94		-0.03±1.03		0.23±0.82	
	父亲与孩子的关系程度	亲密	0.14±0.92	-7.21***	0.15±0.84	-4.63***	0.13±0.97	-5.55***
		不亲密	-0.44±1.13	(0.000)	-0.43±1.17	(0.000)	-0.46±1.09	(0.000)
	母亲与孩子的关系程度	亲密	0.12±0.95	-8.03***	0.13±0.88	-5.27***	0.12±1.00	-6.09***
		不亲密	-0.58±1.08	(0.000)	-0.56±1.17	(0.000)	-0.59±0.98	(0.000)
	监护人角色	母亲	0.09±0.98	0.07	0.11±0.97	0.58	0.07±1.00	1.28
		父亲	0.11±0.91	(0.996)	0.13±0.91	(0.901)	0.11±0.92	(0.735)
		祖辈	0.07±0.99		0.04±0.99		0.14±0.97	
		其他人	0.09±1.10		0.02±0.96		0.25±1.43	

续表

因素			全部儿童 $\bar{x}\pm s$	全部儿童 z/χ^2	留守儿童 $\bar{x}\pm s$	留守儿童 z/χ^2	非留守儿童 $\bar{x}\pm s$	非留守儿童 z/χ^2
家庭因素	监护人健康状况	好	0.14±0.94	1.46	0.18±0.89	1.85*	0.11±0.98	0.28
		差	0.01±1.02	(0.145)	-0.06±1.05	(0.064)	0.08±0.99	(0.780)
	监护人文化程度	小学及以下	-0.03±1.00	8.70**	-0.08±1.07	6.27**	0.01±0.93	5.30*
		初中	0.15±0.99	(0.013)	0.06±0.92	(0.044)	0.21±1.03	(0.071)
		高中及以上	0.35±0.86		0.51±0.72		0.23±0.95	
	监护人关心程度	关心	0.09±0.96	-6.44***	0.08±0.93	-4.35***	0.96±0.99	-4.73***
		不关心	-0.47±1.09	(0.000)	-0.50±1.10	(0.000)	-0.44±1.08	(0.000)
社会因素	同伴关系	亲密	0.15±0.94	-5.84***	0.18±0.88	-4.96***	0.12±0.99	-3.39***
		不亲密	-0.22±1.06	(0.000)	-028±1.06	(0.000)	-0.16±1.06	(0.001)
	师生关系	亲密	0.22±0.91	-6.87***	0.17±0.90	-3.73***	0.25±0.92	-5.83***
		不亲密	-0.20±1.05	(0.000)	-0.17±1.02	(0.000)	-0.23±1.07	(0.000)
	是否经常被同学欺负	否	0.30±0.90	7.96***	0.30±0.87	6.01***	0.29±0.93	5.30***
		是	-0.18±1.02	(0.000)	-0.21±0.99	(0.000)	-0.15±1.03	(0.000)

注：括号里为P值，*P<0.10，**P<0.05，***P<0.01。

第六章　农村儿童心理健康状况及影响因素分析

表6-10　不同类型留守儿童自我认同的单因素分析

			父亲外出 $\bar{x}\pm s$	父亲外出 z/χ^2	母亲外出 $\bar{x}\pm s$	母亲外出 z/χ^2	父母均外出 $\bar{x}\pm s$	父母均外出 z/χ^2
个人因素	性别	男孩	0.05±0.95	0.25	0.15±0.94	2.30**	-0.04±0.96	-0.86
		女孩	0.02±0.95	(0.780)	-0.56±0.90	(0.021)	0.01±1.04	(0.388)
	年龄		3.45		1.82		6.24	
			(0.486)		(0.612)		(0.397)	
家庭因素	父母婚姻状况	在婚	0.04±1.03	2.09*	0.05±0.81	1.01	0.18±0.93	1.87*
		不在婚	-0.62±0.63	(0.037)	-0.50±0.81	(0.313)	-0.21±1.02	(0.061)
	家庭经济状况	有结余	0.04±1.10	1.50	0.06±0.70	0.29	0.17±0.96	0.23
		收支平衡	0.06±0.93	(0.473)	-0.13±0.91	(0.588)	0.13±0.93	(0.890)
		有欠款	-0.26±1.15		-0.10		0.05±0.99	
	父亲与孩子的关系程度	亲密	-0.31	-2.06**	-0.28	0.39	-0.57	-4.64***
		不亲密	0.16	(0.039)	0.07±0.75	(0.701)	0.18	(0.000)
	母亲与孩子的关系程度	亲密	0.12±0.84	-2.03**	-0.61±1.10	-1.87*	0.15±0.92	-4.35***
		不亲密	-0.57±1.41	(0.043)	-0.29±0.90	(0.062)	-0.55±1.09	(0.000)
	监护人角色	母亲	0.09±0.98	4.08	0.04±0.87	1.31	4.11	
		父亲		(0.253)	0.05±0.00	(0.726)		(0.249)
		祖辈	-0.55±1.33				0.11±0.94	
		其他人	0.55±0.52				-0.23±1.07	

137

续表

因素			父亲外出 $\bar{x}\pm s$	z/χ^2	母亲外出 $\bar{x}\pm s$	z/χ^2	父母均外出 $\bar{x}\pm s$	z/χ^2
家庭因素	监护人健康状况	好	0.05±0.92	-0.09 (0.927)	-0.13±0.90	-0.37 (0.711)	0.31±0.85	2.55** (0.011)
		差	-0.02±1.12		0.04±0.76		-0.11±1.02	
	监护人文化程度	小学及以下	-0.21±1.17	3.04 (0.219)	-1.07±0.00	4.18 (0.124)	-0.03±1.00	5.97* (0.051)
		初中	0.02±0.95		-0.42±0.92		0.17±0.89	
		高中及以上	0.47±0.55		0.68±0.45		0.69±0.72	
	监护人关心程度	关心	0.11±0.92	-3.18*** (0.002)	-0.26±0.94	0.50 (0.617)	0.10±0.92	-3.44*** (0.001)
		不关心	-0.54±0.96		-0.12±1.17		-0.53±1.17	
	同伴关系	亲密	0.17±0.87	-2.18** (0.029)	-0.34±1.05	0.57 (0.570)	0.26±0.83	-4.95*** (0.000)
		不亲密	-0.15±1.03		-0.07±0.84		-0.40±1.09	
社会因素	师生关系	亲密	0.14±0.80	-1.02 (0.306)	-0.24±0.99	0.09 (0.933)	0.22±0.96	-3.90*** (0.000)
		不亲密	-0.08±1.07		-0.24±0.99		-0.22±0.99	
	是否经常被同学欺负	否	0.33±0.82	3.70*** (0.000)	0.07±1.05	1.10 (0.271)	0.30±0.90	4.56*** (0.000)
		是	-0.15±0.98		-0.31±0.96		-0.24±1.00	

注：括号里为P值，*P<0.10，**P<0.05，***P<0.01。

第六章 农村儿童心理健康状况及影响因素分析

在家庭的相关因素中，家庭经济状况不会对儿童的自我认同造成显著影响，说明在受访儿童中，物质对心理健康的影响并不是最突出的。而父母的婚姻状况则会显著影响儿童的自信心水平。无论是留守儿童还是非留守儿童，在父母婚姻状况良好的家庭中成长的孩子，其自我认同度都明显更高。与此同时，亲子关系与孩子的自信心水平之间也表现出强烈的相关性，与父母关系越亲密的儿童越有自信，尤其表现在父亲外出和父母均外出的留守儿童中。

监护人的角色在各类样本中都不具有统计学意义，但监护人的健康状况则在留守儿童样本中出现了显著差异，监护人的文化程度在各样本中也均呈现出显著性，表现为具有良好的健康状况和较高的文化水平的监护人可以提高儿童的自我认同感。但在不同类型的留守儿童中，监护人的健康状况和文化程度都只在父母均外出的儿童中具有统计学意义。此外，除母亲外出的留守儿童外，监护人对孩子的关爱程度也在各样本中产生显著影响，越受到监护人关心的儿童自我认同感越强。说明在家庭中父母，尤其是母亲对儿童心理的正确引导是最重要的，当父母都不在身边时儿童才会依赖其他监护人，此时监护人的教育观念和方式就会显得格外重要。

在社会因素中，孩子与同伴和师生间的相处和亲密程度对儿童自我认同感的影响均具有统计学意义。表现为儿童与他们的关系越亲近，越没有被同学欺负过，儿童的自我认同感也就越强。说明充足和融洽的社会关系是可以有效促进儿童的心理健康成长的。在不同类型的留守儿童中，同伴关系仅对父亲外出和父母均外出的留守儿童存在显著影响，师生关系仅对父母均外出的留守儿童存在显著影响，说明与他人的社交可以在一定程度上弥补父母不在身边造成的情感缺失，尤其是父母都缺席的情况下。

（二）孤独感受的单因素分析

表6-11和表6-12统计了受访儿童孤独感影响因素的单因素分析结果。从统计数据可以看出，在个人因素中，性别对孤独感的影响差异只在非留守儿童中存在统计学意义，表现为男孩的孤独感更强。年龄在

表6-11　受访儿童孤独感受的单因素分析

因素		全部儿童 $\bar{x} \pm s$	z/χ^2	留守儿童 $\bar{x} \pm s$	z/χ^2	非留守儿童 $\bar{x} \pm s$	z/χ^2
个人因素	性别 男孩	0.04±1.05	0.96	0.05±1.05	-0.39	0.04±1.05	1.88*
	女孩	-0.04±0.96	(0.335)	0.07±1.01	(0.696)	-0.15±0.89	(0.061)
	年龄		3.99		5.18	10.97	
			(0.780)		(0.638)		(0.140)
家庭因素	父母婚姻状况 在婚	-0.10±0.94	-1.14	0.03±1.00	0.70	-0.22±0.88	-2.22**
	不在婚	-0.04±0.88	(0.257)	-0.09±0.94	(0.485)	0.05±0.76	(0.027)
	家庭经济状况 有结余	-0.17±0.87	1.14	-0.09±0.95	3.08	-0.23±0.79	0.38
	收支平衡	-0.08±0.97	(0.566)	0.08±1.03	(0.214)	-0.23±0.89	(0.829)
	有欠款	-0.14±0.91		-0.19±0.82		-0.09±1.02	
	父亲与孩子的关系程度 亲密	-0.09±0.93	4.55***	-0.01±1.00	2.67***	-0.15±0.88	3.57***
	不亲密	0.24±1.10	(0.000)	0.27±1.11	(0.008)	0.21±1.10	(0.000)
	母亲与孩子的关系程度 亲密	-0.11±0.91	6.87***	-0.07±0.94	4.94***	-0.15±0.88	4.67***
	不亲密	0.49±1.20	(0.000)	0.57±1.21	(0.000)	0.41±1.19	(0.000)
	监护人角色 母亲	-0.13±0.95	1.99	-0.03±1.01	1.72	-0.19±0.91	1.39
	父亲	-0.16±0.86	(0.573)	-0.00±0.90	(0.633)	-0.23±0.84	(0.708)
	祖辈	-0.02±0.97		0.05±1.01		-0.23±0.80	
	其他人	-0.27±0.63		-0.29±0.73		-0.22±0.42	

第六章 农村儿童心理健康状况及影响因素分析

续表

<table>
<tr><th colspan="2" rowspan="2">因素</th><th colspan="2">全部儿童</th><th colspan="2">留守儿童</th><th colspan="2">非留守儿童</th></tr>
<tr><th>$\bar{x} \pm s$</th><th>z/χ^2</th><th>$\bar{x} \pm s$</th><th>z/χ^2</th><th>$\bar{x} \pm s$</th><th>z/χ^2</th></tr>
<tr><td rowspan="4">家庭因素</td><td>监护人健康状况 好</td><td>-0.11±0.94</td><td>-0.03</td><td>-0.02±1.00</td><td>-0.78</td><td>-0.18±0.88</td><td>1.02</td></tr>
<tr><td>差</td><td>-0.12±0.91</td><td>(0.976)</td><td>0.00±0.95</td><td>(0.436)</td><td>-0.25±0.84</td><td>(0.309)</td></tr>
<tr><td>监护人文化程度 小学及以下</td><td>0.03±1.04</td><td>11.11***</td><td>0.17±1.09</td><td>9.85***</td><td>-0.09±0.97</td><td>3.06</td></tr>
<tr><td>初中</td><td>-0.15±0.93</td><td>(0.004)</td><td>-0.04±0.97</td><td>(0.007)</td><td>-0.22±0.91</td><td>(0.216)</td></tr>
<tr><td rowspan="7">社会因素</td><td>高中及以上</td><td>-0.43±0.49</td><td></td><td>-0.51±0.44</td><td></td><td>-0.37±0.52</td><td></td></tr>
<tr><td>监护人关心程度 关心</td><td>-0.09±0.94</td><td>6.14***</td><td>-0.03±0.97</td><td>4.325***</td><td>-0.13±0.91</td><td>4.46***</td></tr>
<tr><td>不关心</td><td>0.45±1.22</td><td>(0.000)</td><td>0.55±1.20</td><td>(0.000)</td><td>0.38±1.23</td><td>(0.000)</td></tr>
<tr><td>同伴关系 亲密</td><td>-0.18±0.87</td><td>7.53***</td><td>-0.11±0.90</td><td>4.16***</td><td>-0.24±0.84</td><td>6.38***</td></tr>
<tr><td>不亲密</td><td>0.27±1.13</td><td>(0.000)</td><td>0.30±1.16</td><td>(0.000)</td><td>0.25±1.10</td><td>(0.000)</td></tr>
<tr><td>师生关系 亲密</td><td>-0.15±0.94</td><td>5.54***</td><td>-0.02±0.99</td><td>1.48</td><td>-0.25±0.88</td><td>6.11***</td></tr>
<tr><td>不亲密</td><td>0.13±1.04</td><td>(0.000)</td><td>0.12±1.06</td><td>(0.138)</td><td>0.14±1.02</td><td>(0.000)</td></tr>
<tr><td></td><td>是否经常被同学欺负 否</td><td>-0.27±0.82</td><td>-8.06***</td><td>-0.28±0.78</td><td>-6.17***</td><td>-0.27±0.85</td><td>-5.46***</td></tr>
<tr><td></td><td>是</td><td>0.16±1.06</td><td>(0.000)</td><td>0.26±1.10</td><td>(0.000)</td><td>0.08±1.03</td><td>(0.000)</td></tr>
</table>

注：括号里为 P 值，*P<0.10，**P<0.05，***P<0.01。

表6-12 不同类型留守儿童孤独感受的单因素分析

因素			父亲外出 $\bar{x} \pm s$	z/χ^2	母亲外出 $\bar{x} \pm s$	z/χ^2	父母均外出 $\bar{x} \pm s$	z/χ^2
个人因素	性别	男孩	-0.10±0.98	-0.41	0.36±1.00	-1.04	0.10±1.10	-0.10
		女孩	-0.06±0.90	(0.681)	0.60±1.00	(0.299)	0.11±1.08	(0.923)
	年龄			2.55 (0.637)		0.77 (0.857)		5.67 (0.461)
家庭因素	父母婚姻状况	在婚	-0.01±0.96	2.07**	0.31±0.99	-0.605	0.04±1.04	0.06
		不在婚	-0.64±0.26	(0.039)	0.70±1.32	(0.545)	-0.02±0.97	(0.955)
	家庭经济状况	有结余	-0.21±0.89	2.71	0.47±0.74	0.58	-0.03±1.02	2.50
		收支平衡	0.02±0.98	(0.259)	0.33±1.19	(0.448)	0.09±1.06	(0.287)
		有欠款	-0.03±0.83				-0.25±0.83	
	父亲与孩子的关系程度	亲密	-0.09±0.92	0.58	0.33±0.87	1.13	0.01±1.06	3.00***
		不亲密	-0.02±0.96	(0.561)	0.94±1.21	(0.258)	0.42±1.15	(0.003)
	母亲与孩子的关系程度	亲密	-0.12±0.89	1.80*	0.16±0.85	2.13**	-0.04±0.99	3.60***
		不亲密	0.26±1.18	(0.072)	0.86±1.04	(0.033)	0.62±1.26	(0.000)
	监护人角色	母亲	-0.09±0.98	4.18	0.62±1.31	0.67		1.13
		父亲		(0.243)		(0.879)		(0.770)
		祖辈	0.22±0.95		0.28±1.02		0.18±1.02	
		其他人	-0.54±0.58		-0.10±0.00		-0.20±0.81	

第六章 农村儿童心理健康状况及影响因素分析

续表

因素			父亲外出		母亲外出		父母均外出	
			$\bar{x} \pm s$	z/χ^2	$\bar{x} \pm s$	z/χ^2	$\bar{x} \pm s$	z/χ^2
家庭因素	监护人健康状况	好	-0.04±0.97	0.72	0.30±1.04	-0.69	-0.04±1.03	-1.56
		差	-0.13±0.89	(0.469)	0.49±1.05	(0.491)	0.55±0.99	(0.120)
	监护人文化程度	小学及以下	0.16±1.10	7.39**	0.15±0.78	2.91	0.17±1.12	4.33
		初中	-0.27±0.70	(0.025)	1.05±1.18	(0.234)	0.02±1.07	(0.115)
		高中及以上	-0.45±0.56		-0.60±0.00		-0.55±0.37	
	监护人关心程度	关心	-0.16±0.82	2.55**	0.54±0.96	-0.68	0.00±1.05	3.54***
		不关心	0.59±1.38	(0.011)	0.26±1.16	(0.499)	0.56±1.13	(0.004)
	同伴关系	亲密	-0.17±0.83	1.53	0.26±0.84	1.29	-0.11±0.94	3.87***
		不亲密	0.05±1.04	(0.125)	0.87±1.14	(0.199)	0.40±1.21	(0.000)
社会因素	师生关系	亲密	0.02±1.04	-1.04	0.33±0.73	0.25	-0.08±0.97	2.57**
		不亲密	-0.18±0.80	(0.298)	0.51±1.09	(0.800)	0.27±1.16	(0.010)
	是否经常被同学欺负	否	-0.34±0.74	-3.48***	0.03±0.97	-1.30	-0.25±0.80	-4.63***
		是	0.09±1.00	(0.001)	0.60±0.98	(0.192)	0.34±1.18	(0.000)

注：括号里为P值，*P<0.10，**P<0.05，***P<0.01。

143

各样本中均不具有显著性。说明男孩会更加容易受到家庭结构变化的影响，从而产生孤独情绪。

在家庭因素中，父母的婚姻状况在非留守儿童中显著，家庭经济状况在三个样本中对儿童孤独感的影响均不显著。父母与孩子的关系程度依然是一个重要的影响因素，在所有儿童、留守儿童和非留守儿童中的差异均具有统计学意义，表现为亲子关系越亲密，儿童越不容易感受到孤独。但在留守儿童当中，父亲与孩子的关系程度对儿童孤独感的影响仅在父母均外出的儿童中呈现出显著差异，而孩子与母亲关系的影响始终是十分突出的。

监护人的角色和健康状况的影响在各类儿童中并未表现出显著差异，但监护人的文化水平则显著影响了全部儿童和留守儿童的孤独程度，表现为监护人的文化水平越高，儿童应对孤独的能力越强，说明具有科学的教育观念的监护人，能对儿童起到很好的陪伴作用，从而正确引导儿童疏解内心的孤独感。但在不同类型的留守儿童中，这一影响仅在父亲外出的留守儿童中表现出统计学意义。除母亲外出的儿童外，监护人对孩子的关爱程度的影响也在各样本中产生明显差异，越受到监护人关心的儿童越不容易感到孤独。

在社会因素中，同伴关系在三类样本中均呈现出统计学意义，表现为与同伴的关系越亲近，孩子的孤独感就越弱。师生关系仅在所有儿童和非留守儿童样本中显著，而并不会对留守儿童的孤独感造成显著影响，影响方式与同伴相同。但在留守儿童的子样本中，师生关系会对父母均外出儿童的孤独感造成影响。除母亲单独外出的留守儿童外，越是经常被欺负的儿童孤独感越强。这一结果同样证明了良好的社会交往对于儿童心理健康的正向作用。

（三）抑郁情绪的单因素分析

表6-13和6-14统计了受访儿童抑郁情绪影响因素的单因素分析结果。从统计数据可以看出，在个人因素中，性别和年龄对儿童抑郁情绪的影响差异在各个样本中均不具有统计学意义，说明儿童的抑郁情绪

表6-13 受访儿童抑郁情绪的单因素分析

因素		全部儿童 x̄±s	全部儿童 z/χ²	留守儿童 x̄±s	留守儿童 z/χ²	非留守儿童 x̄±s	非留守儿童 z/χ²
个人因素	性别 男孩	0.02±1.01	0.85 (0.395)	0.07±1.05	0.39 (0.693)	-0.02±0.98	0.93 (0.350)
	性别 女孩	-0.02±1.00		0.06±1.07		-0.10±0.92	
	年龄		6.39 (0.495)		3.84 (0.798)	3.84	(0.798)
家庭因素	父母婚姻状况 在婚	-0.12±0.97	-2.21** (0.027)	-0.07±1.03	-0.58 (0.559)	0.02±0.97	-2.83*** (0.005)
	父母婚姻状况 不在婚	0.13±1.05		-0.01±1.06		0.37±1.01	
	家庭经济状况 有结余	-0.13±0.91	0.00 (0.999)	-0.16±0.92	0.81 (0.668)	-0.11±0.91	0.66 (0.721)
	收支平衡	-0.09±1.01		-0.01±1.09		-0.16±0.93	
	有欠款	-0.13±0.92		-0.12±0.99		-0.15±0.85	
	父亲与孩子的关系程度 亲密	-0.13±0.91	6.71*** (0.000)	-0.08±0.96	4.09*** (0.000)	-0.18±0.88	5.29*** (0.000)
	不亲密	0.41±1.16		0.44±1.23		0.36±1.08	
	母亲与孩子的关系程度 亲密	-0.12±0.95	7.66*** (0.000)	-0.07±0.98	4.80*** (0.000)	-0.16±0.92	5.96*** (0.000)
	不亲密	0.53±1.09		0.56±1.19		0.50±0.97	
	监护人角色 母亲	-0.10±0.95	1.17 (0.761)	-0.10±0.95	0.35 (0.950)	-0.10±0.95	0.85 (0.838)
	父亲	-0.23±0.82		-0.19±0.90		-0.24±0.79	
	祖辈	-0.04±1.05		-0.03±1.08		-0.07±0.98	
	其他人	-0.03±1.16		0.01±1.32		-0.09±0.90	

续表

因素			全部儿童		留守儿童		非留守儿童	
			$\bar{x} \pm s$	z/χ^2	$\bar{x} \pm s$	z/χ^2	$\bar{x} \pm s$	z/χ^2
家庭因素	监护人健康状况	好	−0.10±0.95	0.51	−0.08±0.98	0.51	−0.12±0.92	0.27
		差	−0.11±0.99	(0.608)	−0.07±1.08	(0.610)	−0.16±0.90	(0.788)
	监护人文化程度	小学及以下	−0.07±1.00	5.93*	0.05±1.11	10.75***	−0.17±0.89	0.86
		初中	−0.08±0.97	(0.052)	−0.07±1.01	(0.005)	−0.09±0.94	(0.652)
		高中及以上	−0.35±0.92		−0.62±0.74		−0.15±0.99	
	监护人关心程度	关心	−0.12±0.94	8.84***	−0.07±0.98	5.98***	−0.17±0.90	6.55***
		不关心	0.62±1.09	(0.000)	0.78±1.21	(0.000)	0.49±0.97	(0.000)
社会因素	同伴关系	亲密	−0.14±0.97	5.71***	−0.10±1.02	4.45***	−0.16±0.93	3.59***
		不亲密	0.19±1.03	(0.000)	0.29±0.10	(0.000)	0.11±0.96	(0.000)
	师生关系	亲密	−0.17±0.96	5.96***	−0.78±1.06	3.28***	−0.25±0.87	4.99***
		不亲密	0.15±1.02	(0.000)	0.18±1.06	(0.001)	0.12±0.99	(0.000)
	是否经常被同学欺负	否	−0.27±0.86	−6.81***	−0.17±0.94	−3.71***	−0.37±0.76	−5.96***
		是	0.15±1.04	(0.000)	0.21±1.11	(0.000)	0.11±0.99	(0.000)

注：括号里为P值，*P<0.10，**P<0.05，***P<0.01。

第六章 农村儿童心理健康状况及影响因素分析

表6-14 不同类型留守儿童抑郁情绪的单因素分析

		父亲外出		母亲外出		父母均外出	
因素		$\bar{x} \pm s$	z/χ^2	$\bar{x} \pm s$	z/χ^2	$\bar{x} \pm s$	z/χ^2
个人因素	性别 男孩	-0.10±0.96	-0.70	-0.08±1.03	-0.96	0.19±1.10	1.50
	女孩	0.06±1.04	(0.485)	0.31±1.05	(0.340)	0.03±1.11	(0.135)
	年龄		5.61		5.98		3.51
			(0.231)		(0.113)		(0.743)
家庭因素	父母婚姻状况 在婚	-0.48±0.64	1.07	-0.28±1.07	-1.60	-0.09±1.02	-0.67
	不在婚	-0.02±1.04	(0.286)	0.66±0.70	(0.111)	0.05±1.14	(0.503)
	家庭经济状况 有结余	-0.16±1.01	1.43	0.05±0.90	0.50	-0.18±0.84	0.80
	收支平衡	0.02±1.07	(0.490)	-0.20±1.18	(0.481)	-0.01±1.11	(0.670)
	有欠款	-0.09±0.68				-0.14±1.11	
	父亲与孩子的关系程度 亲密	-0.09±0.96	1.67*	0.18±1.07	-1.15	-0.09±0.94	4.54***
	不亲密	0.21±1.11	(0.096)	-0.16±0.92	(0.252)	0.72±1.30	(0.000)
	母亲与孩子的关系程度 亲密	-0.08±0.95	2.12**	-0.14±0.93	1.41	-0.05±1.02	4.02***
	不亲密	0.47±1.23	(0.034)	0.43±1.11	(0.158)	0.64±1.21	(0.000)
	监护人角色 母亲	-0.09±0.97	2.02	-0.31±1.17	0.16		0.70
	父亲		(0.569)		(0.984)		(0.874)
	祖辈	0.29±1.33		-0.05±1.09		-0.07±1.06	
	其他人	-0.58±0.65		0.25±0.00		0.25±1.54	

147

续表

因素			父亲外出 $\bar{x}\pm s$	父亲外出 z/χ^2	母亲外出 $\bar{x}\pm s$	母亲外出 z/χ^2	父母均外出 $\bar{x}\pm s$	父母均外出 z/χ^2
家庭因素	监护人健康状况	好	-0.04±0.99	0.56	-0.03±0.95	0.49	-0.11±0.99	-0.07
		差	-0.10±1.04	(0.573)	-0.20±1.27	(0.623)	-0.03±1.10	(0.945)
	监护人文化程度	小学及以下	0.08±1.04	2.65	-0.85±0.34	4.62*	0.09±1.19	8.91**
		初中	-0.11±0.98	(0.266)	0.52±1.18	(0.099)	-0.12±1.02	(0.012)
		高中及以上	-0.41±0.88		-1.09±0.00		-0.75±0.65	
	监护人关心程度	关心	-0.11±0.93	3.47***	-0.02±1.06	1.56	-0.04±1.01	4.34***
		不关心	0.78±1.21	(0.001)	0.75±0.72	(0.118)	0.78±1.28	(0.000)
社会因素	同伴关系	亲密	-0.10±0.97	1.38	0.06±1.07	0.32	-0.12±1.05	4.57***
		不亲密	0.10±1.06	(0.169)	0.24±1.02	(0.753)	0.44±1.12	(0.000)
	师生关系	亲密	-0.06±1.07	1.41	-0.14±0.88	0.64	-0.09±1.06	3.00***
		不亲密	0.04±0.94	(0.160)	0.20±1.10	(0.521)	0.28±1.12	(0.003)
	是否经常被同学欺负	否	-0.11±0.98	-1.16	-0.66±0.84	-2.20**	-0.17±0.91	-3.39***
		是	0.06±1.02	(0.244)	0.31±1.01	(0.028)	0.31±1.19	(0.000)

注：括号里为 P 值，*P<0.10，**P<0.05，***P<0.01。

更多的是由外界环境的变化造成的，儿童内在的个体差异影响并不是很大。

在家庭因素中，家庭的经济状况不会对儿童抑郁情绪产生显著影响，这一结果与前两个维度相同。父母的婚姻状况仅对全部儿童和非留守儿童产生显著影响，在留守儿童中并不具有统计学上的差异。亲子关系同样与孩子的抑郁情绪表现出强烈的相关性，与父母关系越亲密的儿童出现抑郁等负面情绪的可能性越低。但在留守儿童的子样本中，亲子关系对儿童抑郁情绪的影响并未在母亲单独外出的样本中表现出显著性。

监护人的角色和健康状况的影响在各类儿童中并未表现出显著差异，但监护人的文化水平则显著影响了全部儿童和留守儿童的抑郁情绪。尤其是母亲外出和父母均外出的留守儿童，表现为监护人的文化水平越高，儿童的抑郁情绪越不明显，这一结果同样证明了科学的教育方式可以对儿童的情绪带来有效的正向引导。除此之外，除母亲外出的留守儿童外，监护人对孩子的关爱程度的影响在各样本中也产生明显差异，越受到监护人关心的儿童越不容易出现抑郁等负面情绪。

在社会因素中，孩子与同伴和师生间的亲密程度对儿童抑郁情绪的影响均具有统计学意义，与他人关系越亲近的儿童，出现抑郁情绪的可能性就越小。但在不同类型的留守儿童中，这种亲密关系仅对父母均外出的留守儿童存在显著影响，在父亲单独外出和母亲单独外出的样本中并未呈现出统计学意义。是否被同学欺负显著影响各样本儿童的抑郁情绪，越是经常被欺负的儿童抑郁情绪越明显，但在父亲单独外出的留守儿童中，这一因素并不具有统计学意义。

三　留守儿童心理健康的回归分析

本书选择多元线性回归模型对受访儿童的心理健康进行影响因素的回归分析。首先根据单因素回归的统计结果，分别筛选出对儿童心理健康三个维度产生显著影响的变量，再按照个人和家庭状况、监护人特征、社会因素三个层次依次纳入回归模型。由于不同类型的儿童受周围因素影响的程度可能存在差异,因此模型Ⅰ、模型Ⅱ和模型Ⅲ是在留守儿童和非留守儿童间进行的对比,模型Ⅳ则将留守儿童细分为父母一方外出和父母双方均外出,以便进一步分析在不同留守类型的情况下,各因素对留守儿童心理健康状况的影响。需要说明的是,由于母亲单独外出的样本量较少,为保证回归结果的有效性,在回归中本书将父亲单独外出和母亲单独外出统一合并为了父母一方外出。具体的回归结果如表6-15至表6-17所示。

(一) 自我认同的多元回归分析

表6-15显示了各因素对儿童自我认同的影响结果。模型Ⅰ主要控制了儿童的个人因素和家庭特征。从回归结果可以看出,无论是留守儿童还是非留守儿童,受访对象的自我认同感都不会在性别和年龄之间产生差异,说明儿童心理健康的变化更多的是由外部因素引起的。父母的婚姻状况不会显著影响儿童的自信程度,但儿童与父母间的亲密关系与儿童的自我认同感存在高度相关性。与父母关系越亲密的儿童,其自我认同的程度越高,且母亲对孩子的影响是显著大于父亲的。

模型Ⅱ在模型Ⅰ的基础上引入了监护人的一些基本特征,包括健康状况、文化程度以及监护人对被监护儿童的关心程度。在加入这三个变量之后,亲子关系依然显著影响留守儿童的自我认同感,但对于非留守儿童来说,与父亲的关系则不再显著。监护人对儿童的关心程度会对留守儿童和非留守儿童的自信心带来显著的正向影响,但监护人文化程度的影响仅在非留守儿童中具有统计学意义。这一结果说明,亲子关系是培养儿童自信心的关键,尤其是母亲。同时当监护人给予儿童足够的关心时,也会显著提升儿童的自信程度。

模型Ⅲ中加入了受访儿童与同伴和老师间关系的变量。在考虑这一层次的因素后可以看到,与母亲之间的亲密关系以及监护人的关心程度依然会显著影响受访儿童的自信心。与母亲关系越亲密、越受到监护人关心的儿童自信心越强。除此之外,受访儿童的自我认同感还会受到同伴关系、师生关系、是否受同学欺负的影响。当与周围的人建立起和谐

第六章 农村儿童心理健康状况及影响因素分析

表6-15 受访儿童自我认同的多元回归分析

<table>
<tr><th colspan="2" rowspan="2">变量</th><th colspan="2">模型 Ⅰ</th><th colspan="2">模型 Ⅱ</th><th colspan="2">模型 Ⅲ</th><th colspan="2">模型 Ⅳ</th></tr>
<tr><th>留守</th><th>非留守</th><th>留守</th><th>非留守</th><th>留守</th><th>非留守</th><th>父母一方外出</th><th>父母均外出</th></tr>
<tr><td rowspan="2">个人因素</td><td>性别（参照组＝男孩）</td><td>-0.053
(-0.46)</td><td>0.046
(0.40)</td><td>-0.070
(-0.53)</td><td>0.111
(0.92)</td><td>-0.100
(-0.77)</td><td>0.071
(0.59)</td><td>-0.100
(-0.77)</td><td>0.034
(0.19)</td></tr>
<tr><td>年龄</td><td>-0.035
(-0.34)</td><td>-0.017
(-0.19)</td><td>-0.132
(-1.11)</td><td>0.072
(0.72)</td><td>-0.095
(-0.83)</td><td>0.025
(0.26)</td><td>-0.095
(-0.83)</td><td>-0.153
(-0.15)</td></tr>
<tr><td rowspan="3">家庭因素</td><td>父母婚姻状况（参照组＝在婚）</td><td>0.013
(0.07)</td><td>-0.148
(-0.65)</td><td>0.273
(1.33)</td><td>-0.167
(-0.62)</td><td>0.269
(1.36)</td><td>-0.255
(-0.98)</td><td>0.269
(1.36)</td><td>0.079
(0.35)</td></tr>
<tr><td>与父亲的关系（参照组＝不亲密）</td><td>0.416***
(2.89)</td><td>0.371**
(2.40)</td><td>0.318*
(1.92)</td><td>0.254
(1.54)</td><td>0.241
(1.47)</td><td>0.165
(1.00)</td><td>0.241
(1.47)</td><td>0.317
(1.39)</td></tr>
<tr><td>与母亲的关系（参照组＝不亲密）</td><td>0.696***
(4.18)</td><td>0.695***
(3.77)</td><td>0.667***
(3.38)</td><td>0.521**
(2.60)</td><td>0.528***
(2.73)</td><td>0.389**
(1.99)</td><td>0.528***
(2.73)</td><td>0.378
(1.45)</td></tr>
<tr><td rowspan="3">监护人特征</td><td>监护人健康状况（参照组＝好）</td><td></td><td></td><td>-0.150
(-1.12)</td><td>0.136
(1.11)</td><td>-0.164
(-1.25)</td><td>0.048
(0.39)</td><td>-0.164
(-1.25)</td><td>-0.280
(-1.59)</td></tr>
<tr><td>监护人文化程度（参照组＝小学及以下）</td><td></td><td></td><td>0.117
(1.11)</td><td>0.176**
(2.00)</td><td>0.097
(0.95)</td><td>0.130
(1.49)</td><td>0.097
(0.95)</td><td>0.232*
(1.79)</td></tr>
<tr><td>监护人关心程度（参照组＝不关心）</td><td></td><td></td><td>0.685***
(2.99)</td><td>0.546***
(3.15)</td><td>0.601***
(2.68)</td><td>0.465***
(2.72)</td><td>0.601***
(2.68)</td><td>0.655**
(2.25)</td></tr>
<tr><td rowspan="3">社会因素</td><td>同伴关系（参照组＝不亲密）</td><td></td><td></td><td></td><td></td><td>0.303**
(2.16)</td><td>0.152
(1.19)</td><td>0.303**
(2.16)</td><td>0.158
(0.84)</td></tr>
<tr><td>师生关系（参照组＝不亲密）</td><td></td><td></td><td></td><td></td><td>0.254*
(1.82)</td><td>0.370***
(2.99)</td><td>0.254*
(1.82)</td><td>0.415**
(2.24)</td></tr>
<tr><td>是否经常被同学欺负（参照组＝否）</td><td></td><td></td><td></td><td></td><td>-0.363***
(-2.60)</td><td>-0.416***
(-3.36)</td><td>-0.363***
(-2.60)</td><td>-0.374*
(-1.96)</td></tr>
</table>

注：* $P<0.10$，* * $P<0.05$，* * * $P<0.01$。

表6-16 受访儿童孤独感受的多元回归分析

	变量	模型Ⅰ 留守	模型Ⅰ 非留守	模型Ⅱ 留守	模型Ⅱ 非留守	模型Ⅲ 留守	模型Ⅲ 非留守	模型Ⅳ 父母一方外出	模型Ⅳ 父母均外出
个人因素	性别（参照组=男孩）	-0.000 (-0.01)	-0.134* (-1.69)	0.227 (1.58)	-0.056 (-0.51)	0.268* (1.92)	-0.040 (-0.36)	0.169 (0.85)	0.435** (2.00)
	年龄	-0.062 (-0.81)	-0.032 (-0.51)	-0.021 (-0.16)	-0.128 (-1.39)	-0.063 (-0.51)	-0.101 (-1.08)	-0.086 (-0.49)	-0.039 (-0.21)
家庭因素	与父亲的关系（参照组=不亲密）	-0.056 (-0.47)	-0.170 (-1.55)	0.165 (0.94)	-0.099 (-0.65)	0.300* (1.74)	-0.074 (-0.47)	0.307 (1.33)	0.272 (0.98)
	与母亲的关系（参照组=不亲密）	-0.597*** (-4.51)	-0.438*** (-3.36)	-0.427** (-2.00)	-0.164 (-0.88)	-0.350* (-1.70)	-0.066 (-0.35)	-0.344 (-1.19)	-0.324 (-1.03)
	监护人文化程度（参照组=小学及以下）			-0.297** (-2.85)	-0.139* (-1.72)	-0.251** (-2.25)	-0.134 (-1.65)	-0.247 (-1.59)	-0.268 (-1.60)
	监护人关心程度（参照组=不关心）			-0.483** (-2.05)	-0.449*** (-2.96)	-0.301 (-1.30)	-0.436*** (-2.83)	-0.337 (-1.00)	-0.032 (-0.09)
监护人特征	同伴关系（参照组=不亲密）					-0.318** (-2.15)	-0.213* (-1.79)	-0.402** (-2.00)	-0.136 (-0.58)
	师生关系（参照组=不亲密）					-0.075 (-0.51)	-0.064 (-0.55)	0.125 (0.537)	-0.395* (-1.68)
	是否经常被同学欺负（参照组=否）					0.596*** (4.02)	0.235** (2.05)	0.414** (2.07)	0.904*** (3.76)

注：*P<0.10，**P<0.05，***P<0.01。

第六章 农村儿童心理健康状况及影响因素分析

表6-17 受访儿童抑郁情绪的多元回归分析

变量		模型Ⅰ 留守	模型Ⅰ 非留守	模型Ⅱ 留守	模型Ⅱ 非留守	模型Ⅲ 留守	模型Ⅲ 非留守	模型Ⅳ 父母一方外出	模型Ⅳ 父母均外出
个人因素	性别（参照组=男孩）	0.061 (0.50)	0.102 (0.96)	0.084 (0.62)	0.068 (0.59)	0.137 (0.99)	0.062 (0.54)	0.294 (1.47)	0.032 (0.16)
	年龄	-0.030 (-0.27)	-0.067 (-0.77)	-0.002 (-0.02)	-0.111 (-1.16)	-0.025 (-0.20)	-0.077 (-0.82)	-0.061 (-0.34)	0.014 (0.08)
家庭因素	父母婚姻状况（参照组=在婚）	-0.167 (-0.91)	0.152 (0.69)	-0.221 (-1.06)	0.107 (0.40)	-0.233 (-1.13)	0.081 (0.31)	0.55 (1.35)	-0.183 (-0.71)
	与父亲的关系（参照组=不亲密）	-0.405*** (-2.69)	-0.332** (-2.27)	-0.178 (-1.07)	-0.319** (-2.01)	-0.087 (-0.51)	-0.259 (-1.63)	-0.003 (-0.01)	-0.376 (-1.43)
	与母亲的关系（参照组=不亲密）	-0.483*** (-2.75)	-0.591*** (-3.40)	-0.212 (-1.07)	-0.305 (-1.61)	-0.107 (-0.53)	-0.241 (-1.30)	-0.259 (-0.89)	0.240 (0.80)
监护人特征	监护人文化程度（参照组=小学及以下）			-0.200* (-1.85)	0.019 (0.23)	-0.187* (-1.70)	0.024 (0.29)	-0.042 (-0.26)	-0.346** (-2.33)
	监护人关心程度（参照组=不关心）			-1.26*** (-5.72)	-0.603*** (-3.81)	-1.32*** (-5.67)	-0.574*** (-3.64)	-0.981*** (-2.85)	-1.543*** (-4.57)
社会因素	同伴关系（参照组=不亲密）					-0.249* (-1.67)	-0.048 (-0.39)	-0.427* (-1.91)	0.037 (0.17)
	师生关系（参照组=不亲密）					-0.047 (-0.32)	-0.114 (-0.96)	0.019 (0.09)	-0.057 (-0.27)
	是否经常被同学欺负（参照组=否）					0.313** (2.13)	0.463*** (3.99)	0.214 (1.03)	0.479** (2.19)

注：*P<0.10，**P<0.05，***P<0.01。

融洽的社会关系时，与同伴和老师亲密相处也可以积极提升儿童的自我认同感。越是经常与他人发生冲突，被同学欺负的儿童，其自信心就会变得越弱。

模型Ⅳ对比了父母一方外出和父母双方均外出的留守儿童受各因素的影响。在父母一方外出的情况下，与母亲的亲密程度、监护人的关心程度、同伴关系、师生关系、是否受同学欺负是影响留守儿童自我认同的主要因素。而在父母均外出的情况下，与母亲的关系和同伴关系不再显著，但监护人的文化程度开始具有统计学意义，留守儿童的自信心会因为监护人文化水平的提高而有所提升，体现出了监护人科学的教育对促进儿童心理健康的重要性。

由此可见，受访儿童的心理健康主要受到亲子关系、监护人文化程度、监护人关心程度、同伴关系、师生关系以及是否被同学欺负的影响，这一结果在两类儿童之间并不存在太大差异，但总体来说留守儿童受这些因素的影响会更大。对于非留守儿童来说，良好的家庭关系与和谐的社会交往都会对其心理健康形成正确引导。而对于留守儿童来说，父母外出务工会使他们的自我认同感有所降低，但如果监护人给予留守儿童足够的关心，并使孩子与母亲间保持亲密的亲子关系，那么孩子仍然不会出现自信心缺乏的问题。同时，加强与老师和同学的友好交往，学会与他人和谐相处，留守儿童的自信心仍然可以得到有效提高。

（二）儿童孤独感受的多元回归分析

表6-16显示了各因素对受访儿童孤独感受的影响结果。模型Ⅰ主要控制了儿童的个人因素和家庭特征。从统计结果可以看出，留守儿童的孤独感并不受性别和年龄的影响，但非留守儿童的孤独感在男孩中更加明显。与父亲的亲密程度不显著影响受访儿童的孤独感，但儿童孤独感会明显受到与母亲亲密程度的影响，证明了母亲在孩子情绪疏导上的突出作用。

模型Ⅱ在模型Ⅰ的基础上引入了监护人的文化程度和监护人对被监护儿童的关心程度两个变量。在监护人特征加入之后，与母亲的关系在非留守儿童样本中不再显著,但这一变量依然显著影响留守儿童的孤独感。就监护人的特征来看,监护人的文化程度和监护人对儿童的关心程度均对受访儿童的孤独感产生显著影响。数据显示,监护人的教育水平越高,被监护儿童的孤独感越低,同时监护人对儿童越关心,被监护儿童也越不容易产生孤独情绪,说明监护人正确的养育方式也可以给予儿童充足的陪伴。

模型Ⅲ在模型Ⅱ的基础上再次加入了受访儿童与同伴和老师间关系的变量。在充分考虑各因素之后,留守儿童的孤独感在不同性别间开始产生差异,女生的孤独感明显高于男生,与父亲的亲密程度也开始呈现出显著性,但监护人的关心程度不再显著。在社会因素中,师生关系不显著影响受访儿童的孤独感,但亲密和谐的同伴关系可以有效降低受访儿童的孤独程度。对于非留守儿童来说,则只有监护人的关心程度、同伴关系和是否经常被同学欺负存在显著性。这一差别说明,家庭结构完整的儿童更需要的是足够的关心和良好的人际关系,而非留守儿童除了这些之外,还需要与父母建立良好的亲子关系,才能感到不孤独。

在模型Ⅳ中,对比父母一方外出和父母双方均外出的留守儿童可以看到,在只有父亲或母亲单独外出的留守儿童中,仅有亲密的同伴关系和不受同学欺负显著影响了留守儿童的孤独水平。而对于父母均外出的留守儿童来说,女生的孤独感是明显高于男生的,但这一孤独感可以通过良好的师生关系和与同学的和谐相处得到缓解。

从以上分析可以看出,受访儿童孤独感的影响因素在不同家庭结构的情况下存在一定差异。除了监护人的关心外,非留守儿童更需要的是来自社会交往中的情感,而留守儿童仍然十分需要来自父母的照顾和关爱。由前文分析可知,相对于非留守儿童来说,留守儿童的孤独感是普遍存在的,其中女生对于孤独的感受比男生更加强烈。因此在家庭成长过程中父母需加强对孩子的关心和关爱,同时监护人也应对孩子的情绪进行科学引导。此外,无论是留守儿童还是非留守儿童,都需要加强与同龄人的交流,使他们维持一种良好的交往关系,这样可以在很大程度上弥补父母缺席所带来的情感缺失，或者进一步丰富儿童的情感来源，有效弱化其孤独水平。

(三) 儿童抑郁情绪的多元回归分析

表6-17显示了各因素对儿童抑郁情绪的影响结果。在模型Ⅰ中，儿童的个人因素和家庭特征中父母的婚姻状况在留守儿童和非留守儿童中均不存在明显差别，而与父母间的亲子关系则显著影响了留守儿童和非留守儿童的抑郁情绪。与父母关系越亲密的儿童，出现抑郁情绪的可能性越低。

模型Ⅱ在模型Ⅰ的基础上引入了监护人的文化程度和监护人对被监护儿童的关心程度两个变量。在这两个特征加入之后，亲子关系对受访儿童的影响程度有所降低，并且在留守儿童的样本中变得不再显著，而监护人的文化水平和对孩子的关心程度成为儿童是否会产生抑郁情绪的主要影响因素。具体来说，具有较高文化水平的监护人可以正确疏导儿童的抑郁情绪，同时监护人为儿童提供更多的关爱也可以有效缓解他们的负面情绪。

模型Ⅲ在模型Ⅱ的基础上综合考虑了受访儿童与同伴和老师间关系的变量。从统计结果可以看到，与父母亲子关系的影响程度进一步降低，但监护人的文化水平和关心程度的显著性依然存在。同时，无论是留守儿童还是非留守儿童，他们的抑郁情绪都会因为是否经常被同学欺负而产生明显变化。在同伴关系方面，与同伴的关系越亲密，留守儿童的抑郁情绪显著越弱。

模型Ⅳ对比了父母一方外出和父母双方均外出的留守儿童受各因素的影响。在父母一方外出的情况下，监护人的关心程度和同伴关系的亲密程度是影响留守儿童抑郁情绪的主要因素。而在父母均外出的情况下，同伴关系变得不再显著，监护人的文化程度、关心程度和是否经常被同学欺负成为主要影响因素。

由上文分析可知，在进入学龄期之后，受访儿童无论身心都处于生长发育的鼎盛时期，当面临社交和学业等压力时，留守儿童和非留守儿童都难免会出现不安、烦躁等负面情绪。由于学校是受访儿童除家庭以外所处时间最多的场所，在学校中的人际交往对儿童性格的塑造显得十分重要。因此，为了有效缓解留守儿童的抑郁情绪，除了监护人的引导和关爱外，正确处理同伴关系，避免同学间的矛盾冲突将是减少儿童抑郁情绪的主要途径。

本章小结

本章主要对受访儿童在心理健康方面的基本情况及其影响因素进行了详细的描述与分析。首先，对本章的研究假设与研究设计进行了简要的说明。在理论研究和文献结论的基础上，本章针对受访儿童的心理健康问题提出了五点基本假设。同时根据各类心理学量表对儿童心理健康的维度划分，选取了"自我认同"、"孤独感受"和"抑郁情绪"三个分量表对受访儿童的自我认知和自我评价，以及受访儿童的孤独感和负面情绪进行测量。

其次，为了解受访儿童心理健康的基本情况，本章对留守儿童与非留守儿童在心理健康三个维度上的具体情况进行了详细的对比。研究发现：第一，在自我认同方面，留守儿童与非留守儿童在自信心上的差距并不明显，但留守儿童的生活满意度更低，自豪感和对未来的期待值也比非留守儿童差，且这种现象在母亲外出的情况下最为突出；第二，在孤独感受方面，留守儿童的孤独感得分总体上比非留守儿童高，说明父母外出会使留守儿童出现明显的孤独情绪和自卑感，并且母亲的缺席对儿童孤独感的影响是最大的，体现出了儿童在成长过程中对母亲强烈的情感依赖；第三，在抑郁情绪方面，两类儿童都存在一定的抑郁情绪，但留守儿童的负面情绪会更加普遍和突出，他们更容易出现做错事的挫败感和面对未知事物的消极情绪，同时也存在更多的自我否定。就不同类型的留守儿童来看，母亲外出的留守儿童在整体上表现出了更强烈的负面情绪，体现出母亲在排解儿童负面情绪上的重要作用。

最后，在保证可行性的前提下，本章对反映儿童心理健康的各组指标进行了因子分析，并将提取出来的公因子作为回归模型的因变量。通过单因素和回归分析可以看到，第一，在自我认同方面，与母亲间的亲密关系是影响儿童自信心的重要因素；同时儿童自信心的培养也离不开监护人的关心和老师的关爱；在日常生活中应多鼓励儿童与同伴保持亲密的交往关系，并尽量保护其不受周围同学的伤害。第二，在孤独感受方面，两类儿童的需求存在一定差异。留守女生的孤独感是明显高于留守男生的；留守儿童需要与父母间保持良好的亲子关系才可以有效缓解其孤独感；无论是哪种家庭结构的儿童，有一定文化水平、能够提供充足的关心的监护人都可以科学地排解受访儿童的孤独情绪；同时正确地处理同伴关系也可以有效疏解儿童的孤独情绪。第三，在进入学龄阶段之后，儿童最常待的场所由家庭转变为学校，因此其抑郁情绪将主要受监护人的文化程度、关心程度和与同伴间关系的影响。与同伴关系越亲密，越不被欺负的儿童出现抑郁情绪的可能性越小；同时，在儿童出现负面情绪时，监护人也应该给予更多的关心，并且科学合理地疏导和排解孩子的负面情绪，从而提高其心理健康水平。

第七章　农村儿童社会适应状况及其影响因素分析

儿童处于社会化的初级阶段，其观念和行为极易受到外界环境变化的影响。在人口流动时代，农村儿童的家庭、学校和社区都可能存在较大的变动。当遇到不顺、冲突或挫折时，能否采取适当的策略来调整心态、重新适应环境改变，决定了他们能否更好地融入外部环境，适应社会生活和人际关系，是儿童社会化水平的重要体现。在第五章和第六章中，本书分析了受访儿童的生理健康和心理健康状况，并对其背后的原因进行了详细的分析。从概念上看，生理、心理和社会适应性是健康的三个主要内容，生理健康水平和心理健康水平在很大程度上决定了人们的社会化水平，这一点将在社会适应性上得到充足的体现。因此，在本章中，本书将就受访儿童的社会化水平及其影响因素进行详细的描述和分析。

第一节　研究假设与研究方法

一　研究假设

社会适应性水平，究其根本仍然取决于人们的生理健康和心理健康状况，同时也是家庭教育和社会环境共同作用的结果。由上文可知，家庭结构变动、监护人因素、社会关系等各种变化都会对农村儿童的身体健康和心理健康造成影响，那么势必也会对农村儿童的社会适应性水平带来一定的影响。综上所述，本章提出以下几点假设。

第一，农村儿童的社会适应性水平在不同性别和不同年龄的个体间存在一定的差异[1]。因此本章假设，年龄和性别会影响受访儿童的社会适应水平。

第二，不同家庭结构的农村儿童其社会适应性水平存在较大差别。当父母长期在外打工时，儿童的情绪情感得不到有效缓解，其社会适应性和心理韧性往往会变差[2]。因此本书假设，留守儿童与非留守儿童的社会适应性水平存在差异，留守儿童的社会适应能力比非留守儿童差。

第三，家庭结构的缺失会造成孩子在义务教育阶段家庭社会化的不足，从而影响孩子的社会化发展，而家庭经济状况与孩子行为习惯的养成也有一定的关系[3]。因此本章假设，这些家庭因素的差异和变化都可能使农村儿童产生不稳定的情绪而受到周围环境的刺激，阻碍其社会化的发展。

第四，监护人的角色、健康状况和文化水平决定了其不同的照料方式，而不同的照料方式则决定了监护人能否在农村儿童的成长过程中为其提供正确的引导和科学的教育[4]。因此本章假设，监护人的相关情况也是影响受访儿童社会适应性水平的重要因素。

第五，老师的监管和指导，以及同龄人的支持和关爱是帮助儿童加快社会化进程的重要条件。即使是在父母缺失的情况下，也可以为儿童提供归属感和安全感[5]，从而有效促进儿童的社会交往，帮助其更好地融入社会。因此本章假设，与老师和同学间的人际关系也是社会适应的一个重要影响因素。

---

[1] 易雯静、吴明霞:《留守儿童社会适应研究》,《哈尔滨学院学报》2010 年第 1 期。
[2] 徐礼平、田宗远、邝宏达:《农村留守儿童社会适应状况及其与心理韧性相关性》,《中国儿童保健杂志》2013 年第 7 期。
[3] 李庆丰:《农村劳动力外出务工对"留守子女"发展的影响——来自湖南、河南、江西三地的调查报告》,《上海教育科研》2002 年第 9 期。
[4] 程琳:《隔代抚养对农村留守儿童人际交往的影响研究——以松原市宁江区孙喜村为例》,硕士毕业论文,长春工业大学,2017 年。
[5] 同雪莉:《留守儿童抗逆力生成研究》,博士毕业论文,南京大学,2016 年。

二 研究方法

与心理健康部分的研究相同，反映社会适应性水平的各个维度的量表同样由多个条目构成，为简化数据，找到反映社会适应性水平的主要因素，在这一章本书同样使用因子分析法来对每一个维度的问题提取公因子，以此来反映留守儿童与非留守儿童在心理健康上的问题和差异。在此关于因子分析的定义及解释不做赘述。同时，为保证本章数据使用因子分析的可行性，本章同样使用 KMO 检验和 Bartlett's 球形检验对所选变量的相关性进行判断。其中 KMO 检验的具体判断标准为：KMO 值大于 0.9 表示非常适合，KMO 值为 0.8—0.9 表示很适合，KMO 值为 0.7—0.8 表示适合，KMO 值为 0.6—0.7 表示勉强适合，KMO 值为 0.5—0.6 表示不太适合，KMO 值小于 0.5 则表示不适合。其次，Bartlett's 球形检验的具体判断标准为：若卡方值较大且 $Sig<0.05$，则表示所选变量间的相关性较大，可以进行因子分析。

第二节 受访儿童的社会适应状况对比

调查问卷通过多个维度的一系列变量，对受访儿童社会适应方面的相关问题进行了较为全面的访问和统计。根据上文中儿童健康水平评价体系的设置，本书选择了"社会交往能力"、"积极进取能力"和"高效执行能力"三个分量表作为儿童社会适应水平的评价量表，内容涉及儿童与他人交往过程中的人际关系处理能力、对新鲜事物的探索倾向，以及处事能力和精神专注程度等内容。信度检验结果显示，社会适应量表 3 个维度共 14 个条目的 alpha 信度系数为 0.725，具有较高的可靠性。

一 社会交往能力

社会适应性衡量指标的第一分量为社会交往能力，主要反映了受访儿童处理人际关系的能力。在处于某些特定的环境或情景中时，受访儿童的反应状态或应对方式直接体现了其对于情绪的控制和表达。在与他人的交往过程中，能否合理控制自己的情绪，并正确处理和快速融入人际关系，是儿童是否拥有较强适应能力的一个重要指标。在本次调查中，问卷总共设置了五个问题对受访儿童的社会交往能力进行调查，答案由6个等级组成，从1到6分别表示"非常不同意""不同意""有些不同意""有些同意""同意""非常同意"。数字越高，表明受访儿童的社会交往能力越强。具体问题及统计结果如表7-1所示。

表7-1　　　　　　　　　社会交往能力得分统计

条目	留守儿童	非留守儿童
a. 我能主动和不熟悉的人谈话	2.88 ± 1.71	2.95 ± 1.69
b. 我可以跟其他人和睦相处	4.47 ± 1.35	4.34 ± 1.43
c. 我在和他人发生冲突时能控制自己的情绪	4.36 ± 1.46	4.24 ± 1.93
d. 我在乎那些不开心的人的感受	4.56 ± 1.41	4.40 ± 1.56
e. 我在动用家庭成员的东西前会征求他们的同意	4.92 ± 1.41	4.79 ± 1.49

注：表中数据表示 $\bar{x} \pm s$，即均值加减标准差。

整体上看，受访儿童的社会交往能力处于中等偏上的水平。从理论上来讲，儿童初步的社会化发展是在家庭中由父母引导而形成的。由于找不到倾诉和求助的对象，父母外出务工往往会对儿童的社会交往情况造成显著的负面影响。但从表中数据可以看出，除在第一个问题，即"我能主动和不熟悉的人谈话"中留守儿童表现出较差的社会交往能力外，其余问题的统计结果均显示留守儿童在人际关系处理能力的自我评价上会更加突出。在与他人交往的过程中，留守儿童虽然与人进行交往和交流的主动性较差，但是他们对于他人的感受和反馈显得更加在意，因此也会更好地控制自己的情绪，尽量避免与他人发生争执，在自我评价中体现出较好的处理社会关系的能力。

与此同时，在对留守儿童类型进行进一步细分之后可以看到（见

表7-2),虽然整体上留守儿童社会交往能力的自我评价得分更高,但在不同类型的留守儿童之中,这一得分仍然存在一定的差异。数据显示,在条目a和条目c中,父母均外出的留守儿童得分最低,而在条目b、条目d和条目e中,母亲外出的留守儿童得分最低。由此可见,在留守儿童的社会化过程中,母亲的陪伴起到了至关重要的作用。研究发现,在注重集体价值的国家,母亲会鼓励孩子关注他人的行为,并引导孩子顾及他人的看法[1]。因此,在教育孩子正确处理人际关系、尊重他人的想法等问题上,母亲的科学引导显得十分重要。

表7-2　　　　不同类型留守儿童的社会交往能力得分统计

条目	父亲外出	母亲外出	父母均外出	非留守儿童
a. 我能主动和不熟悉的人谈话	2.90±1.68	3.38±1.79	2.82±1.72	2.95±1.69
b. 我可以跟其他人和睦相处	4.45±1.37	4.26±1.26	4.52±1.35	4.34±1.43
c. 我在和他人发生冲突时能控制自己的情绪	4.43±1.42	4.41±1.54	4.29±1.48	4.24±1.93
d. 我在乎那些不开心的人的感受	4.64±1.32	4.50±1.39	4.51±1.47	4.40±1.56
e. 我在动用家庭成员的东西前会征求他们的同意	4.99±1.40	4.81±1.42	4.89±1.42	4.79±1.49

注：表中数据表示 $\bar{x}\pm s$，即均值加减标准差。

但是,从另一个角度来看,留守儿童虽然在社会交往能力的自我评价中有着较高的得分,表现得更加善于处理人际关系,但实际的践行情况却呈现出了不一样的结果。图7-1统计了一个月内受访儿童与朋友或老师的交流状况。问卷主要从四个方面进行了统计,包括与朋友和老师谈论自己的近况、谈论朋友的近况、谈论将来的计划,以及谈论在学校遇到的问题。选项主要分为6个等级：1表示从不交流；2表示交流过1—2次；3表示大概一周交流一次；4表示一周交流2—3次；5表示几

---

[1] 张文新:《儿童社会性发展》,北京师范大学出版社1999年版,第114页。

乎每天都会交流；6表示每天都会进行相应交流。图中显示的结果为留守儿童和非留守儿童与老师和朋友在各个方面平均交流频率的相应等级。

由图7-1可知，受访儿童在一个月内与老师交流自身情况和相关问题的频率较低。除了与老师谈论在学校遇到问题的次数略多一些外，有60.07%到70.57%的儿童从未与老师进行过其他方面的任何交流，其余儿童与老师交流的频率也仅在平均一个月1—2次。相比之下，受访儿童与朋友交流的频率则稍微高一些，除了37.19%的儿童从不与朋友讨论自己将来的计划外，其余情况中从不与朋友交谈的概率都在25.69%到29.09%之间，平均的交流频率也接近一周一次。就两类儿童相比，非留守儿童与朋友和老师交流的状况均比留守儿童好。尤其是与朋友的交流频率，非留守儿童明显高于留守儿童，并且在"和朋友谈你将来的计划"这一项上具有最为明显的差异。

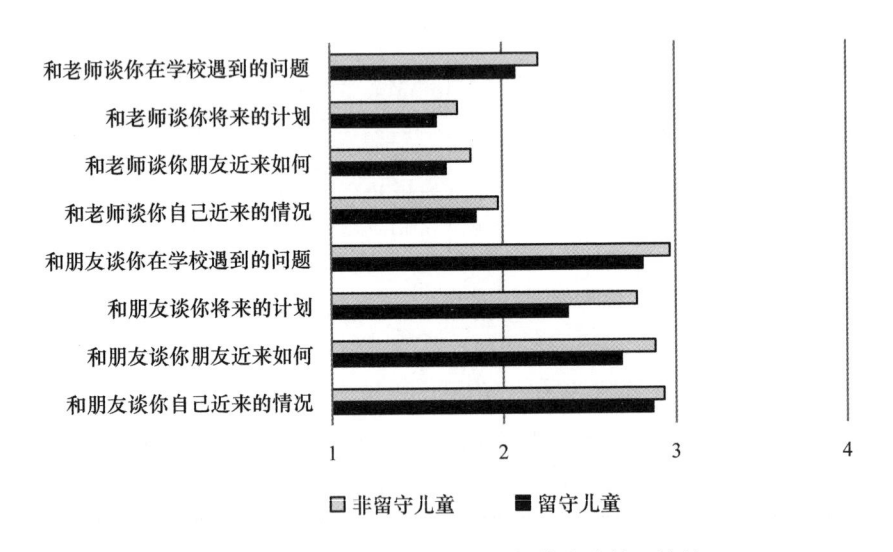

图7-1 调查对象与朋友、老师的交流状况统计

一般来说，社会适应状况更好的儿童更善于人际交往，不仅交友广泛，与同学、朋友的关系也会相处得更加和谐、交流更加频繁。但从上文的分析和对比中可以看出，留守儿童在与他人的交往中呈现出了一定

的矛盾心理,其人际交往的自我评价和人际交往的实践结果表现出了一定的差距。留守儿童懂得应该如何处理人际关系,在社会交往中可以充分考虑他人的感受并合理控制自己的情绪,但同时不会过多的与他人交流,在社会交往中表现出相对被动和内向的特点。有研究表明,在情感缺失的情况下,青少年对身份认同的渴望会变得更加突出,因此部分缺乏自信心的儿童会试图改变自己迎合他人来融入集体生活[1],这也是他们懂得顺从他人,顾及他人感受的原因。但在具有较强的社交期待的同时,留守儿童还存在一种害怕冲突的心理,这种害怕被拒绝,以及对人际交往的忧虑,很有可能是缺乏安全感的表现[2]。因此,这种自我评价和实际情况的差距也反映出了一定的社交障碍。与非留守儿童相比,留守儿童的负面情绪还是较为普遍和突出的,这不仅在一定程度上阻碍了他们与周围人的亲密程度,也使他们的性格变得更加谨慎,在人际交往中产生小心翼翼和害怕冲突的心理。

二 积极进取能力

社会适应性衡量指标的第二部分为积极进取能力,主要反映了受访儿童的个性素质。是否拥有冒险精神,或者是否有积极地探索新鲜事物的热情,是青少年是否能够快速融入外部环境的重要表现,也是能否培养和提高其自信心的重要环节,是顺利融入社会生活的重要因素。对此,本问卷用四个问题统计了受访者的冒险精神或探索欲望,其答案分为6个等级,从1到6分别表示"非常不同意""不同意""有些不同意""有些同意""同意""非常同意",数字越高表明该儿童越具有冒险精神或探索欲望,其适应社会环境的能力也越强。具体问题及统计结果如表7-3所示。

---

[1] 龚海英:《留守儿童人际交往障碍的社会工作介入研究》,硕士毕业论文,西北农林科技大学,2017年。

[2] 廖传景:《留守儿童安全感研究》,博士毕业论文,西南大学,2015年。

表7-3 积极进取能力得分统计

条目	留守儿童	非留守儿童
a. 我喜欢尝试我没有做过的新事物	4.61 ± 1.60	4.58 ± 1.56
b. 需要冒险或危险的事情对我更有吸引力	3.29 ± 1.96	3.51 ± 1.90
c. 我有时会去很远的地方探险	2.64 ± 1.71	2.73 ± 1.69
d. 我愿意尝试别的小孩不敢做的事情	3.11 ± 1.87	3.13 ± 1.77

注：表中数据表示 $\bar{x} \pm s$，即均值加减标准差。

由表7-3的统计结果可知，除第一个条目，即"我喜欢尝试我没有做过的新事物"的统计结果显示留守儿童具有更强的探索欲望外，其余三个问题均表明非留守儿童的积极进取能力更强。无论是冒险事物对受访儿童的吸引程度，还是受访儿童的探险倾向和对新事物的尝试，非留守儿童均表现出更强烈的冒险精神和探索热情。尤其是"需要冒险或危险的事情对我更有吸引力"这一问题，非留守儿童与留守儿童的得分均值分别为3.51和3.29，与其他问题相比表现出了较为明显的差距。依恋理论认为，父母与孩子之间的情感纽带是基于对孩子安全和保护的需要。当看护者在场时，儿童会将其作为一个安全的基础来对周围事物进行自由的探索[1]，因此这种安全感无疑可以增加儿童的好奇心，促进儿童的探索行为，对于其生活技能的获得是十分重要的。由此可见，儿童的积极进取能力会因为父母的缺席而受到消极影响，没有父母的保护和情感支撑，儿童很可能会失去小孩子应有的好奇心和探索冲动，在生活中变得更加小心谨慎，不愿对新鲜事物进行过多的尝试，这对儿童快速融入社会环境是存在较大阻碍的。

---

[1] Prior, V., Glaser, D., *Understanding Attachment and Attachment Disorders: Theory, Evidence and Practice*, Child & Adolescent Mental Health, RCPRTU. London and Philadelphia: Jessica Kingsley Publishers, 2008, p. 17.

表7-4　不同类型留守儿童的积极进取能力得分统计

条目	父亲外出	母亲外出	父母均外出	非留守儿童
a. 我喜欢尝试我没有做过的新事物	4.70±1.55	4.75±1.55	4.51±1.64	4.58±1.56
b. 需要冒险或危险的事情对我更有吸引力	3.24±1.96	3.72±2.04	3.28±1.96	3.51±1.90
c. 我有时会去很远的地方探险	2.59±1.65	3.19±1.96	2.61±1.72	2.73±1.69
d. 我愿意尝试别的小孩不敢做的事情	3.21±1.84	3.58±1.89	2.99±1.89	3.13±1.77

注：表中数据表示 $\bar{x}\pm s$，即均值加减标准差。

与前文内容的分析结果不同，在积极进取能力的得分统计中（见表7-4），条目a和条目d显示父母均外出的留守儿童积极进取能力得分最低；而条目b和条目c显示父亲外出的留守儿童积极进取能力得分最低。由此可见，在有父亲陪伴的家庭中，孩子可以拥有更积极的探索精神，对新鲜事物的好奇心倾向更加明显。与母亲为孩子带来的温柔、善良和细心的品质不同，父亲会对孩子的成就感产生显著影响[1]。由于性别角色的差异，在父亲的鼓励和陪伴过程中，孩子会潜移默化地模仿和学习其固有的男性特征，并使孩子被培养出坚毅果敢、独立进取、敢于冒险等性格特征[2]。这一结果不仅体现出了父亲与母亲在儿童社会化发展方面所起到的两种不同的作用，同时也说明了在儿童的成长过程中，保持家庭结构完整的重要性。对于性格还处于形成期的儿童来说，父亲和母亲两者的角色都十分关键，缺一不可。只有同时从父母双方处获得不同的个性品质，才能构成一个完整的性格基础。

三　高效执行能力

社会适应衡量指标的第三部分为高效执行能力，主要反映了受访儿

---

[1] 侯静、陈会昌、王争艳等：《亲子互动研究及其进展》，《心理科学进展》2002年第2期。
[2] 李璇：《家庭教育中父亲"角色缺失"现状及问题研究——以贵州省清镇市为例》，硕士毕业论文，贵州大学，2016年。

童的处事能力和精神专注程度。社会适应性较强的儿童一般都拥有较好的执行能力，在日常生活和学习的过程中可以更好地约束自己的行为，专注地完成各项工作和任务，快速适应社会环境。问卷通过五个问题的访问，统计了受访者在处理日常事物时的高效执行能力。答案同样由6个等级组成，从1到6分别表示"非常不同意""不同意""有些不同意""有些同意""同意""非常同意"。得分越高，表明受访儿童拥有更高的效能，其应对各项时间的方式越积极，执行能力也越强。经整理，各条目的统计结果如表7-5所示。

表7-5　　　　　　　　　　高效执行能力得分统计

条目	留守儿童	非留守儿童
a. 我可以集中精力很好地完成一件事情	4.95 ± 1.13	4.83 ± 1.23
b. 我不需要提醒就能保持房间的干净整洁	4.28 ± 1.62	4.12 ± 1.62
c. 我可以自己做决定	3.97 ± 1.61	3.94 ± 1.65
d. 我可以自己解决问题	4.42 ± 1.35	4.28 ± 1.48
e. 我对学习新东西非常感兴趣	5.07 ± 1.13	4.93 ± 1.34

注：表中数据表示 $\bar{x} \pm s$，即均值加减标准差。

与其他几个维度的统计结果不同，由上表数据可知，在高效执行能力的各个条目上，留守儿童均表现出更加优异的成绩。可以看到，与非留守儿童相比，留守儿童普遍更加独立，在日常生活中更有主见，不仅能够为自己的事情做决定，还可以在不依赖他人的情况下独立解决各种问题。此外，留守儿童还拥有更好的专注力和执行力，做任何事情都不需要他人过多的提醒，而做事时的精力也会更加集中。不难看出，这种高效的执行能力同时还促进了留守儿童学习和探索的积极性，使他们对学习新的东西保持着更高的兴趣。由此可见，父母外出打工对留守儿童带来的影响并不都是负面的，留守儿童可能因为缺少父母的关爱而变得内向和孤僻，也可能因为父母的离开而学会顽强的成长。研究表明，逆境可以在一定程度上提升儿童的心理弹性,因此,在成长环境不利的情况下,留守儿童可能会选择更加积极的生活目标,更好地适应环境压力[1]。

表7-6　不同类型留守儿童的高效执行能力得分统计

条目	父亲外出	母亲外出	父母均外出	非留守儿童
a. 我可以集中精力很好地完成一件事情	5.03±1.05	4.78±1.16	4.91±1.18	4.83±1.23
b. 我不需要提醒就能保持房间的干净整洁	4.31±1.55	4.31±1.51	4.24±1.68	4.12±1.62
c. 我可以自己做决定	4.01±1.65	4.13±1.38	3.92±1.61	3.94±1.65
d. 我可以自己解决问题	4.47±1.32	4.29±1.37	4.40±1.37	4.28±1.48
e. 我对学习新东西非常感兴趣	5.16±1.05	4.69±1.28	5.05±1.17	4.93±1.34

注:表中数据表示 $\bar{x}\pm s$,即均值加减标准差。

就不同类型的留守儿童来看(见表7-6),条目a、条目d和条目e显示,母亲外出的留守儿童在高效执行能力的得分上最低,条目c显示父母均外出的留守儿童高效执行能力得分最低,仅条目b显示非留守儿童的得分最低。同时,从这一结果可以看出,儿童的专注力和执行力在母亲陪伴的情况下普遍优于在父亲陪伴下的得分。由此可见,在孩子的成长阶段,性别分工的不同使母亲在家庭教育中担任了更加重要的角色。在照顾孩子时,母亲会更加细心,也会更多地关注孩子的学习习惯和性格养成。在母亲的督促和教导下,孩子潜移默化地就会提升自己的专注力和执行力。虽然受传统文化的影响,中国父母对于儿童自主权存在一定的限制,但就儿童自主性的发展来看,当代家庭教育还是十分注重培养孩子独立自主的能力和品质的[2]。母亲认为,鼓励孩子们做出选择,帮助他们发展自主性和

---

[1] 朱激文、康莉:《农村留守儿童心理弹性调查报告——以梅山中心幼儿园大班为例》,《早期教育》(教科研版)2012年第6期。
[2] 邢淑芬、孙琳、王媛、王争艳:《我国社会变迁背景下儿童养育行为的代际差异》,《教育研究》2012年第11期。

执行能力，是有利于孩子自尊心和自我力量感的培养的[①]。因此，这一结果再次证明了父母双方对孩子性格养成的关键作用，在家庭结构缺失的情况下，孩子的全面发展势必会受到极大的负面影响。

第三节 受访儿童社会适应状况的影响因素研究

一 因子提取

为简化数据，找到反映受访儿童社会适应性水平的主要因素，在进行回归分析之前，本书将使用因子分析法对每一个维度的问题提取公因子。首先对每一个维度的各项指标进行KMO检验和Bartlett's球形检验，以保证各组数据使用因子分析的可行性。检验结果如表7-7所示。按照KMO检验和Bartlett's球形检验的具体判断标准，从表中检验结果可以看出，KMO值均在0.7以上，且Bartlett's球形检验的P值均小于0.05，各变量间的相关性较大。因此，本章所使用的三组数据适合进行因子分析。

表7-7 受访儿童社会适应性的KMO检验和Bartlett's球形检验结果

	KMO	Bartlett's
社会交往能力	0.70	0.000
积极进取能力	0.71	0.000
高效执行能力	0.70	0.000

在确定了因子分析的可行性之后，本书对反映受访儿童社会适应状况的各组指标进行了因子分析，其中三个维度的公因子提取结果如表7-8所示。从数据上看，各指标反映的情况与上文分析结果一致，留守儿童在社会交往能力的自我评价上更好，高效执行能力也比非留守儿童更强，但积极进取能力较弱，其中社会交往能力和高效执行能力在两类

[①] Nucci, L., Smetana, J. G., "Mothers' Concepts of Young Children's Areas of Personal Freedom", *Child Development*, Vol. 67, No. 4, 2010, pp. 1870–1886.

儿童间的差异具有统计学上的意义。说明父母外出造成的家庭结构的变动对于儿童社会适应上的影响并不都是负面的，即在逆境中成长的儿童可以拥有更好的心理弹性，从而在感情缺失的情况下可以更加积极地面对压力，适应环境。由此可见，父母外出对儿童健康同时存在正向和负向的双重影响，因此，其影响结果如何也需要进一步的研究和分析，不能以偏概全，一概而论。

表7-8　　　　　　　　调查对象的社会适应性指标统计

社会适应性指标	留守儿童	非留守儿童	z	P
社会交往能力	0.099 ± 0.918	-0.818 ± 1.060	2.574	0.010
积极进取能力	-0.039 ± 1.035	0.032 ± 0.980	-1.346	0.178
高效执行能力	0.074 ± 0.937	-0.061 ± 1.050	1.805	0.071

注：表中数据表示 $\bar{x} \pm s$，即均值加减标准差。

二　留守儿童社会适应的单因素方差分析

由上文的分析和因子提取的结果可知，留守儿童与非留守儿童的社会适应水平在各方面都存在一定的差异，从测量指标来看，主要体现在社会交往能力和高效执行能力上，两者的差距在统计学上显著。为探究各因素对农村儿童社会适应水平的影响，并筛选出主要的影响因素，本书首先将根据以往研究和理论分析，从个人、家庭和社会三个维度，对三个社会适应指标的影响因素进行单因素方差分析。

（一）社会交往能力的单因素方差分析

表7-9和表7-10统计了各影响因素对农村儿童社会交往能力的单因素分析结果。从统计数据可以看出，个人因素中，性别在各个样本中都具有统计学意义，表现为女孩的社交能力更强。但在留守儿童中，性别不会对父母单独外出的儿童产生影响。就年龄的角度来看，年龄不会对留守儿童的社会交往能力造成影响，但在所有和非留守儿童样本中，儿童的社交能力会随着年龄的增加而提升。

表7-9 受访儿童社会交往能力的单因素分析

因素			全部儿童 $\bar{x}\pm s$	z/χ^2	留守儿童 $\bar{x}\pm s$	z/χ^2	非留守儿童 $\bar{x}\pm s$	z/χ^2
个人因素	性别	男孩	-0.17±1.08	-5.07***	-0.03±1.00	-2.35**	-0.27±1.12	-4.40***
		女孩	0.18±0.88	(0.000)	0.21±0.82	(0.019)	0.14±0.94	(0.000)
	年龄			16.72**		5.43		14.79**
				(0.019)		(0.607)		(0.039)
家庭因素	父母婚姻状况	在婚	0.06±0.99	0.79	0.23±0.87	0.88	-0.09±1.06	0.83
		不在婚	-0.06±1.05	(0.427)	0.11±0.88	(0.381)	-0.34±1.26	(0.409)
	家庭经济状况	有结余	0.09±0.95	2.16	0.21±0.88	0.11	-0.01±0.99	3.07
		收支平衡	-0.00±1.03	(0.339)	0.22±0.88	(0.948)	-0.20±1.12	(0.216)
		有欠款	0.23±0.86		0.30±0.77		0.14±0.97	
	父亲与孩子的关系程度	亲密	0.07±0.98	-3.82***	0.17±0.90	-2.44**	0.00±1.04	-3.23***
		不亲密	-0.23±1.04	(0.000)	-0.07±0.93	(0.015)	-0.39±1.12	(0.001)
	母亲与孩子的关系程度	亲密	0.07±0.97	-3.97***	0.15±0.90	-1.74*	0.01±1.02	-4.23***
		不亲密	-0.30±1.09	(0.000)	-0.03±0.94	(0.081)	-0.61±1.16	(0.000)
	监护人角色	母亲	0.04±1.05	0.01	0.35±0.90	5.58	-0.14±1.10	1.88
		父亲	0.09±0.88	(0.999)	0.19±0.66	(0.134)	0.05±0.96	(0.597)
		祖辈	0.06±0.96		0.12±0.88		-0.11±1.16	
		其他人	0.03±1.01		0.30±0.78		-0.40±1.38	

第七章 农村儿童社会适应状况及其影响因素分析

续表

因素		全部儿童 x̄±s	全部儿童 z/χ²	留守儿童 x̄±s	留守儿童 z/χ²	非留守儿童 x̄±s	非留守儿童 z/χ²
家庭因素	监护人健康状况 好	0.04±1.03	0.10	0.28±0.87	1.39	−0.16±1.11	−0.96
	差	0.07±0.93	(0.991)	0.15±0.85	(0.163)	−0.01±1.01	(0.336)
	监护人文化程度 小学及以下	−0.02±1.00	3.34	0.12±0.89	4.84*	−0.15±1.08	1.40
	初中	0.12±0.96	(0.188)	0.29±0.82	(0.089)	0.00±1.03	(0.497)
	高中及以上	0.20±1.02		0.58±0.65		−0.08±1.16	
	监护人关心程度 关心	0.06±0.97	−4.05***	0.14±0.89	−2.41**	−0.00±1.03	−3.35***
	不关心	−0.30±1.08	(0.000)	−0.13±1.01	(0.016)	−0.44±1.13	(0.001)
社会因素	同伴关系 亲密	0.16±0.95	−6.23***	0.29±0.82	−5.02***	0.05±1.04	−3.99***
	不亲密	−0.24±1.03	(0.000)	−0.16±0.98	(0.000)	−0.30±1.06	(0.000)
	师生关系 亲密	0.19±0.97	−6.34***	0.25±0.90	−3.41***	0.15±1.03	−5.56***
	不亲密	−0.18±1.00	(0.000)	−0.03±0.92	(0.001)	−0.32±1.05	(0.000)
	是否经常被同学欺负 否	0.19±0.96	4.93***	0.20±0.98	2.72***	0.18±0.95	4.22***
	是	−0.10±1.00	(0.000)	0.04±0.87	(0.007)	−0.22±1.07	(0.000)

注：括号里为P值，*P<0.10，**P<0.05，***P<0.01。

173

表7-10 不同类型留守儿童社会交往能力的单因素分析

因素		父亲外出		母亲外出		父母均外出	
		$\bar{x} \pm s$	z/χ^2	$\bar{x} \pm s$	z/χ^2	$\bar{x} \pm s$	z/χ^2
个人因素	性别 男孩	0.01±0.93	-1.64	-0.14±1.46	-0.08	-0.04±1.00	-1.71*
	女孩	0.23±0.81	(0.101)	0.17±0.75	(0.934)	0.19±0.85	(0.087)
	年龄	5.78		3.79		5.78	
		(0.216)		(0.286)		(0.449)	
家庭因素	父母婚姻状况 在婚	0.25±0.87	-0.41	0.62±0.75	1.41	0.17±0.88	0.66
	不在婚	0.41±0.64	(0.686)	-0.05±0.73	(0.158)	0.05±0.94	(0.507)
	家庭经济状况 有结余	0.18±0.87	1.18	0.37±0.95	0.05	0.23±0.90	0.38
	收支平衡	0.31±0.82	(0.554)	0.56±0.69	(0.828)	0.12±0.92	(0.828)
	有欠款	0.43±0.80				0.24±0.76	
	父亲与孩子的关系程度 亲密	0.22±0.87	-2.08**	0.17±1.10	-1.46	0.13±0.91	-0.90
	不亲密	-0.07±0.84	(0.038)	-0.38±1.18	(0.144)	-0.03±0.97	(0.370)
	母亲与孩子的关系程度 亲密	0.17±0.87	-0.78	0.19±1.28	-1.64	0.13±0.90	-0.91
	不亲密	0.03±0.84	(0.438)	-0.17±0.92	(0.101)	-0.02±1.00	(0.361)
	监护人角色 母亲	0.34±0.85	3.44	0.37±0.57	1.61		5.44
	父亲		(0.328)		(0.657)		(0.142)
	祖辈	-0.01±0.89		0.11±1.00		0.14±0.88	
	其他人	0.01±0.93		1.19±0.00		0.35±0.71	

续表

因素		父亲外出 $\bar{x}\pm s$	父亲外出 z/χ^2	母亲外出 $\bar{x}\pm s$	母亲外出 z/χ^2	父母均外出 $\bar{x}\pm s$	父母均外出 z/χ^2
家庭因素	监护人健康状况 好	0.30±0.88	0.66	0.36±0.90	-0.58	0.27±0.87	1.56
	差	0.20±0.81	(0.510)	0.67±0.59	(0.560)	0.04±0.90	(0.119)
	监护人文化程度 小学及以下	0.13±0.83	3.12	0.95±0.48	2.33	0.04±0.95	4.33
	初中	0.37±0.90	(0.210)	0.13±0.86	(0.312)	0.23±0.75	(0.115)
	高中及以上	0.49±0.79		0.56±0.00		0.67±0.56	
	监护人关心程度 关心	0.17±0.87	-1.52	0.20±0.96	-1.79*	0.11±0.91	-1.39
	不关心	-0.05±0.84	(0.128)	-0.70±1.53	(0.074)	-0.10±1.02	(0.166)
社会因素	同伴关系 亲密	0.24±0.82	-1.36	0.43±0.76	-2.35**	0.32±0.83	-4.84***
	不亲密	0.04±0.90	(0.175)	-0.59±1.33	(0.019)	-0.25±0.97	(0.000)
	师生关系 亲密	0.22±0.91	-1.30	0.44±0.75	-1.45	0.25±0.90	-2.97***
	不亲密	0.07±0.82	(0.195)	-0.16±1.22	(0.148)	-0.07±0.94	(0.003)
	是否经常被同学欺负 否	0.26±0.83	1.63	0.05±1.29	0.21	0.17±1.06	2.32**
	是	0.07±0.88	(0.102)	0.02±1.11	(0.836)	0.19±0.82	(0.020)

注：括号里为P值，*P<0.10，**P<0.05，***P<0.01。

在家庭因素中，父母的婚姻状况和家庭经济状况的影响在各样本中均不具有统计学意义。亲子关系显著影响孩子的社交能力，与父母关系越亲密的儿童具有越强的社交能力，但在留守儿童的子样本中，仅父亲与孩子的关系程度在父亲外出的留守儿童中显著。

监护人的角色和监护人的健康状况均不会对各样本的社会交往能力产生显著影响，但监护人的文化程度则在留守儿童样本中出现了显著差异，表现为监护人的文化水平越高，儿童的社会交往能力则越强。说明在父母缺席的情况下，如果监护人可以进行科学的引导，那么孩子依然可以学会与他人和睦相处。此外，监护人对孩子的关爱程度也在各样本中产生显著影响，越受到监护人关心的儿童社交能力越强，但在留守儿童中仅对母亲外出的儿童显著。

在社会因素中，孩子与同伴和师生间的亲密程度，以及是否经常受到同学欺负对儿童社会交往能力的影响在所有儿童、留守儿童以及非留守儿童样本中具有统计学意义，与他人关系越亲近的儿童社交能力就越强。在不同类型的留守儿童中，同伴关系在母亲外出和父母均外出的留守儿童中显著，师生关系和是否经常被同学欺负仅在父母均外出的留守儿童中显著，说明父母在教育孩子正确处理人际关系上起到了重要作用，但这一点也可以通过学校老师的教导以及和周围同龄人的正确相处得到锻炼和提升。

（二）积极进取能力的单因素方差分析

表7-11和表7-12统计了各因素对受访儿童积极进取能力影响的单因素分析结果。从统计数据可以看出，在个人因素中，性别和年龄在各样本中都不具有统计学意义。

在家庭因素中，父母婚姻状况、家庭经济状况以及孩子与父母间的亲密程度对儿童积极进取能力的影响在各样本中都均不具有统计学意义。

在监护人的各项特征中，监护人的角色、监护人的健康状况和监护人的文化程度均不会对各样本儿童的积极进取能力产生显著影响。监护人的关心程度的影响仅在父亲外出的留守儿童中具有统计学意义。

第七章 农村儿童社会适应状况及其影响因素分析

表7-11 受访儿童积极进取能力的单因素分析

因素		全部儿童		留守儿童		非留守儿童	
		$\bar{x} \pm s$	z/χ^2	$\bar{x} \pm s$	z/χ^2	$\bar{x} \pm s$	z/χ^2
个人因素	性别						
	男孩	0.01±1.04	0.05	-0.04±1.08	-0.22	0.04±1.01	0.13
	女孩	-0.01±0.97	(0.962)	-0.04±1.00	(0.824)	0.02±0.94	(0.896)
	年龄		3.27		9.74		8.18
			(0.859)		(0.204)		(0.317)
家庭因素	父母婚姻状况						
	在婚	-0.08±0.96	-0.35	-0.10±0.98	0.09	-0.07±0.94	-0.77
	不在婚	-0.02±1.07	(0.726)	-0.08±1.13	(0.927)	0.09±0.96	(0.443)
	有结余	-0.06±1.02	0.12	-0.09±1.05	0.07	-0.03±0.98	0.59
	收支平衡	-0.09±0.96	(0.942)	-0.10±1.00	(0.968)	-0.09±0.93	(0.745)
	有欠款	-0.07±0.96		-0.16±0.93		0.03±0.99	
	父亲与孩子的关系程度						
	亲密	0.02±0.99	-1.47	-0.03±1.01	-0.80	0.06±0.97	-1.13
	不亲密	-0.08±1.06	(0.143)	-0.09±1.10	(0.426)	-0.06±1.02	(0.257)
	母亲与孩子的关系程度						
	亲密	-0.01±1.00	0.20	-0.05±1.02	0.44	0.03±0.98	-0.07
	不亲密	0.02±1.04	(0.839)	0.02±1.10	(0.659)	0.03±0.97	(0.943)
	监护人角色						
	母亲	-0.11±0.99	3.06	-0.11±1.07	4.47	-0.11±0.95	1.59
	父亲	-0.01±1.00	(0.383)	-0.11±1.02	(0.215)	0.03±0.99	(0.662)
	祖辈	-0.12±0.97		-0.16±0.97		0.02±0.96	
	其他人	0.12±0.76		0.31±0.64		-0.21±0.88	

177

续表

因素			全部儿童 $\bar{x}\pm s$	全部儿童 z/χ^2	留守儿童 $\bar{x}\pm s$	留守儿童 z/χ^2	非留守儿童 $\bar{x}\pm s$	非留守儿童 z/χ^2
家庭因素	监护人健康状况	好	−0.10±0.95	−0.47	−0.17±0.99	−1.25	−0.04±0.92	0.53
		差	−0.06±1.01	(0.642)	−0.02±1.02	(0.213)	−0.09±1.00	(0.595)
	监护人文化程度	小学及以下	−0.12±1.00	0.31	−0.16±1.02	0.16	−0.08±0.97	0.15
		初中	−0.11±1.01	(0.855)	−0.16±1.07	(0.924)	−0.78±0.97	(0.927)
		高中及以上	−0.07±0.87		−0.13±0.76		−0.03±0.94	
	监护人关心程度	关心	−0.01±1.00	0.99	−0.05±1.03	0.54	0.02±0.99	0.71
		不关心	0.07±1.01	(0.320)	0.03±1.08	(0.516)	0.10±0.94	(0.480)
社会因素	同伴关系	亲密	0.04±1.01	−1.67*	0.01±1.03	−1.24	0.07±0.99	−1.10
		不亲密	−0.06±0.99	(0.094)	−0.11±1.03	(0.214)	−0.03±0.96	(0.270)
	师生关系	亲密	0.06±0.98	−2.21**	0.08±0.99	−2.58***	0.04±0.98	−0.57
		不亲密	−0.06±1.02	(0.027)	−0.14±1.05	(0.009)	0.00±0.98	(0.571)
	是否经常被同学欺负	否	0.02±1.04	0.57	0.02±1.05	1.00	0.02±1.03	−0.06
		是	−0.02±0.99	(0.567)	−0.08±1.02	(0.317)	0.03±0.96	(0.950)

注：括号里为P值，*P<0.10，**P<0.05，***P<0.01。

第七章 农村儿童社会适应状况及其影响因素分析

表7-12 不同类型留守儿童积极进取能力的单因素分析

因素			父亲外出		母亲外出		父母均外出	
			$\bar{x} \pm s$	z/χ^2	$\bar{x} \pm s$	z/χ^2	$\bar{x} \pm s$	z/χ^2
个人因素	性别	男孩	-0.00±1.10	0.13	0.27±1.08	-0.12	-0.10±1.07	-0.28
		女孩	-0.04±0.99	(0.897)	0.29±0.99	(0.905)	-0.08±1.01	(0.778)
	年龄			6.29		1.8177		5.18
				(0.178)		(0.623)		(0.521)
家庭因素	父母婚姻状况	在婚	-0.11±1.02	0.11	0.15±0.95	0.47	-0.11±0.95	0.05
		不在婚	-0.16±1.16	(0.912)	0.10±1.55	(0.638)	-0.08±1.12	(0.962)
	家庭经济状况	有结余	-0.32±1.01	2.62	0.23±1.02	0.24	0.13±1.08	2.59
		收支平衡	-0.00±1.08	(0.270)	0.09±1.07	(0.626)	-0.19±0.92	(0.274)
		有欠款	-0.05±0.64				-0.20±1.04	
	父亲与孩子的关系程度	亲密	-0.03±1.01	-0.14	0.11±0.98	0.95	-0.04±1.01	-1.43
		不亲密	-0.05±1.08	(0.887)	0.51±1.03	(0.341)	-0.21±1.11	(0.152)
	母亲与孩子的关系程度	亲密	-0.06±1.03	1.43	0.30±0.97	-0.06	-0.06±1.01	-0.68
		不亲密	0.27±1.04	(0.153)	0.26±1.10	(0.953)	-0.15±1.11	(0.489)
	监护人角色	母亲	-0.17±1.03	5.14	-0.04±1.02	3.31		3.58
		父亲		(0.162)		(0.346)		(0.310)
		祖辈	0.11±0.90		-0.25±0.74		-0.19±0.99	
		其他人	0.62±0.55		-0.08±0.00		0.19±0.68	

179

续表

因素		父亲外出 $\bar{x} \pm s$	父亲外出 z/χ^2	母亲外出 $\bar{x} \pm s$	母亲外出 z/χ^2	父母均外出 $\bar{x} \pm s$	父母均外出 z/χ^2
家庭因素	监护人健康状况 好	-0.21±1.01	-0.72	0.07±1.15	-0.64	-0.17±0.95	-0.85
	差	-0.05±1.03	(0.470)	0.23±0.91	(0.525)	-0.02±1.04	(0.394)
	监护人文化程度 小学及以下	-0.21±0.96	0.24	0.52±1.40	1.35	-0.18±1.05	0.33
	初中	-0.08±1.21	(0.888)	-0.27±0.70	(0.510)	-0.23±0.97	(0.847)
	高中及以上	-0.08±0.92		-0.76±0.00		-0.12±0.64	
	监护人关心程度 关心	0.35±1.05	-1.96*	0.28±0.97	-0.18	-0.07±1.04	-0.54
	不关心	-0.08±1.02	(0.051)	0.28±1.28	(0.861)	-0.16±1.05	(0.593)
	同伴关系 亲密	-0.00±1.04	-0.56	0.30±0.99	-0.26	-0.001±1.03	-1.17
	不亲密	-0.09±1.02	(0.565)	0.25±1.10	(0.792)	-0.16±1.03	(0.243)
社会因素	师生关系 亲密	0.19±0.94	-3.24***	0.14±1.05	0.49	-0.02±1.02	-0.89
	不亲密	-0.27±1.05	(0.001)	0.35±1.02	(0.627)	-0.12±1.04	(0.374)
	是否经常被同学欺负 否	0.06±1.04	0.86	-0.10±0.79	-0.90	-0.00±1.07	1.16
	是	-0.08±1.03	(0.389)	0.37±1.05	(0.368)	-0.17±1.00	(0.246)

注：括号里为 P 值，*P<0.10，**P<0.05，***P<0.01。

第七章　农村儿童社会适应状况及其影响因素分析

在与同伴的交往中，是否经常被同学欺负的影响并不具有统计学意义。同伴关系在所有儿童中具有显著性，与同伴越亲密的受访儿童积极进取能力越强。在与老师的交往中，师生关系对全部儿童和留守儿童产生显著影响，表现为与孩子的关系越亲密，孩子的积极进取能力越强。这一结果说明，虽然父母给孩子带来的安全感可以增加儿童的好奇心，促进儿童的探索和进取行为，但学龄前儿童的积极进取能力更多的还是在社会交往中进一步形成和发展。参与各类活动、与不同的人相处，可以让孩子通过接收更多元的信息来保持对外界事物的新鲜感和探索欲，进而具备积极的进取心和不断探索的动力。

（三）高效执行能力的单因素方差分析

表7-13和表7-14统计了各影响因素在不同样本中对农村儿童高效执行能力的单因素分析结果。从个人因素的统计数据可以看出，年龄在各样本中并不存在显著性差异，但在母亲单独外出的留守儿童中，孩子的高效执行能力会随着年龄的增加而增加。性别在各样本中都具有统计学意义，表现为女孩的执行能力更强，这与不同性别儿童生长发育的一般规律有关。

在家庭因素中，家庭经济状况的影响在各样本中均不具有统计学意义。父母婚姻状况的影响在非留守儿童和父亲外出的留守儿童中具有显著差异。父母在婚的非留守儿童和父亲外出的留守儿童执行力都会更强。亲子关系显著影响孩子的执行能力，与父母关系越亲密的儿童具有越强的执行能力，但在留守儿童中，这一影响仅在父亲外出和父母均外出的留守儿童样本中显著。

监护人的角色和监护人的健康状况均不会对各样本的高效执行能力产生显著影响，但监护人文化程度的影响差异则在全部儿童和留守儿童样本中呈现出统计学意义，表现为监护人的文化水平越高，儿童的高效执行能力则越强，但这一差异仅在父母均外出的留守儿童中具有统计学意义。监护人的关心程度在各样本中均具有统计学意义，越受到监护人关心的受访儿童执行能力越强。在留守儿童的子样本中，这一因素仅对父母均外出的留守儿童有显著影响。

表7-13 受访儿童高效执行能力的单因素分析

因素			全部儿童 $\bar{x}\pm s$	z/χ^2	留守儿童 $\bar{x}\pm s$	z/χ^2	非留守儿童 $\bar{x}\pm s$	z/χ^2
个人因素	性别	男孩	-0.11±1.10	-2.88***	-0.03±0.99	-1.82*	-0.17±1.16	-2.03**
		女孩	0.11±0.89	(0.004)	0.16±0.88	(0.069)	0.06±0.89	(0.043)
	年龄		5.94		7.67		8.63	
			(0.546)		(0.264)		(0.281)	
家庭因素	父母婚姻状况	在婚	0.01±1.01	1.47	0.13±0.90	0.66	-0.09±1.09	2.02**
		不在婚	-0.17±1.02	(0.142)	0.03±0.92	(0.513)	-0.53±1.11	(0.043)
	家庭经济状况	有结余	0.03±0.93	0.65	0.11±0.92	0.04	-0.04±0.94	1.16
		收支平衡	0.01±1.05	(0.722)	0.14±0.86	(0.982)	-0.11±1.18	(0.561)
		有欠款	0.00±0.90		0.15±0.89		-0.17±0.90	
	父亲与孩子的关系程度	亲密	0.09±0.97	-5.57***	0.17±0.88	-3.00***	0.03±1.03	-5.07***
		不亲密	-0.29±1.00	(0.000)	-0.16±1.01	(0.003)	-0.44±0.98	(0.000)
	母亲与孩子的关系程度	亲密	0.06±0.99	-4.50***	0.13±0.92	-2.37**	0.01±1.04	-4.18***
		不亲密	-0.28±1.00	(0.000)	-0.10±0.94	(0.018)	-0.48±1.04	(0.000)
	监护人角色	母亲	-0.01±1.05	0.24	0.24±0.86	5.54	-0.15±1.12	1.82
		父亲	0.03±0.91	(0.970)	0.20±0.75	(0.136)	-0.04±0.97	(0.610)
		祖辈	0.01±0.99		-0.02±0.97		0.09±1.06	
		其他人	0.05±1.04		0.30±0.61		-0.33±1.45	

第七章　农村儿童社会适应状况及其影响因素分析

续表

因素			全部儿童 x̄±s	全部儿童 z/χ²	留守儿童 x̄±s	留守儿童 z/χ²	非留守儿童 x̄±s	非留守儿童 z/χ²
家庭因素	监护人健康状况	好	-0.01±1.01	-0.44 (0.664)	0.13±0.80	-0.56 (0.574)	-0.13±1.14	-0.07 (0.947)
		差	0.04±0.99		0.12±1.00		-0.04±0.98	
	监护人文化程度	小学及以下	-0.09±0.99	7.92** (0.019)	-0.02±0.87	10.00*** (0.007)	-0.15±1.08	1.98 (0.371)
		初中	0.02±1.07		0.30±0.88		-0.15±1.14	
		高中及以上	0.25±0.96		0.45±0.79		0.10±1.06	
	监护人关心程度	关心	0.06±0.97	-3.99*** (0.000)	0.13±0.87	-2.31** (0.021)	-0.01±1.05	-3.18*** (0.002)
		不关心	-0.27±1.07		-0.22±1.18		-0.31±0.98	
社会因素	同伴关系	亲密	0.11±0.96	-4.37*** (0.000)	0.22±0.85	-3.33*** (0.001)	0.03±1.04	-2.90*** (0.004)
		不亲密	-0.17±1.03		-0.12±1.02		-0.22±1.04	
	师生关系	亲密	0.15±0.97	-5.15*** (0.000)	0.21±0.94	-3.51*** (0.000)	0.10±1.03	-3.90*** (0.000)
		不亲密	-0.14±0.99		-0.04±0.92		-0.22±1.05	
	是否经常被同学欺负	否	0.20±0.94	5.18*** (0.000)	0.23±0.97	3.67*** (0.000)	0.18±0.91	3.73*** (0.000)
		是	-0.11±1.01		-0.02±0.90		-0.19±1.09	

注：括号里为 P 值，*P<0.10，**P<0.05，***P<0.01。

表7-14 不同类型留守儿童高效执行能力的单因素分析

因素			父亲外出 $\bar{x}\pm s$	父亲外出 z/χ^2	母亲外出 $\bar{x}\pm s$	母亲外出 z/χ^2	父母均外出 $\bar{x}\pm s$	父母均外出 z/χ^2
个人因素	性别	男孩	0.08±0.91	-0.76	-0.21±1.31	-0.25	-0.07±1.00	-1.46
		女孩	0.20±0.86	(0.447)	0.08±0.69	(0.803)	0.14±0.93	(0.144)
	年龄			7.36 (0.118)		7.76* (0.051)		5.86 (0.320)
家庭因素	父母婚姻状况	在婚	0.69±0.60	1.90*	0.31±0.63	0.61	0.06±0.96	1.27
		不在婚	0.18±0.83	(0.058)	0.02±0.76	(0.545)	-0.14±0.94	(0.203)
	家庭经济状况	有结余	0.15±0.82	1.473	0.30±0.85	0.01	0.04±1.05	0.33
		收支平衡	0.35±0.75	(0.479)	0.23±0.53	(0.914)	-0.00±0.93	(0.849)
		有欠款	0.30±0.70				0.10±0.96	
	父亲与孩子的关系程度	亲密	0.25±0.84	-2.15**	-0.16±1.15	0.21	0.14±0.88	-2.36**
		不亲密	-0.09±0.92	(0.031)	0.08±0.68	(0.832)	-0.25±1.10	(0.019)
	母亲与孩子的关系程度	亲密	0.13±0.90	0.71	0.10±1.24	-1.71	0.13±0.92	-2.32**
		不亲密	0.29±0.73	(0.477)	-0.24±0.70	(0.377)	-0.21±1.03	(0.020)
	监护人角色	母亲	0.25±0.86	2.07	-0.04±0.52	1.43		6.32
		父亲		(0.558)		(0.699)		(0.097)
		祖辈	0.00±0.79		0.24±0.74		-0.03±1.00	
		其他人	0.25±0.28		0.27±0.00		0.32±0.75	

续表

因素			父亲外出 $\bar{x} \pm s$	父亲外出 z/χ^2	母亲外出 $\bar{x} \pm s$	母亲外出 z/χ^2	父母均外出 $\bar{x} \pm s$	父母均外出 z/χ^2
家庭因素	监护人健康状况	好	0.13±0.77	-1.91	0.14±0.74	-0.90	0.13±0.84	1.14
		差	0.38±0.84	(0.056)	0.40±0.51	(0.368)	-0.12±1.11	(0.254)
	监护人文化程度	小学及以下	0.19±0.74	1.48	0.25±0.89	0.11	-0.23±0.95	13.48***
		初中	0.33±0.91	(0.477)	0.31±0.72	(0.947)	0.27±0.89	(0.001)
		高中及以上	0.11±1.02		0.31±0.00		0.74±0.47	
	监护人关心程度	关心	0.18±0.87	-0.92	0.10±0.78	-1.31	0.10±0.89	-1.79*
		不关心	-0.05±0.98	(0.356)	-0.86±1.72	(0.191)	-0.24±1.20	(0.074)
社会因素	同伴关系	亲密	0.19±0.91	-0.50	0.16±0.77	-1.19	0.24±0.81	-3.63***
		不亲密	0.12±0.83	(0.619)	-0.39±1.27	(0.236)	-0.25±1.09	(0.000)
	师生关系	亲密	0.24±0.95	-1.93*	0.30±0.81	-1.36	0.18±0.96	-2.54**
		不亲密	0.07±0.79	(0.053)	-0.24±1.09	(0.173)	-0.08±0.97	(0.011)
	是否经常被同学欺负	否	0.30±0.85	2.04**	0.28±0.85	0.84	0.18±1.06	2.88***
		是	0.06±0.89	(0.041)	-0.12±1.05	(0.404)	-0.07±0.88	(0.004)

注：括号里为 P 值，* $P<0.10$，* * $P<0.05$，* * * $P<0.01$。

在社会因素中，同伴关系和师生关系都会对各样本农村儿童的高效执行能力产生显著影响，与同伴及老师关系越亲近的儿童具有更好的执行能力。但在留守儿童当中，同伴关系的强弱仅在父母均外出的儿童中产生显著影响，师生关系在父亲外出和父母均外出的留守儿童中显著。此外，是否经常被同学欺负在各样本中均具有统计学意义，与同学交往越和谐的儿童执行能力越强，但这一影响在仅母亲外出的留守儿童中不具有显著性。

三　留守儿童社会适应的多元回归分析

本书选择多元线性回归模型对受访儿童的社会适应水平进行影响因素的回归分析。首先根据单因素回归的统计结果，分别筛选出对受访儿童社会适应三个维度产生显著影响的变量，再按照个人和家庭状况、监护人特征、社会因素三个层次依次纳入回归模型。同样的，由于不同类型的儿童受周围因素影响的程度可能存在差异，因此模型Ⅰ、模型Ⅱ和模型Ⅲ是在留守儿童和非留守儿童间进行的对比，模型Ⅳ则将留守儿童细分为父母一方外出和父母均外出，以便进一步分析不同因素对留守儿童社会适应水平的影响。需要说明的是：第一，由于母亲单独外出的样本量较少，为保证回归结果的有效性，在回归中本书将父亲单独外出和母亲单独外出统一合并为了父母一方外出；第二，由单因素分析可知，各因素对受访儿童积极进取能力的影响仅有同伴关系和师生关系具有统计学意义，因此在这一部分将不单独对积极进取能力进行回归分析。具体的回归结果如表7-15和表7-16所示。

（一）社会交往能力的多元回归分析

表7-15显示了各因素对受访儿童社会交往能力的影响结果。模型Ⅰ主要控制了儿童的个人因素和家庭特征。从回归结果可以看出，在只考虑个人和家庭因素的情况下，性别在两类儿童中均呈现出显著性，女孩的社会交往能力普遍比男生更好，这与男女性大脑结构的差异以及发育的快慢有关。年龄只对非留守儿童的社会交往能力具有显著影响，年

第七章 农村儿童社会适应状况及其影响因素分析

表7-15 受访儿童社会交往能力的多元回归分析

变量		模型Ⅰ 留守	模型Ⅰ 非留守	模型Ⅱ 留守	模型Ⅱ 非留守	模型Ⅲ 留守	模型Ⅲ 非留守	模型Ⅳ 父母一方外出	模型Ⅳ 父母均外出
个人因素	性别（参照组=男孩）	0.270***(3.16)	0.374***(4.20)	0.076(0.62)	0.346**(2.56)	0.088(0.73)	0.339***(2.59)	0.346***(3.29)	0.010(0.05)
	年龄	-0.060(-0.86)	0.161**(2.25)	-0.086(-0.79)	0.164(1.45)	-0.051(-0.48)	0.105(0.96)	0.184**(2.04)	-0.341**(-2.21)
家庭因素	与父亲的关系（参照组=不亲密）	0.200*(1.86)	0.089(0.73)	0.167(1.10)	-0.018(-0.10)	0.089(0.59)	-0.077(-0.43)	-0.059(-0.43)	-0.015(-0.06)
	与母亲的关系（参照组=不亲密）	0.095*(0.79)	0.509***(3.51)	0.023(0.12)	0.712***(3.20)	-0.058(-0.32)	0.626***(2.93)	0.432**(2.49)	0.104(0.38)
监护人特征	监护人文化程度（参照组=小学及以下）			0.153(1.60)	0.087(0.89)	0.134(1.42)	0.047(0.50)	0.056(0.71)	0.216(1.54)
	监护人关心程度（参照组=不关心）			0.027(0.13)	0.267(1.39)	-0.022(-0.11)	0.090(0.48)	0.106(0.68)	-0.167(-0.53)
社会因素	同伴关系（参照组=不亲密）					0.216*(1.67)	0.184(1.32)	0.155(1.37)	0.068(0.34)
	师生关系（参照组=不亲密）					0.345***(2.71)	0.337**(2.42)	0.351***(3.16)	0.535**(2.62)
	是否经常被同学欺负（参照组=否）					-0.183(0.31)	-0.406***(-3.02)	-0.319***(-2.94)	-0.387*(-1.87)

注：＊P<0.10，＊＊P<0.05，＊＊＊P<0.01。

187

龄越大社会交往能力越强，这也是符合正常家庭儿童的生长规律的。亲子关系显著影响受访儿童的社交能力。与父母关系越亲密的留守儿童越会处理人际关系，但与父亲关系的好坏并不会使非留守儿童的社交能力出现明显差异。

模型Ⅱ在模型Ⅰ的基础上引入了监护人的文化程度和监护人对被监护儿童的关心程度。在加入这两个变量之后，性别和亲子关系对留守儿童社交能力的影响变得不再显著，但性别和与母亲的亲密关系对非留守儿童的影响依然存在。监护人的文化程度和监护人关心程度的影响并不具有统计学意义。

模型Ⅲ中加入了受访儿童与同伴和老师间关系的变量。在考虑这一层次的因素后可以看到，性别和与母亲之间的关系依然显著影响非留守儿童的社交能力。除此之外，师生关系和是否经常被欺负对非留守儿童的社会交往能力也是十分重要的影响因素。而对留守儿童来说，对社会交往能力起主要作用的因素是同伴关系和师生关系，与同伴和老师间的关系越亲密，留守儿童处理人际问题的能力也就越强。

模型Ⅳ对不同类型的留守儿童进行了对比，回归结果反映出两者存在较大的区别。在父母一方外出的情况下，除师生关系和是否经常被同学欺负外，留守儿童的社会交往能力在不同的性别和年龄间也存在明显差别。同时，与母亲之间的亲密关系也可以显著提高留守儿童处理人际关系的能力，体现出母亲在儿童社会化中的重要作用。但对于父母均外出的留守儿童来说，与父母较少的交流使亲子关系并不会对其社交能力造成太大影响，相反与孩子沟通相对更多的老师则起到了更加重要的教导作用。

从以上分析可以看出，在儿童社会化的过程中，除了家长的科学教育和正确引导外，儿童的社交能力更多的是在与他人的相处过程中逐步形成的，因此与他人保持良好的关系是提高社交能力的关键。对于非留守儿童来说，性别和年龄的差异是符合儿童性格的生长规律的，此时首先需要家长，尤其是母亲对孩子进行适当的引导，然后再由学校中的同学和老师帮助孩子通过实践来进一步掌握与人交往和相处的技巧。对于留守儿童来说，在父母因距离的限制而无法教导孩子正确处理人际关系的情况下，老师将在儿童社会化中起到更大的作用。因此，加强老师对留守儿童的关爱，及时解决留守儿童与他人相处过程中的问题，对提高留守儿童的社交能力来说十分重要。

（二）高效执行能力的多元回归分析

表7-16显示了各因素对儿童高效执行能力的影响结果。模型Ⅰ主要控制了儿童的个人因素和家庭特征。从统计结果可以看出，影响非留守儿童高效执行能力的主要因素是与母亲的亲密程度，而留守儿童的高效执行能力只在性别间产生明显差异，与男孩相比，女孩子的专注力和执行力更强。儿童年龄、父母的婚姻状况和与父母间的亲子关系均不具有显著性。

从模型Ⅱ的回归结果可以看到，在模型Ⅰ的基础上加入监护人的特征之后，母子关系对非留守儿童的影响并未发生变化，但性别对留守儿童的影响变得不再显著，监护人的文化程度成了影响留守儿童执行力水平的主要因素。拥有更高文化水平的监护人可以教导出具有更好的执行能力的留守儿童。

模型Ⅲ在模型Ⅱ的基础上综合考虑了受访儿童与同伴和老师间关系的变量。从统计结果可以看到，监护人的文化水平对留守儿童执行力的影响依然存在且变化不大，此外，师生关系和是否经常被同学欺负也呈现出显著性。数据显示，师生关系越亲密，越不经常受到欺负的受访儿童拥有越高效的执行能力，证明了社会环境对儿童健康发展的重要性。

模型Ⅳ对比了父母一方外出和父母双方均外出的留守儿童受各方面因素的影响。在父母一方外出的情况下，父母的婚姻状况开始呈现出显著性，同时师生关系对留守儿童执行力的影响有所加强。而当父母均外出时，监护人的文化程度和是否经常受同学欺负成为影响留守儿童高效执行能力的主要因素，且相对于所有留守儿童来说，其影响的程度也出现了极大的提升。

表7-16 受访儿童高效执行能力的多元回归分析

变量		模型Ⅰ 留守	模型Ⅰ 非留守	模型Ⅱ 留守	模型Ⅱ 非留守	模型Ⅲ 留守	模型Ⅲ 非留守	模型Ⅳ 父母一方外出	模型Ⅳ 父母均外出
个人因素	性别（参照组=男孩）	0.209*(1.85)	0.116(0.87)	0.123(0.95)	0.144(0.97)	0.130(1.04)	0.157(1.07)	0.116(0.67)	-0.065(-0.36)
	年龄	0.007(0.07)	0.059(0.55)	0.015(0.13)	0.062(0.51)	0.049(045)	0.014(0.11)	0.251(1.63)	-0.183(-1.22)
家庭因素	父母婚姻状况（参照组=在婚）	0.097(0.58)	-0.281(-1.07)	0.207(1.08)	-0.193(-0.59)	0.181(0.99)	-0.246(-0.76)	0.626*(1.87)	0.170(0.75)
	与父亲的关系（参照组=不亲密）	0.133(0.96)	0.120(0.64)	0.131(0.83)	0.203(0.96)	0.006(0.04)	0.186(0.88)	0.221(1.07)	-0.160(-0.69)
	与母亲的关系（参照组=不亲密）	0.156(0.96)	0.609***(2.76)	0.044(0.23)	0.442*(1.74)	-0.043(-0.23)	0.342(1.37)	-0.288(-1.08)	0.048(0.18)
监护人特征	监护人文化程度（参照组=小学及以下）			0.197*(1.93)	0.109(1.00)	0.193*(1.97)	0.064(0.60)	0.010(0.07)	0.400***(3.00)
	监护人关心程度（参照组=不关心）			-0.026(-0.12)	0.224(1.08)	-0.110(-0.52)	0.069(0.34)	-0.210(-0.70)	-0.010(-0.04)
社会因素	同伴关系（参照组=不亲密）					0.200(1.49)	0.257(1.64)	0.221(1.19)	0.270(1.36)
	师生关系（参照组=不亲密）					0.304**(2.28)	0.173(1.13)	0.388**(2.14)	0.197(1.02)
	是否经常被同学欺负（参照组=否）					-0.374***(-2.80)	-0.383**(-2.53)	-0.133(-0.76)	-0.698***(-3.54)

注：**P<0.10，**P<0.05，***P<0.01。

从前文的分析和回归结果可以看出，留守儿童的专注力和执行力是高于非留守儿童的，但这一能力仍然会因为监护人的文化水平、师生关系和与朋友的相处情况而产生变化。对于留守儿童来说，社会环境的影响程度是高于家庭环境的。而对于非留守儿童来说，家庭监护和社会支持同样重要。总的来说，心理弹性的提升有利于儿童更加积极地面对生活中的问题和困难，因此，可以通过监护人合理的引导、老师科学的教育，以及对儿童社交关系的正确处理来使儿童的高效执行能力得到进一步的提升。

本章小结

本章主要对受访儿童在社会适应方面的基本情况及其影响因素进行了详细的描述与分析。首先对本章的研究假设与研究设计进行了简要的说明。在理论研究和文献结论的基础上，本章针对农村儿童的社会适应问题提出了五点基本假设。同时根据本研究对社会适应的定义，并参考相关量表对儿童社会适应性水平的项目划分，选取了"社会交往能力"、"积极进取能力"和"高效执行能力"三个分量表对受访儿童在人际交往、学习适应、个性素质和意志品格几个方面的问题进行测量。

其次，为了解农村儿童社会适应水平的基本情况，本章对留守儿童与非留守儿童在社会适应性三个维度上的具体情况进行了详细的对比。研究发现如下几点。第一，在社会交往能力上，留守儿童更加懂得应该如何处理人际关系，可以充分考虑他人的感受并合理控制自己的情绪，但同时不会过多的与他人交流，在社会交往中表现出相对被动和内向的特点，这种矛盾在一定程度上体现出了留守儿童的社交障碍。非留守儿童虽然社交能力的自评分数低于留守儿童，但日常交往表现得更加积极和主动。第二，在积极进取能力上，非留守儿童对新鲜事物表现出了更加强烈的冒险精神和探索欲望，而这些事物对于留守儿童的吸引力却明显不如非留守儿童，尤其是在父亲外出和父母均外出的情况下，体现出了父母的支撑和保护对提高儿童好奇心和探索精神的重要性。第三,在高效执行能力上,留守儿童表现出了比非留守儿童更好的专注力和执行力,在日常生活中更有主见,在学习中也保持更高的兴趣。这一现象说明逆境可以在一定程度上提升儿童的心理弹性,使其在父母外出的情况下快速成长,并且在母亲的陪伴下,儿童的执行力会得到更好的提升。

最后,在保证可行性的前提下,本章对反映受访儿童社会适应水平的各组指标进行了因子分析,并将提取出来的公因子作为回归模型的因变量。通过单因素和回归分析可以看到几点。第一,在社会交往能力方面,受访儿童的社会交往能力在不同年龄间存在明显差别;女孩的社会交往能力普遍比男生更好;与母亲间的亲密关系是影响受访儿童社交的重要因素;在父母均外出的情况下,同伴和老师将发挥更加突出的作用。第二,在积极进取能力方面,父母和监护人的影响相对较小,对受访儿童起主要作用的是学校老师和同龄人。孩子与他们的关系越亲近、相处越融洽,就越会拥有冒险精神,以及积极探索新鲜事物的热情。第三,在高效执行能力方面,儿童的专注力和执行力水平主要受监护人的文化程度、师生关系和是否经常被同学欺负的影响。由于监护人和老师是儿童教育的主要承担者,因此有一定文化水平的监护人可以更好地培养儿童专注和独立的品格,同时老师也应给予留守儿童更多的关心,尽量保护其不受周围同学的伤害,让孩子们在相互的学习和鼓励中树立明确的目标,激励他们不断前进,从而有效促进儿童社会化的良性发展。

第八章 研究结论与政策建议

由前文的分析可知，受访儿童的健康水平在三个维度上都存在一定的提升空间。总的来说，留守儿童的健康水平总体上是低于非留守儿童的，但两类儿童在身体健康、心理健康和社会适应方面的差异和程度均有所不同，同时这些指标还会因个人特征、家庭因素和社会因素的不同而产生明显的差异。由此可见，农村儿童的发展是在与环境的相互作用中形成的，从个体差异、家庭结构到直接围绕在儿童周围的人，再到各类社会性的环境因素，都会对农村儿童的健康发展造成影响。因此，明确农村儿童健康的主要问题，把握对农村儿童健康造成主要影响的关键因素，是有针对性地提出政策建议，有效提高农村儿童健康水平的重要途径。

第一节 主要研究结论

本书基于我国农村儿童问题的基本现状，结合文献研究及理论分析的启示，在社会转型和城市化高速发展的背景下，结合人口大规模流动的客观事实，探讨了四川省J县农村儿童的多维健康问题，试图研究受访儿童在身体健康、心理健康和社会适应性水平方面存在的问题，以及主要的影响因素有哪些。本书的主要目的，既是为了探究农村儿童在身体、心理和社会适应方面存在的突出问题，为青少年创造一个健康的成长环境，也是为了在人口流动时代，通过一定的方法来避免家庭的矛盾，保证社会的稳定和未来经济的可持续发展，具有较大的现实意义。经过分析，本书的研究结论如下。

一　农村儿童的健康状况

（一）受访儿童身体健康状况存在一定问题，不同类别的农村儿童无明显差异

整体上看，受访儿童的身体健康状况整体处于中等偏下的水平。与我国2—18岁男童和女童身高体重的平均水平相比存在一定的差距，受访儿童的发育水平更低，这一点从年龄别身高Z评分的计算结果也可以得到证实。虽然身体质量指数BMI显示有极少一部分儿童存在超重和肥胖的问题，但从HAZ评分的统计结果可以看到，受访儿童普遍存在一定的营养问题，且低于正常标准的儿童比例达到了一半以上，营养不良的比重也在20%左右。从两类儿童的对比可以看到，留守儿童的身体健康状况与非留守儿童相比并不存在太大的差异。在生长发育状况方面，留守儿童的身高和体重总体呈现出比非留守儿童更高的情况，且BMI指数显示留守儿童体重超标的情况也相对更多。但年龄别身高Z评分结果反映，总体上留守儿童出现营养不良的情况略多。在不同类别的留守儿童中，母亲外出时留守儿童的发育状况相对最低，说明儿童的成长和发育与母亲照料高度相关。这点与其他的研究结果一致，刘靖在通过对中国营养与健康调查（CHNS）的数据进行分析后发现，母亲外出就业时间的增加与孩子的身体健康之间存在显著的负相关关系，因此母亲外出的负面影响是难以通过母亲个人收入提高的正向作用来抵消的[1]。

健康水平相关问题的统计结果显示，在健康状况的自我评价上，调查儿童认为自己的健康水平整体较好，体力状况也大多处于平均以上水平。近视的发生率不到30%，远低于全国平均水平。并且，这几项统计在留守儿童和非留守儿童间不存在较大差异。尽管如此，仍有一部分儿

---

[1] 刘靖：《非农就业、母亲照料与儿童健康——来自中国乡村的证据》，《经济研究》2008年第9期。

童出现过吃不饱饭,甚至因饥饿无法集中注意力听课的情况,其中非留守儿童有时或经常吃不饱饭的频率甚至比留守儿童高,这可能是由父母外出打工对留守儿童的补偿所带来的正向结果。这一结论在以往研究中也得到了证实,由于父母汇款所带来的家庭经济条件的提升可以转化为家庭成员的健康和福祉,因此子女在健康水平和营养状况上会得到更好的发展[1]。

在患病情况方面,整体上看受访儿童因病就医的频率并不算太高,平均一年不到两次。但受访儿童患各种常见病、出现各种磕碰的次数相对较多,部分疾病或磕碰平均一个月内会出现一到两次。就两类儿童的对比来看,二者差距较为明显。留守儿童一年内的平均就诊次数明显高于非留守儿童。具体来看,感冒、发烧、咽喉疼痛,肚子痛,拉肚子,摔伤、扭伤和磕碰是最常出现的几类症状,发生率和发生次数均处于较高水平,尤其是在母亲外出的情况下,留守儿童患各类疾病的概率和因病就诊的次数都有明显的增加,但同时其他监护人在儿童患病时带孩子就医的概率却是最低的。李钟帅对中国营养与健康调查(CHNS)的数据进行研究后发现,由于母亲直接决定了儿童的营养摄入和个人卫生,因此母亲外出会使学龄儿童的患病风险显著增加,反映了母亲在儿童照料上的重要性。

(二) 受访儿童心理健康状况处于一般水平,其中留守儿童相对更差

通过研究可以发现,受访儿童的心理健康状况处于中等水平,整体在情绪上不存在太多压抑和烦恼,但也并没有表现得特别活泼或情绪十分稳定。就不同类型儿童的对比来看,父母外出会对儿童的心理健康造成一定的负面影响。总体上留守儿童的心理健康水平是低于非留守儿童的,且两者的差异主要体现在孤独感受上。

在自我认同方面,虽然只有接近四成的受访儿童对目前的生活表示

---

[1] Carletto, C., Covarrubias, K., Maluccio, J. A., "Migration and Child Growth in Rural Guatemala", *Food Policy*, Vol. 36, No. 1, 2011, pp. 16-27.

满意，但大部分儿童都十分乐观和自信，对未来都是充满了一定期待的。以往研究表明，留守儿童的生活满意度和主观幸福感都会因父母的外出而显著降低，且母亲外出的留守儿童最为明显[1]。而就本书的研究结果来看，留守儿童与非留守儿童的整体差距并不明显。留守儿童的生活满意度更低，自豪感和对未来的期待值也比非留守儿童更差。但就自信程度而言，留守儿童的态度仍然十分乐观，大部分留守儿童在自我评价中都没有表现出自信心缺乏的问题。但在母亲单独外出的情况下，留守儿童的自我认同感则会出现明显的降低。

在孤独感受方面，由于学龄期儿童与同龄人在一起的时间较长，因此受访儿童日常生活中出现孤独情绪的概率并不高。但在这一维度，留守儿童的孤独感得分总体上是比非留守儿童高的，且这一差距在统计学上显著。说明父母外出会使留守儿童因情感需求得不到满足而出现明显的孤独感受和自卑情绪，且这种现象在母亲外出的情况下最为突出。这一结论与其他地区的研究结果一致，根据河北省农村地区6所学校3—6年级1345名小学生的孤独感评分，留守儿童的孤独感明显高于非留守儿童，同时母亲外出的留守儿童在孤独方面的得分显著高于父亲外出的留守儿童[2]，体现出了母亲陪伴在稳定儿童情绪，降低儿童孤独感上的重要作用。

在抑郁情绪方面，受自身成长阶段特点的影响，青春期儿童在面临社交和学业压力时难免会出现普遍的烦躁情绪，因此受访儿童大多都会在外貌、学业、社交等方面出现一定的焦虑和抑郁。一般来说，这种情绪可以在父母、长辈或老师的帮助下得到有效释放，但如果家长不在身边，那么这种情绪势必会因为父母的缺席而加重。统计结果也显示，留守儿童更容易出现做错事的挫败感、消极情绪和对自我的否定。这一结论同样得到了其他研究的印证，就山东省农村地区1773名儿童的调查结

---

[1] 刘筱、周春燕、黄海等：《不同类型留守儿童生活满意度及主观幸福感的差异比较》，《中国健康心理学杂志》2017年第12期。

[2] 袁博成、金春玉、杨绍清：《农村不同类型留守儿童的孤独感与社交焦虑》，《中国健康心理学杂志》2014年第10期。

果来看，亲子关系的缺失会使儿童感到一种分离焦虑，从而使孩子在面对生活中的消极事件时更易出现焦虑①。其中母亲外出的留守儿童在整体上表现出了更强烈的负面情绪，说明母亲外出的情况下，留守儿童将在一定程度上失去学习正确处理问题和排解焦虑的方法，从而出现更多的抑郁情绪。

（三）受访儿童社会适应性水平较好，且留守儿童更加突出

研究发现，整体上受访儿童的社会适应性处于中等偏上的水平。他们大多已经通过在学校中的锻炼和实践学会了与他人交往的正确方式，也能够比较专注地完成学习或家务。与此同时，这一维度的研究结果与大多数研究不同。本书经研究发现，父母外出会使留守儿童的社会适应水平在社会交往能力上出现一定程度的下降，积极进取能力在两类儿童间也存在一定差异，但留守儿童的高效执行能力却得到了显著的提升。

在社会交往能力方面，受访儿童与陌生人或不熟悉的人交流的主动性较低，但与他人相处普遍很和睦，较少产生冲突，但两类儿童仍然存在一定差异。宋月萍通过对中国教育追踪调查（CEPS）的数据进行分析后发现，留守儿童的日常班级融入表现更差，更不易适应学校环境②，而本书中留守儿童的社会交往能力也存在一定的障碍。虽然在社会交往的自我评价中留守儿童呈现出了更好的处理社会关系的能力，会更加在意他人的感受和反馈，因此也会更好地控制情绪，避免与他人发生争执。但从实际的践行结果来看，留守儿童与他人交流的程度都明显低于非留守儿童，体现出留守儿童在人际交往中缺乏安全感以及小心谨慎的心理。此外，对比不同类型的留守儿童可以发现，母亲外出的留守儿童社交能力是最差的，说明母亲陪伴在儿童社会化中起到了十分重要的作用。

在积极进取能力方面，可能是受到社会环境发展的限制，受访儿童的探索欲和冒险精神还有待进一步提升。此外，无论是冒险事物对受访

---

① 袭开国：《农村留守儿童焦虑现状及其个体差异》，《中国健康心理学杂志》2008年第4期。
② 宋月萍：《父母流动对农村大龄留守儿童在校行为的影响——来自中国教育追踪调查的证据》，《人口研究》2018年第5期。

儿童的吸引程度，还是受访儿童的探险倾向和对新事物的尝试，非留守儿童均表现出更强烈的冒险精神和探索热情，而留守儿童的积极进取精神则相对更弱。说明父母的陪伴可以通过提高儿童的安全感来促进儿童的探索行为，提高儿童的好奇心，其中父亲的作用相对于母亲而言是更加突出的。以往研究表明，父亲角色的缺失可能会使孩子出现缺乏勇气和不坚强的特点，经常得到父亲陪伴和玩耍的儿童往往更加开朗并且具有进取和冒险精神[1]，证明了父亲在儿童的性格培养上同样具有十分重要的作用。

在高效执行能力方面，受访儿童的处事能力和精神专注程度都处于较好水平，并且留守儿童与非留守儿童的差异还出现了与其他维度相反的结果。与非留守儿童相比，留守儿童表现出了更优异的高效执行能力，在日常生活中更加独立有主见，且拥有更好的专注力和执行力，因此他们对学习新东西也保持了更高的兴趣。类似的结论也在大型调查的数据研究中也得到了证实，同雪莉采用中国教育追踪调查（CEPS）的数据对农村留守儿童抗逆力的形成进行了分析，研究发现，当环境中的保护资源对留守儿童提供充足的支持时，儿童的抗逆力就可以得到生成和发展，从而提高儿童的自控力和自我效能。由此可见，充足的环境支持可以在一定程度上提升留守儿童的心理弹性，使其在成长环境不利的情况下，选择更加积极的生活目标，并更好地适应环境压力。

（四）健康水平总结

以往研究表明，农村地区儿童的健康状况会因为经济社会发展的落后而出现较多问题，并且这些问题会因为家庭结构的缺失而进一步地下降。但经本文研究发现，受访儿童的健康状况虽然存在一定问题，但在部分维度的表现却较为正常，甚至有少部分儿童的表现是较为优秀的。同时，父母外出对儿童健康状况的影响也并不是完全负面的，而是会在不同的维度中呈现出不同的结果。总体来看，留守儿童健康水平的综合评价得分略低

---

[1] 李璇：《家庭教育中父亲"角色缺失"现状及问题研究——以贵州省清镇市为例》，硕士毕业论文，贵州大学，2016年。

于非留守儿童，其中母亲外出的留守儿童健康水平相对最低，但这一差异在两类儿童间并不具有统计学意义。而就不同的健康维度来看，与非留守儿童相比，虽然留守儿童的健康水平在各维度都存在一定的差距，但他们在社会适应水平中的执行能力上却表现出了更高效的水平。

总的来说，在身体健康方面，受访儿童的生长发育状况虽然低于全国平均水平，且患儿童常见病的频率较高，但受地方经济发展水平和社会大环境的影响，受访儿童并没有出现较为严重的疾病和营养不良；在心理健康方面，受访儿童的心理状况并没有表现出明显的消极与抑郁，留守儿童的健康问题主要体现在心理方面，因情感需求得不到满足而产生的孤独感和自卑感是留守儿童较为突出的表现；在社会适应性方面，受访儿童的适应性普遍较好，虽然留守儿童的社会交往能力明显低于非留守儿童，积极进取能力也有一定下降，但留守儿童的高效执行能力却因父母的外出得到了显著的提升。

由此可见，在城镇化和工业化高速发展的今天，普通发展水平的城镇和乡村地区儿童生长发育状况基本良好，普遍不会出现因过于贫困而缺乏营养，身体素质严重低下的情况，其患病率较高也主要是由卫生水平和生活习惯所致，这一点可以通过政府规划和医疗体系的建设得到有效改善。对于农村儿童尤其是农村的留守儿童来说，最主要的需求体现在情感上，主观需求和客观表现均反映，受访儿童最突出的需求是情感需求，且留守儿童的情感需求明显更高，心理健康水平也较为低下。就高效执行能力上的表现来看，农村儿童因为环境的限制反而拥有较好的主动性和自律性，并且父母外出对儿童的影响也是具有两面性的，留守儿童的执行力可以在逆境中得到进一步的锻炼和提升。因此，农村儿童并没有发育不良或心理素质低下、适应性差，留守儿童也并不是问题儿童，正确的教育和引导也会使他们走上良好的成长轨道。

世界卫生组织的报告表明，精神健康（包括情绪和思维模式）成为整体健康的关键决定因素。例如焦虑和抑郁的情绪会引发内分泌和免疫功能的一系列不良变化，并增加对一系列身体疾病的易感染性。虽然关于这些关系的具体机制仍存在许多问题，但很明显，不良的心理健康在免疫功能减弱、某些疾病的发展方面起到了重要的作用①。因此，在提高农村儿童健康水平的过程中，应在心理健康方面有所侧重，更加关注农村儿童的性格形成和个性发展。同时，进一步提升农村儿童的心理弹性，通过相关途径培养农村儿童的抗逆力，使他们能够坚强积极地应对未来环境的变化。

二　农村儿童健康水平的影响因素

（一）个体差异

由于调查对象的限制，本书反映个体特征的变量仅有年龄和性别两项。通过前文的研究可以看到，不同年龄受访儿童的身体健康、心理健康和社会适应性水平均不存在显著差异，这一结果与研究假设不符，但很可能与本书的样本特征有关。由于本次研究的调查对象都是五年级学生，虽然年龄跨度较大，但实际上大部分儿童仍然集中在11岁和12岁左右，因此对于儿童健康的影响不会太过明显。

就性别来看，受访儿童的身体健康水平在不同性别的儿童之间并未呈现出较大差异。但在心理健康方面，女孩的孤独感是明显强于男孩的。而在社会适应方面，女孩的社会交往能力则比男孩更强。这一结果可以从以往文献和相关理论中找到佐证。研究表明，由于女孩敏感和脆弱的心理特征，她们在情感上会更依赖父母和他人的陪伴，因此会出现更加明显的孤独情绪②。同时，男孩比女孩更容易在情感冲突中快速做出反应，因此其情绪波动的概率和程度都更大③，而这就使他们在交往的过

---

① "The World Health Report 2001—Mental Health: New Understanding, New Hope", WHO. Retrieved 4 May 2014, p. 9.
② 王丽芬：《福清市中学留守孩心理健康状况及教育对策》，硕士毕业论文，福建师范大学，2002年。
③ Jensen, P. S., Rubiostipec, M., Canino, G., et al., "Parent and Child Contributions to Diagnosis of Mental Disorder: Are Both Informants Always Necessary?", Journal of the American Academy of Child & Adolescent Psychiatry, Vol. 38, No. 12, 1999, pp. 1569 – 1579.

程中更容易与他人发生冲突。

(二) 家庭因素

家庭因素中，父母的婚姻状况和家庭的经济状况不会显著影响受访儿童的心理健康和社会适应性水平，但父母的婚姻状况对留守儿童身体健康的影响具有一定的显著性。数据显示，父母婚姻关系的破裂会增加留守儿童因患病而就医的次数。这一方面可能是由于单亲父母收入降低致使儿童可用的资源变少所造成的结果，另一方面则是由于父母对儿童照护的投入时间减少所致。而经济水平的提高则可以在一定程度上通过改善留守儿童的生活水平和为留守儿童提供更多的资源而降低其患病风险，尤其是对于父母均不在身边的儿童来说尤为重要。

亲密的亲子关系不会使受访儿童的身体健康得到明显的改善，但却是显著提升受访儿童心理健康状况和社会适应水平的重要因素。在心理健康方面，亲子关系的亲密程度显著影响了受访儿童的自我认同和孤独感受，其中以母子关系的作用尤为突出。同样的，在社会适应方面，与母亲的关系越亲密，儿童的社会交往能力也会越强。这一点在前文已经做出解释，作为儿童日常生活照护最主要的提供者，孩子对母亲的依恋关系是最为强烈的，因此良好的母子关系不仅是孩子的社会化发展的自信源泉[1]，还可以与孩子形成良好的情感沟通，降低孩子的孤独感。同时在注重集体价值的国家，母亲还会鼓励孩子关注他人的行为，并引导孩子顾及他人的看法[2]。因此在教育孩子正确处理人际关系，尊重他人的想法等问题上，母亲的科学引导也显得十分重要。

从另一个角度来看，由于母亲在劳动力市场上存在一定的劣势，因此对于留守儿童来说，由母亲外出打工所带来的家庭经济条件的提升与父亲外出打工还是存在较大的差距。在这样一种情况下，母亲单独外出

---

[1] 赵亦强:《幼儿自信心与父母教养方式的相关研究》，硕士毕业论文，内蒙古师范大学，2011年。

[2] 张文新:《儿童社会性发展》，北京师范大学出版社1999年版，第114页。

不仅不能满足对家中儿童日常生活的照料和情感慰藉的需求，在物质上也没有使孩子得到很好的质量提升，势必会对孩子的生理和心理健康成长造成一定的阻碍①。

（三）抚养特征

研究发现，监护人的角色差异和健康水平都不会对受访儿童的心理健康和社会适应性水平造成显著影响。这与以往的研究结论不符。对于儿童隔代照料的研究普遍发现，由于抚养方式、教育观念和教育手段的陈旧和落后，在祖辈照养下成长的儿童大多数都会出现性格上的缺陷和行为上的偏差②。对于这一现象本研究猜测，一方面是由于五年级学生的年纪较小，其祖父母的年龄也相对年轻，因此他们的教育观念可能不会存在过于传统的情况，同时他们也不会因身体状况太差而忽略了对孩子的教育和照料；另一方面则是由于祖父母为了弥补孩子缺失的爱，往往会在生活中为他们提供更多的帮助和鼓励，并为他们的安全建立起一张保护网，从而更有利于儿童的健康成长③。

但是，在身体健康方面，监护人角色的差异则会表现出不同的结果。在父母均外出的情况下，留守儿童的身体健康状况会因监护人是祖辈而变得更差。这一结果与研究假设一致，由于生活习惯的不同，祖辈在儿童的照料中虽然不会存在照护不足的问题，但往往可能会忽视营养的摄入和卫生的管理，使儿童在营养和卫生方面更容易出现一定的问题④，从而使儿童患病的可能性增加。

监护人的文化程度不会显著影响留守儿童的身体健康状况，但对非

---

① 刘筱、周春燕、黄海等：《不同类型留守儿童生活满意度及主观幸福感的差异比较》，《中国健康心理学杂志》2017年第12期。

② 程琳：《隔代抚养对农村留守儿童人际交往的影响研究——以松原市宁江区孙喜村为例》，硕士毕业论文，长春工业大学，2017年；朱亚杰：《隔代教育对农村留守儿童行为习惯的影响及社工介入研究——以河南省驻马店市W村为例》，硕士毕业论文，沈阳师范大学，2017年。

③ Hayslip, B., Kaminski, P. L., "Grandparents Raising Their Grandchildren: A Review of the Literature and Suggestions for Practice", *Gerontologist*, Vol. 45, No. 2, 2005, pp. 262-269.

④ 田旭、黄莹莹、钟力等：《中国农村留守儿童营养状况分析》，《经济学（季刊）》2018年第1期。

留守儿童却存在显著影响。一般来说，留守儿童的监护人大多都是祖辈，他们的生活方式并不会存在太大差距。但在家庭结构健全的情况下，儿童的监护人为父母的比例较大，因此他们在儿童健康管理方面的照护方式越科学，儿童的身体发育状况也就越好。除此之外，监护人的文化程度对受访儿童心理健康和社会适应的影响也是十分显著的，其中心理健康反映在自信心、孤独感和抑郁情绪上，而社会适应性则反映在高效执行能力上，且大多体现在留守儿童群体中。由此可见，由于父母外出使更多的教育责任落在了留守儿童的临时监护人身上，因此他们的教育方式将会对留守儿童的性格养成造成直接的影响。即使监护人是年纪较大的祖父母或外祖父母，只要其教育方式不与现代科学脱节，即不过于溺爱也不疏于管教，那么留守儿童的身心健康和社会化水平都会得到良好的发展。

除此之外，监护人对受访儿童的关心程度也是一个十分重要的影响因素。虽然监护人关心程度的提升并不会使受访儿童的社会适应水平产生明显差异，但却会显著改善受访儿童的心理健康水平和身体健康水平。研究表明，与家庭成员间的亲密交流可以有效缓解儿童的负面情绪[1]。作为儿童日常教育和生活照料的主要责任人，监护人是儿童产生依赖的主要对象。即使是在父母角色缺失的情况下，只要监护人能承担起家人的职责，给孩子提供足够的关怀，孩子也能够很容易的与他们建立起新的依恋关系。同时，这种关心也意味着更细心的观察和照顾，从而可以有效降低孩子的患病风险。因此，监护人的关心和爱护将对儿童的情感发展和身体发育起到十分重要的正向作用。

（四）社会关系

学校和家庭一样，都是微系统中最直接影响儿童发展的一个机构和群体，它包含了儿童成长过程中最早和最直接接触的社会关系[2]，即朋

---

[1] Asis, M. M., "Living with Migration: Experiences of Left-behind Children in the Philippines", *Asian Population Studies*, Vol. 2, No. 1, 2006, pp. 45 – 67.

[2] Berk, L. E., *Child Development* (5th edition), Allyn and Bacon, 2000.

友、同学和老师。研究结果表明,无论是同伴关系还是师生关系,都会显著影响受访儿童的健康水平。

数据显示,与同学间的亲密关系以及与同学相处过程中是否受到过欺负都会显著影响受访儿童的心理健康和社会适应水平,无论是自我认同、孤独感受和抑郁情绪,还是人际交往能力和高效执行能力,都与同伴因素存在极大的相关性。研究发现,作为人类,我们依赖与他人的友谊和互动。因此,通过积极的人际关系来改善情绪和心理健康是非常重要的。同伴接纳可以为儿童提供安全感和情感来源,这种社会支持是有效应对孤独,缓解抑郁情绪的重要因素[1]。与此同时,儿童的社会化过程除了家长的科学教育和正确引导外,更多的是在与他人的相处和实际的实践过程中逐步形成的。入学后孩子在学校的时间会越来越长,与同龄人的沟通将逐渐高于父母。随着对同伴依赖的不断加深,儿童会在与同伴的交往中获得更多的社会技能[2]。由此可见,与同龄人的交往可以为儿童带来更多的情感支持和快乐源泉,对留守儿童来说也可以在一定程度上弥补父母外出造成的情感缺失。因此,与他人保持良好的人际关系将是儿童快速适应社会环境的关键。

此外,师生关系在心理健康方面显著影响了受访儿童的自我认同能力和父母均外出儿童的孤独感受,在社会适应方面也极大地促进了受访儿童的社交能力和执行能力,并且这一因素对社会适应和心理健康中抑郁情绪的影响相较于父母来说甚至是更为突出的。由于孩子在学校的时间远大于在家中的时间,老师可能会比家长掌握更多孩子的情况,包括学习变化、社交状况以及情绪波动,因此可以更加精准地对孩子进行教育和引导。此时如果老师与家长的沟通不及时、不全面,那么家长在这方面所起到的作用势必是不如老师的,且这种情况在留守儿童中会表现

---

[1] 赵景欣、刘霞、申继亮:《留守青少年的社会支持网络与其抑郁、孤独之间的关系——基于变量中心和个体中心的视角》,《心理发展与教育》2008年第1期。
[2] 赵景欣、刘霞、张文新:《同伴拒绝、同伴接纳与农村留守儿童的心理适应:亲子亲合与逆境信念的作用》,《心理学报》2013年第7期。

得更加明显。叶敬忠等[①]指出，出于现实情况和对父母的理解，留守儿童在遇到负性事件时往往会倾向于寻求老师的帮助。由于父母对儿童的教育功能因空间距离的限制而出现缺失，在父母无法为孩子排解负面情绪和教导孩子适应社会环境的情况下，老师将在儿童的心理发展和社会化中起到更大的作用。

（五）社区环境

社区和社会环境因素与身体健康的关系是十分密切的。从回归结果可以看到，受访儿童的身体健康水平会显著地受到卫生水源的影响，卫生厕所的使用也会对受访儿童的身体健康形成明显的正向影响。数据显示，家中使用集中供应的自来水（包含少数使用桶装水或瓶装水的家庭）以及冲水式卫生马桶的受访儿童因患病而去医院看医生的次数会显著降低。由于五年级学生处于生长发育的高峰阶段，其免疫力水平虽有所提高，但仍然没有发育完全，因此很容易受到外界细菌感染而患上各类传染性疾病。数据显示，受访儿童患各类儿童常见病的概率较大，感染、腹泻等与环境卫生息息相关的问题时常发生。因此，加快建设统一卫生水源，普及卫生厕所，是有效改善农村儿童的生活环境，降低其疾病感染风险的重要途径。

此外，医疗资源的可及性并不会对受访儿童的身体健康水平造成影响。这一结果虽然与研究假设不符，但与某些学者的研究结论一致。其原因可能是学龄儿童自身免疫力相较于低龄儿童来说有了很大的提高，因此相对于医疗资源的可及性来说，卫生习惯、生活水平的提升以及营养的充足摄入对农村儿童身体健康的改善具有更加突出的作用[②]。除此之外，调查地的医疗资源相对城市地区来说本就偏少，且调查家庭对医疗资源的利用率也很低，从而造成了医院、诊所等医疗卫生机构的设置对儿童身体健康不会有显著提升的结果。由此可见，农村地区家庭的卫

---

① 叶敬忠、王伊欢、张克云等：《对留守儿童问题的研究综述》，《农业经济问题》2005年第10期。

② 陈在余：《中国农村留守儿童营养与健康状况分析》，《中国人口科学》2009年第5期。

生保健意识相对较弱，有必要在这一点上进行大规模的宣传和普及。

第二节　主要政策建议

农村儿童的成长环境与城市儿童相比存在一定不足，在基础公共设施、学校软硬件资源、社区管理和服务等方面仍有较大的提升空间。同时由于人口流动的速度和规模不断增加，农村留守儿童现象依然突出。与正常农村家庭的孩子相比，留守儿童家庭存在更多的缺陷和不足，无论是家庭氛围、生活照料、学习指导还是情感支持，都难以充分满足儿童的基本需要。在社会转型和经济持续发展的大背景下，城乡一体化建设和乡村振兴将持续推动农村经济发展，但人口流动的趋势还会进一步增加。无论是家庭结构的变化还是生活环境的变化都是未来农村儿童可能面临的重大挑战。因此，如何有针对性地解决农村儿童，尤其是农村留守儿童的生活困境，提高农村儿童的生活质量，成为现阶段的一个重要议题。根据农村儿童健康水平的基本状况及其主要影响因素，在相关理论支撑的基础上，本章建立了关于提高农村儿童健康水平的支持体系，具体内容如图8-1所示。

按照农村儿童支持体系的基本路径，本书认为，要合理解决农村儿童问题，提高农村儿童健康水平，首先应该从引导社会大众对农村儿童、农村留守儿童及他们真实的生活现状形成正确的认知入手，从文化上改善农村儿童的成长环境，再通过家庭支持、学校管理、社会服务、政治制度等多方位多系统的支持，对农村儿童家庭和农村儿童自身进行适当的干预，以改善农村儿童的生活水平，保证其健康成长。

一　去除儿童负面标签，正确引导社会大众

城市和乡村的二元分割在我国具有深远的历史性原因。虽然目前我国已经开始向城乡融合发展的新阶段快速演变，但农村与城市之间依然存在一定的差距，资源禀赋条件的限制导致农村的基础设施建设和产业

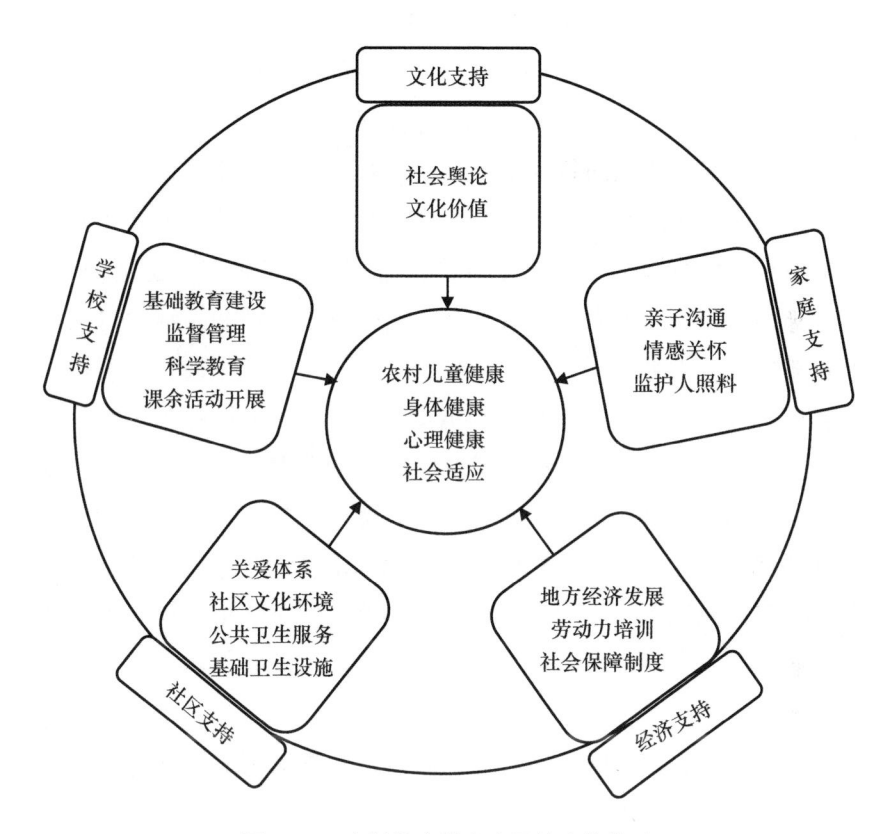

图 8-1 农村儿童健康水平的支持体系

经济发展始终存在较大的阻碍。在此背景下,"生活贫困""教育缺乏""认知落后"等固有观念成为人们对农村儿童的刻板印象,多年来都很难被打破。与此同时,自20世纪80年代起,城市化和工业化的发展促进了人口的大规模流动,并因此形成了"留守儿童"这样一个特殊群体。随着社会经济的持续发展,留守儿童的规模不断扩大,也逐渐引起了社会的关注和重视。在这一过程中,"留守儿童"开始成为一个专有名词,专门代指那些因为父母长期在外打工而被迫留在户籍地,由他人照护的儿童。但由于其特殊的成长环境和在某些地区出现的某些特殊社会问题,使社会大众在提及"农村留守儿童"时往往将其与"生活悲惨""缺乏管教""行为出格""性格孤僻"等负面标签联系在一起。在经过媒体等社会舆论以偏概全的报道和渲染之后,人们对"农村儿童"和"农村留守儿童"的刻板印象甚至成为一种社会共识。

标签理论认为,人们是从他人如何看待自己的行为或行为倾向中获得标签的。如果一个人的行为不符合大多数人遵守的规则,那么大众就会给这个人贴上违反其社会或道德行为准则的标签,甚至因为其特殊的身份而将同样的标签上升至整个群体。这其实是一种非常主观的现象,这些附加的标签会造成人们对一个群体的偏见,而社会大众的普遍排斥对于被贴标签的人来说则会成为社会压力的一个持久来源,为其带来十分消极的影响,进而改变他们的自我认知[1]。其后果很可能会导致进一步的社会孤立,而那种消极的自我认知也会随着时间逐渐强化。这也是造成很多跟随父母流入大城市的儿童难以融入新环境,甚至会受到老师的忽视和同龄人排斥的主要原因之一。生态系统理论指出,社会的文化价值观会对儿童成长产生缓慢而深刻的影响。因此,这种错误的认知无论是对农村儿童自身的发展还是对社会解决农村儿童问题来说都是极为不利的。

从前文的分析中可以看到,调查地农村儿童的健康状况虽然存在一定的问题,但并没有出现严重的发育不良、情绪不稳或行为叛逆的现象,甚至还出现了十分积极乐观的一面。并且,即使是留守儿童,他们与非留守儿童在身体健康方面也不存在太大的差距。在某些情况下,留守儿童的生长发育状况甚至比非留守儿童好,部分留守儿童的心理韧性也明显强于非留守儿童。实际上,除了健康水平上的差异外,对于少年儿童来说,厌学、打架甚至偷窃都是个别现象,即使是成长在经济发展水平较高地区的完整家庭中的儿童也可能会出现类似行为,不能因此将个别案例所反映出来的农村儿童特征上升至整个农村儿童群体,并对其做出错误的判断。在调查过程中我们发现,部分儿童在被问及父母和家庭方

---

[1] Link, B. G., Cullen, F. T., Struening, E., et al., "A Modified Labeling Theory Approach to Mental Disorders: An Empirical Assessment", *American Sociological Review*, Vol. 54, No. 3, 1989, pp. 400–423.

面的问题时十分抗拒,尤其当他们通过媒体或周围人了解了大众对"农村儿童"或"农村留守儿童"的整体评价后,会更加敏感和在意周围人对他们的态度,而这些孩子的表现往往是最为消极和孤僻的。实际上,与城市家庭成长的孩子一样,农村儿童也是普通孩子中的一员,不应该受到歧视、偏见,或者被当作问题群体来对待,他们只是没有城市孩子那么丰富的生活和学习资源,有一些可能缺少充足的关爱和正确的引导,因此出现各种问题的风险较大而已。

因此,政府在帮助提高农村儿童生活水平的时候,应该运用正确的方式和工作技巧,尽量模糊"农村儿童"或"农村留守儿童"的概念,去除农村儿童身上的各种负面标签,引导大众对这一群体形成正确的认知,避免农村儿童的标签化。首先,媒体要正确报道农村儿童或农村留守儿童的生存现状和相关问题,不为迎合受众的心理而肆意扩大相关的负面消息,通过正确的舆论宣传农村儿童工作中的经验,营造出一种良好的社会关爱氛围。其次,学校作为儿童社会化的主要机构更应注重教育的科学性和公平性,一方面要格外注重对学生心理建设和社会化发展的正向引导;另一方面要平等地对待留守儿童与非留守儿童,注重对真正出现问题的农村儿童进行积极的帮助和科学的引导。最后在整个社会环境中形成正确的认知,为农村儿童的成长提供健康的文化和舆论环境。"农村儿童"或"农村留守儿童"并不是"问题儿童",只有理性对待这一群体,才能以正确的眼光看待当代农村儿童的发展问题,让农村儿童感受到平等的关爱,在不为其带来心理负担的同时,也有助于相关工作的开展。

二 改善家庭成长环境,加强亲子有效沟通

家庭是儿童成长的最初场所和主要场所,家庭成员间的关系和交往形成了以血缘关系为基础的初级社会群体,具有满足儿童感情需要和促进儿童社会化发展的重要功能。无论是与孩子关系最为亲密的父母,还是大家庭中的其他家庭成员,都在儿童早期的个性和思想观念的形成方

面发挥了重要的作用。调查发现，无论是留守儿童还是非留守儿童，他们对学习和情感方面的需求都是最为突出的。尤其是情感关怀，与家庭结构健全的儿童相比，留守儿童明显表现出了更为强烈的渴望。相反，他们对物质的需求则很少。由此可见，在农村学龄儿童的成长过程中，优越的生活条件并不是他们的主要需求，他们最需要的还是家人的陪伴和关怀，对于非留守儿童来说这一点很容易得到提升，但这是留守儿童日常生活中最为欠缺的。

因此，针对家庭结构健全的农村儿童，在日常生活和学习中，共同居住的父母、祖辈或其他亲属应该给予他们足够的关心和爱护，在各成员之间形成相互关爱的良好家庭氛围，帮助孩子在身心愉悦的环境中养成乐观积极的性格品质。同时，父母还应注重科学的教育手段和有效的沟通方式，尽量和孩子以民主平等的方式相处，在严格约束孩子不恰当行为的同时，充分尊重孩子合理的需求，倾听孩子内心真实的想法，通过给孩子提供足够的自由空间来培养孩子的创新思维和独立思考的能力。

针对父母不在身边陪伴的留守儿童，现实生活中的空间距离大大减少了他们和父母的见面次数，对儿童的照料和双方的交流都造成了一定的阻碍，使留守家庭的亲子关系与非留守儿童形成了明显的对比。但即使孩子无法跟随父母一同外出，也可以通过改善家庭的成长环境来促进留守儿童的健康成长，其中增加外出父母的回家次数，加强亲子沟通是首先需要解决的问题。首先，从父母角色在儿童成长过程中所起到的不同作用来说，应尽量避免母亲外出打工。即使要去也不宜过早地外出，尽量在孩子成长到一定年龄阶段，心理发育较为健全之后，再考虑外出打工的计划。如果为追求经济水平的提升，父母不可避免地要长期外出打工，也应尽量在节假日期间回家与孩子团聚，以此增加与孩子面对面交流的频率。其次，在日常生活中，无论是通过电话还是短信，父母都应该与孩子保持充足的联系和良好的互动，一方面可以时刻了解孩子在生活、学习和情感上的困难与需要，以便及时引导和解决问题；另一方面也可以为孩子提供一种信任感和安全感，避免孩子因情感需求得不到满足而出现性格的异常发展。此外，加强与孩子周围的人，如监护人、老师等的联系也十分重要，它可以帮助父母更好地从侧面了解孩子的生活和学习情况，方便父母在孩子出现问题时对其进行及时的沟通和鼓励，使孩子在与家人的良性互动中学习社会的准则和道德规范

除此之外，无论是留守儿童还是非留守儿童，其监护人都存在父母以外的其他人，此时家庭的教育功能势必会落到他们身上。因此，选择正确的监护人，注重科学的教育方式也是促进农村儿童健康成长的关键。由调查结果可知，调查地的受访儿童不存在自我监护或者说无人监护的情况，除父母外大部分是由祖辈抚养的，极少数会由其他亲属抚养。由于文化程度、思想观念、生活习惯或居住距离等情况的限制，某些监护人无法全方位和科学地对儿童进行照料，尤其是祖辈，很容易出现溺爱、沟通不足、放任自流等情况，在饮食和卫生方面也存在诸多误区。因此，父母在选择监护人时，应避免选择年纪过大的老人，并针对孩子的教育问题与监护人进行充分的沟通，使其能在日常照料中讲究科学适当的教育方式，并对家务劳动和娱乐活动做出合理的时间安排。同时定期与监护人进行沟通，时刻了解孩子的情况，保持双方信息的对称，以及时解决问题，纠正错误的照料方式。

从宏观上来看，要提高农村儿童的家庭教育水平，还应从根本上改变经济不发达地区陈旧和落后的教育观念。因此，有条件的情况下还可以由政府组织，在社区范围内定期开展农村儿童家长和监护人的培训活动。由专业和有经验的人向农村儿童的父母和监护人传授科学的教育理念，使家长学会正确有效的沟通方式，也使监护人在父母缺席的情况下可以承担起家长的责任，共同为农村儿童提供科学的监督教育和充足的关爱鼓励。在本书调查中，总体上监护人对于受访儿童的生活和学习都是较为关心和重视的。由此可见，虽然家庭的抚养方式有所不同，但监护人大多都尽到了监督的责任，这对于农村儿童的成长来说是十分乐观的。

三 加强基础教育建设，提高学校监督管理

农村儿童和农村留守儿童问题的背后反映了我国一系列复杂的社会现象。他们身上出现的健康问题与家庭照料的不科学和家庭功能的不足存在莫大的联系，但同时也是经济不发达地区教育工作不到位、教育体系不完善等问题造成的。正常情况下，家庭和学校对孩子的成长负有同样重要的责任，儿童教育是在家庭和学校的共同监督和相互配合下完成的。在进入学龄期之后，学校对于孩子的监督和教育作用在某种程度上甚至会超过家庭，是影响孩子性格塑造和社会化发展的关键场所。此时如果还存在父母长期外出的情况，那么家长角色的缺失势必会造成家庭教育的不足，如果学校再不加强对相关儿童的教育，则会造成家庭和学校监管的双重缺失，从而对农村儿童的健康成长带来极大的阻碍。

经调查发现，无论是位置处于城镇地区、师资和教学设备均处于较好水平的实验小学，还是地理位置较偏僻、教学设施较落后的乡村小学，学校老师与学生家长的联系频率都很低，家访的次数则更少。在这种情况下，学校无法真正了解所有学生的具体情况，并有针对性地向他们提供需要的帮助，同时家长也无法及时获得孩子教育和行为等情况的反馈，从而造成了学生、家长和学校间信息的不对称。其结果就是学校和家长都有可能会忽略孩子的真正需求，使其心理和行为出现偏差，导致健康水平的低下。鉴于此，学校有义务承担起更多的监护责任，尤其是在家庭教育缺失的情况下，应着重加强对儿童的身体、心理和社会化等各方面的关注和调节。

首先，受经济发展水平的影响，农村地区的大部分学校在经费、编制和软硬件等方面都存在诸多不足，而这些经济发展落后的地区恰好是最容易出现儿童健康问题的地区，也是留守儿童数量最多的地区。因此，政府首先应该加大对经济落后地区基础教育的经费投入，完善学校的办学条件和设施建设，提高学校的师资力量和教师待遇，为接纳更多的农

村儿童提供基本的教学、寄宿和饮食条件，以改善农村儿童的卫生环境，提高农村儿童的营养健康。在此基础上，针对校内的留守儿童，学校还可以根据自身情况建立"留守儿童档案"，对本校的留守儿童进行相关信息统计，并设立诸如"关爱中心""帮助中心""心理咨询室"等机构或组织，结合"档案"对留守儿童进行日常帮助和统一管理。这样不仅可以更加清晰地了解校内儿童的整体状况，还可以有针对性地解决留守儿童在各方面出现的问题。

其次，学校还应该从根本上改变教育理念，不能只看重成绩和升学率，还应加强对学生身体素质和情感心理等方面的关注。作为每天与儿童接触最多的人，老师对农村儿童学习、心理和社会化等方面的引导作用是十分重要的。因此，有必要提高老师对儿童多维健康问题的重视和关注，除了学习上的辅导外，更应注重思想上的沟通。适当开设一些心理教育和健康教育类的课程，对心理出现问题的儿童进行及时的疏导和排解，也对生活上存在困难的儿童提供有效的关爱和帮助。同时，老师应加强与儿童父母及其他监护人的沟通和联系，增加家访的频率，便于及时解决农村儿童成长过程中出现的各种问题，提高学校教育的有效性。通过学校与家长的相互配合，循序渐进地改善农村儿童的健康水平。

除此之外，由于农村地区的公共儿童服务设施较少，孩子的业余活动不够丰富，因此学校还可以在课余时间组织全校儿童开展各类项目，如游戏娱乐、体育竞技、情感关怀、心理疏导等有益身心的活动。在丰富农村儿童课余生活，避免他们因缺乏约束而出现问题的同时，也为孩子们搭建了一个学习和沟通的平台，从各方面提升农村儿童的健康素质。学校和家庭一样，存在于直接影响孩子成长的微系统当中，尤其是当进入学龄期之后，学校便成了儿童除家庭以外最长时间接触的社会机构，对于儿童的社会化发展和正确价值观的建立具有十分关键的作用。虽然农村地区的义务教育发展存在其不可避免的现实困境，但学校教育的确是一个十分关键的切入点，如果能够充分发挥其引导和沟通的作用，势必会对农村儿童的健康成长带来积极的影响。

四 建立社区支持体系，加强社区文化建设

家庭、学校和社区是儿童成长过程中起主要作用的三类场所。由于社区具有家庭所没有的组织优势，因此从某种程度上来说，社区可以为孩子提供家庭和学校无法提供的专业帮助。尤其是在父母外出之后，来自社会的关爱和相关资源的支持会比家庭环境更加直接和深刻地影响农村儿童的健康发展。调查发现，受经济发展状况和传统生活方式的影响，农村地区大多都缺乏完善的社区支持体系，对儿童的照护也基本局限于家庭成员内，其他的非正式支持如志愿者、相关机构、各级政府等社会资源则处于很少甚至是缺失状态。实际上，我国农村地区"熟人社会"的特征使社区内的邻里和乡亲在感情关系上较为亲近，相互之间十分了解，社区成员的文化程度、思想观念、生活习惯也基本处于同样的水平，这对于农村和乡镇地区儿童社区支持体系的建立来说具有一定好处。

因此，各级政府应充分利用农村和乡镇地区在这方面的资源优势，由政府主导，以村或社区为单位建立起儿童关爱中心或相关工作机构。合理整合社区内部可利用的人力资源，在统一规划的基础上，以居民自发为主形成儿童工作小组和留守儿童帮扶小组，由上至下建立起完善的农村儿童支持体系和农村儿童互助网络，尤其注重对社区覆盖范围内的留守儿童进行特殊的帮助和照护。其次，考虑到经济条件的限制，地方政府可以积极引入各类公益性的非营利社会组织，对出现问题的儿童进行心理辅导，广泛开展文化宣传和健康检查等工作。在这类社会组织中，工作人员往往具备一定的经验，拥有较强的专业知识，对于解决农村儿童问题具有很大的帮助。此外，由于大量劳动力外出，社区内可能存在儿童照护主体老龄化以及规模不足的情况。针对这一问题，可以多多开展志愿服务，由社会工作者或大学生组成志愿者队伍，在社区内不定期地举办爱心捐赠、节日祝福、知识讲座、体育游戏等公益和文娱活动，一来可以丰富农村儿童的假期生活，锻炼其社会交往能力，二来还可以让他们在他人和朋友的陪伴中得到充分的情感慰藉。

另外，文化是一个社会或社区的风俗传统和价值观的集合。社会化最丰富的时期通常是人生的早期阶段，在此期间，人们发展的知识、技能和社会角色都会受到社会环境和社区文化的影响。许多儿童出现性格偏差、行为失范等问题往往与其周边娱乐场所形成的不良风气有关。调查发现，受访对象所在社区的活动举办和参与情况都很少，当地儿童的课余活动也存在较大的闭锁性，这很有可能会导致儿童因为没有太多的休闲方式而被一些娱乐场吸引，从而被社会的不良风气影响。因此，在建立社区支持体系的同时，政府还应加强对社区环境的监管和治理，提高社区文化的建设水平。首先，大力整治网吧、酒吧、歌舞厅、游戏厅等营业性娱乐场所，严禁未成年人随意接触和进入，并对学校周边和社区附近开设的此类场所实行取缔或勒令搬迁，保证社区环境的规范和风气的良好。其次，由政府出资进行适儿化改造，以社区为单位建立公共文化设施，比如图书室、文化室、活动中心等，在社区内形成浓厚的文化氛围，为农村儿童提供一个交流和学习的空间。最后，以各类文化设施为平台，结合社区开展的各类儿童关爱活动，加强文化宣传和建设，为农村儿童创造一个健康良好的成长环境。

五　完善公共卫生服务，重视儿童医疗保健

社区公共卫生服务可以维护和改善社区内居民整体的健康状况，有效降低患病风险，加强健康促进和疾病预防，是农村儿童健康成长的重要保证。研究数据显示，受访儿童整体的身体健康状况一般，虽然没有出现十分突出的重大疾病和生长发育低下等问题，但仍存在一定的营养和卫生问题。同时留守儿童与非留守儿童的几项健康指标虽然不存在较大差异，且留守儿童的自评健康和体力水平甚至比非留守儿童还要好，但他们出现各类儿童常见病症的频率比非留守儿童大，其吃不饱饭的频率也更大，而其他监护人在生病时带孩子及时就医的概率也明显低于父母。由此可见，由于监护人生活习惯和文化观念等原因，父母照护角色的缺失又会进一步增加农村儿童患病的风险。因此，政府应加强对农村地区儿童医疗保健的建设和完善，根据不同地区和社区的经济发展水平和实际情况，建立适合本社区的公共卫生服务体系，以确保在缺少监护人科学照护的情况下，农村儿童也可以得到有效的疾病预防和患病救治。

社区卫生服务植根于初级卫生保健，是社区中个人和家庭都能获得的一种基本的卫生服务。就目前来看，我国农村地区的医疗资源普遍存在可及性低、效率低、条件差的问题。随着医疗改革的深入，政府应进一步加大对农村地区卫生资源的投入，完善医疗卫生体系建设，对社区内的医院、诊所或卫生站进行完善和升级，为社区居民提供高质量的医疗卫生服务，满足农村儿童对基础治疗和基本药物的需求。同时多方面注重社区卫生问题的预防和控制，包括流行病预防、疾病防控、妇幼保健、疫苗接种、环境卫生和食品安全等。通过专业人士一对一或一对多的传播方式将信息传递给社区居民。同时建立社区健康信息数据库，完善健康档案，对社区居民，尤其是青少年儿童的健康信息进行记录和追踪，并由专门的工作人员对管辖范围内的农村儿童进行统一的健康管理，定期组织儿童的体检和治疗工作。通过提高儿童卫生服务和医疗保健服务的可及性，确保所有农村儿童都可以享有基本的医疗卫生服务，从而有效预防农村儿童成长过程中面临的诸多健康问题。

除此之外，社区在日常生活中应加强对健康生活方式的倡导和医疗卫生知识的普及，定期开展相关健康讲座，提高农村儿童及其监护人的健康意识，使他们能及早地避免和识别有害健康或可能导致疾病的危险因素，学会科学的自我管理和基本的家庭护理。与患病后的健康护理不同，这种预防性的自我管理可以帮助人们正确管理自己的行为，并对自己和家人的生活方式做出适当的判断和改变，使其在充分认识和了解自身和家庭成员健康状况的基础上，将促进健康的行为纳入自己的生活方式中。在社区卫生服务不足和医疗资源有限的情况下，正确的自我管理不仅可以有效预防儿童疾病，改善儿童的生活质量和整体的健康状况，还可以帮助社区居民在患病时高效地利用医护人员的时间，从而获得更好的护理，对社区整体健康水平的提高都是存在积极意义的。

与此同时，政府还应加大资金投入，改进各类基础的生活设施，如卫生水源的改善和卫生厕所的推广。调查显示，调查地并不属于经济发展水平特别低下的农村地区。即便如此，集中供水和卫生厕所都还是没有百分百普及，且留守儿童家庭使用卫生水源，如集中供应的自来水、桶装水和瓶装水的比例比非留守儿童低了14.13个百分点，使用仅供家庭内部使用的卫生厕所的比例也比非留守儿童低5.92%，这对于儿童的成长来说存在一定的健康隐患，是造成细菌传播和传染性疾病的主要原因之一。因此，政府应有针对性地增加投入，加强对此类社区的建设规划。首先，尽快进行厕所的改造，将旧式的旱厕或公共厕所统一整改为卫生的无害化厕所。其次，加强饮用水源的安全工程建设，将分散式的水源集中处理，划定水源保护区，整治周边环境，严格控制工厂和企业的废物排放。同时注重后期的管理与维护，定期进行水质检测和评估，避免因疏于管理和设备老化等问题造成供水中断和水质下降等问题，提高农村儿童的生活卫生水平。

六 积极推进乡村振兴，鼓励农民返乡就业

农村儿童之所以会比城市儿童出现更多的健康问题，正是因为农村地区经济社会发展相对较弱，造成公共卫生设施、学校软硬件资源、社区管理和服务等方面的建设不足和不规范所导致。与此同时，出于对经济利益的追求，农村地区人口大规模向城镇地区流动，又进一步导致了农村留守儿童群体的产生。由此可见，长期滞缓的本地经济发展，是造成经济不发达地区人口健康发展受阻、大量人口外流的根本原因。与此同时，人口大规模外流反过来又会造成农村空心化和农村三留守等问题，严重阻碍了乡村振兴战略和新型城镇化建设。青少年的人口素质始终得不到提升也会长期影响农村地区的人力资本积累，进一步制约农村地区的经济发展，从而产生恶性循环。因此，要从源头上解决农村儿童的健康发展问题，必须关注本地经济发展，使农村的青壮年劳动力资源在本地得到最大化利用。这样不仅有利于地区的经济发展，提高农村儿童整

体的生活质量,还可以缩短务工父母与孩子的空间距离,尽量保证家庭结构的完整性,减少留守儿童数量,使所有农村儿童都得到足够的教育和有效的照护。

长期以来,我国农村地区的经济发展都存在着诸多现实困境。但随着城乡一体化建设的不断推进,在国家政策的支持下,目前我国农村发展也开始走向了正轨,并取得了一定的成绩。在这一背景下,政府应积极响应国家政策,多渠道地发展地方经济。首先,根据本地的气候条件和区位优势,优化产业结构,发展最适宜自身情况的特色产业,如种植业、渔业等。在引进市场资金和企业的基础上,实现产业信息化、现代化和规模化发展。其次,充分利用特色产业的既有优势,以第一产业为依托,发展如农家乐、特色园区、园林观光等旅游业,形成第一、第三产业的良性互动,共同推动经济的持续发展,提高各企业对农村劳动力的吸纳能力。同时,定期开展农村劳动力的职业技能培训,切实提高农民工的专业技能,使其能够满足现代农业发展的需要,增加其就业机会,为解决三农问题,促进农民增收保收创造有利条件。

自中华人民共和国成立的几十年里,城乡二元分割一直是许多不平等现象的根源,城市居民获得了从退休金、教育到医疗保健的各种福利,而农村居民往往难以拥有同样的福利。其结果一是跟随父母流入城市的孩子无法公平享受无差别的教育、医疗等公共资源,二是户籍地儿童也无法享受高质量的教育和医疗服务。因此,在促进农村地区经济发展的同时,应进一步加强新型城镇化建设和城乡融合发展。坚持以人为本的发展目标,由政府牵头,将分散居住的农户集中安置,促进农村到社区的转变,实现土地的集中利用和集约化发展。在此基础上,完善包括医疗站、便民店、幼儿园、文化活动中心等公共基础设施的建设,建立健全农村地区的医疗和养老等制度改革,实现公共服务的均等化,保障农村居民的基本权益。不仅从生活环境,更从生活方式上实现农村居民的市民化,逐渐消除返乡农民工的生存顾虑。在城市地区,也应促进流动人口社会保障制度的完善,使跟随父母举家迁移的儿童能够在城市地区享受到生活、学习和就医等诸多平等权益。

发展地方经济是提高公共服务能力的物质保障，提高人口权益更是提升农村家庭生活质量的制度基础。在建立农村儿童支持体系的过程中，无论是引进各类社会性组织，还是建立社区自己的服务机构，都需要一定的经济基础和制度保障作为支撑。促进地方经济发展，增加居民人均收入，不仅可以提高当地居民及其家庭的生活水平，增加其支付能力，保证孩子在营养健康、医疗保健、日常生活中的质量，还可以提高政府的财税收入，增强政府的支付能力和公共服务体系的建设能力，有效改善地方的基础设施建设和医疗卫生条件，使儿童享有高质量的教育、医疗、居住和生活条件，是满足农村儿童健康发展需要，提高农村儿童生活质量的重要途径。因此，政府应将发展经济，保障农民权益作为解决农村儿童问题，提高农村儿童健康水平的重要前提。

第三节 亮点与创新

本书的创新之处如下。

第一，构建了较为完整与系统的理论。目前国内外关于农村儿童健康水平的研究大多单一地针对其身体健康或心理健康来谈，较少有研究全面涵盖了身体、心理和社会适应性三个方面的内容。不仅研究结果较为单一，更无法全面地分析农村儿童存在的健康问题以及问题产生原因之间的联系机制，其研究结论的推广和应用具有一定的局限性。鉴于此，本书在已有研究成果的基础上，从多学科的角度出发进行理论创新，并构建独特的理论分析框架和系统的指标体系，不仅可以全面地比较不同类型农村儿童健康水平的差异，还能更加充分地了解周围环境是通过何种渠道对农村儿童的健康水平造成影响的。

第二，分析指标具有针对性。本书在借鉴以往儿童健康分析指标的基础之上，构建了适合中国国情的农村儿童分析指标体系，全面体现了农村儿童各个维度的健康状况。现有的农村儿童健康问题研究大多使用全国性调查项目的二手资料，相关变量范围较窄，选择有限，对研究结论存在一定的影响。鉴于此，本书使用了专门针对农村儿童进行的实证调研数据，其问题范围广，且具有针对性，为本书数据的可靠性和结论的客观性奠定了基础，易于后期的深入研究和详细分析。

第三，研究视角较有新意。本书以比较分析的视角，通过农村儿童中具有典型性和特殊性的留守儿童与非留守儿童的对比，来分析农村儿童的多维健康水平。更加直观地反映了不同类型和不同成长环境的农村儿童在身体、心理和社会适应性水平上的差异，从而通过政策制定有针对性地促进新时代农村儿童的健康发展，并有效解决人口流动时代父母外出务工子女的健康促进问题。

第四，理论观点具有新意。研究发现，农村儿童在健康方面并没有表现出明显的不足与缺陷，农村留守儿童也并非问题儿童。在城镇化和工业化高速发展的今天，相对偏远的城镇和乡村地区的儿童生长发育及身体健康状况都基本良好，留守儿童心理健康水平相对于非留守儿童较低，但其独立、自主和执行力等社会适应性水平则优于非留守儿童。这一研究结论纠正了过去对农村儿童及农村留守儿童群体评价的偏差，为引导人们正确认识农村儿童提供了参考。

第四节　不足与展望

由于客观现实和调研数据的限制，本书对农村儿童健康问题的探讨仍然存在诸多不足，因此有待进一步的深入研究和全面分析。

第一，本书所选择的数据具有一定的局限性。虽然四川省 J 县在经济发展状况上具有一定的代表性，其人口外流趋势在全省范围内也较为突出。但由于农村儿童的健康问题在不同地区、不同经济状况和不同文化背景下都存在较大的差异。总的来说 J 县的经济发展水平相对其他农村地区而言较好，农村儿童的生活状态与某些地区相比也处于较好水平。因此，该调查地反映出的农村儿童健康问题可能不会特别突出，尤其不会普遍地出现因过于贫困而产生的各种不良现象，同时也可能会忽略农村儿童健康问题的地区差异，导致本书的结论可能存在一定的片面性，不能完全代表全国范围内农村儿童的健康状况。后续需要扩大调查范围，进行进一步的调查和论证，才能针对不同地区的实际情况，精准地建立适合本地区发展的农村儿童多维健康发展支持体系。

第二，本书的调查样本范围相对比较狭窄。考虑到儿童思考能力和读写能力的问题，问卷将调查对象限定为小学五年级学生，虽然保证了调查结果的真实性和可靠性，却无法反映农村儿童多维健康水平在不同年龄段上的差异，其结果可能会导致研究结论的局限性，在制定政策时忽略儿童年龄因素的差异。鉴于此，为保证研究的严谨性和科学性，未来将考虑增加农村儿童调查样本，扩大范围至不同年级的农村儿童，以构建起完整和覆盖全面的农村儿童帮扶体系，对不同特征的农村儿童实行有针对性的支持和帮助。

第三，本次调查的内容并未专门针对农村儿童的心理问题和社会适应性水平进行，因此问卷中并未使用以往研究中通用的权威性量表。虽然本书选择的六个分量表在问题的设置上具有较强的代表性，但受到问卷内容的限制，本书关于农村儿童健康水平的指标也可能存在不够全面的问题。同时，由于该数据属于截面数据，因此也缺少反映农村儿童健康状况随时间变化的程度，无法反映农村儿童多维健康水平的长远发展情况。针对以上问题，在后续研究中，将考虑使用国际通用的心理学和行为量表对农村儿童的心理健康和社会适应性水平进行综合测量，并且对农村儿童进行长时间的跟踪调查，以保证研究结果的准确性，提高研究结论的可信度，为农村儿童多维健康发展支持体系的建立提供充分的数据支撑。

第四，农村儿童问题是一个涉及范围较为广泛的概念，除了健康问题外，还有许多诸如教育、行为、安全等问题。作为一种特殊且普遍的社会现象，只有全面解决了农村儿童在各方面存在的问题和需求，才能全方位地有效提高农村儿童的生活水平。因此在未来的研究中，有必要继续探索农村儿童除了健康以外的其他各方面问题，以帮助制定完善的农村儿童支持体系，促进农村儿童健康成长，实现家庭的稳定和社会的可持续发展。

参考文献

一 著作

恩格斯:《家庭、私有制和国家的起源》,《马克思恩格斯选集:第四卷》,中共中央马克思恩格斯列宁斯大林著作编译局译,人民出版社2012年版。

黄教珍:《农村留守儿童问题研究》,江西人民出版社2013年版。

吕开宇、吴蓓蓓:《留守儿童教育与健康问题研究》,经济科学出版社2013年版。

汪向东编:《心理卫生评定量表手册(增订版)》,中国心理卫生杂志社1993年版。

吴忠观:《人口科学辞典》,西南财经大学出版社1997年版。

叶敬忠、[美]詹姆斯·莫瑞:《关注留守儿童:中国中西部农村地区劳动力外出务工对留守儿童的影响》,社会科学文献出版社2005年版。

叶敬忠、潘璐:《别样童年:中国农村留守儿童》,社会科学文献出版社2008年版。

张文新:《儿童社会性发展》,北京师范大学出版社1999年版。

朱强:《家庭社会学》,华中科技大学出版社2012年版。

[加]大卫·切尔:《家庭生活的社会学》,彭铜旎译,中华书局2005年版。

[美]詹姆斯·W.范德赞登等:《人类发展(第八版)》,俞国良等译,中国人民大学出版社2011年版。

二　期刊

白勤：《农村留守儿童心理健康现状调查研究》，《现代中小学教育》2013 年第 3 期。

曹培林、何贵梅：《农村学校儿童心理健康教育探究》，《文理导航（上旬）》2020 年第 5 期。

陈陈：《家庭教养方式研究进程透视》，《南京师大学报》（社会科学版）2002 年第 6 期。

陈旸：《马克思主义家庭观及其当代价值》，《理论月刊》2013 年第 8 期。

陈在余：《中国农村留守儿童营养与健康状况分析》，《中国人口科学》2009 年第 5 期。

程培霞、达朝锦、曹枫林等：《农村留守与非留守儿童心理虐待与忽视及情绪和行为问题对比研究》，《中国临床心理学杂志》2010 年第 2 期。

崔嵩、周振、孔祥智：《父母外出对留守儿童营养健康的影响研究——基于 PSM 的分析》，《农村经济》2015 年第 2 期。

戴斌荣、陆芳、付淑英：《立足健康中国关注农村留守儿童心理健康——农村留守儿童心理发展特点研究》，《中国特殊教育》2022 年第 3 期。

邓纯考：《农村留守儿童社区支持的资源与路径——基于西部地区四省两区的调研》，《教育发展研究》2013 年第 1 期。

丁继红、徐宁吟：《父母外出务工对留守儿童健康与教育的影响》，《人口研究》2018 年第 1 期。

杜本峰、王翾、耿蕊：《困境家庭环境与儿童健康状况的影响因素》，《人口研究》2020 年第 1 期。

段成荣、吕利丹、王宗萍：《留守儿童的就学和学业成绩——基于教育机会和教育结果的双重视角》，《青年研究》2013 年第 3 期。

参考文献

段成荣、杨舸：《我国农村留守儿童状况研究》，《人口研究》2008年第3期。

段成荣、周福林：《我国留守儿童状况研究》，《人口研究》2005年第1期。

范先佐、郭清扬：《农村留守儿童教育问题的回顾与反思》，《中国农业大学学报》（社会科学版）2015年第1期。

范兴华、方晓义、刘勤学等：《流动儿童、留守儿童与一般儿童社会适应比较》，《北京师范大学学报》（社会科学版）2009年第5期。

冯琳、余军、黄国斐、郑春龙、赵世文：《云南省农村改厕现况调查》，《中国公共卫生》2019年第5期。

高盛：《隔代抚养对儿童健康状况影响的研究》，《西南交通大学学报》（社会科学版）2021年第3期。

郭少榕：《农村留守女童：一个被忽视的弱势群体——福建农村留守女童问题调查分析》，《福州大学学报》（哲学社会科学版）2006年第3期。

韩嘉玲、张妍：《农村社区发展助力留守儿童健康成长》，《中国民政》2016年第12期。

韩晓明、李雪平：《农村留守儿童心理问题研究综述》，《山西农业大学学报》（社会科学版）2013年第1期。

郝振、崔丽娟：《留守儿童界定标准探讨》，《中国青年研究》2007年第10期。

郝志明、杨振波：《全面改善学校环境　促进儿童健康成长——学校全方位环境改善项目在中国的实践》，《广西教育》2019年第16期。

和红、谈甜：《家庭健康生产视角下儿童健康的影响因素及其相对贡献度研究》，《中国卫生政策研究》2021年第9期。

侯静、陈会昌、王争艳等：《亲子互动研究及其进展》，《心理科学进展》2002年第2期。

胡安宁：《教育能否让我们更健康——基于2010年中国综合社会调查的城乡比较分析》，《中国社会科学》2014年第5期。

黄爱玲：《"留守孩"心理健康水平分析》，《中国心理卫生杂志》2004年第5期。

贾文华：《农村留守儿童人格特征、应对方式与心理适应性关系》，《心理科学》2012年第1期。

江琴：《福建省初中留守儿童情绪与行为问题调查》，《中国公共卫生》2013年第12期。

江荣华：《农村留守儿童心理问题现状及对策》，《成都行政学院学报》（哲学社会科学）2006年第1期。

姜学清：《儿童发展的社会学观点——帕森斯等人的家庭系统理论》，《心理发展与教育》1989年第1期。

黎志华、尹霞云、朱翠英：《农村留守儿童情绪与行为特征：平均趋势与个体差异》，《湖南农业大学学报》（社会科学版）2013年第3期。

李东斌、温义媛：《农村留守儿童心理健康状况的调查与分析》，《教育测量与评价》（理论版）2009年第4期。

李刚、杨燕红、张倩、任桂云：《城乡儿童情绪问题与心理弹性的关系》，《中国健康心理学杂志》2013年第3期。

李光友、罗太敏、陶方标：《父母外出打工对留守儿童危险行为和心理因素影响》，《中国公共卫生》2012年第7期。

李强、臧文斌：《父母外出对留守儿童健康的影响》，《经济学（季刊）》2011年第1期。

李庆丰：《农村劳动力外出务工对"留守子女"发展的影响——来自湖南、河南、江西三地的调查报告》，《上海教育科研》2002年第9期。

李钟帅、苏群：《父母外出务工与留守儿童健康——来自中国农村的证据》，《人口与经济》2014年第3期。

廖珠根、陈绍红、汪时华等：《江西省农村留守儿童与非留守儿童行为问题比较研究》，《中国妇幼保健》2013年第27期。

林宏：《福建省"留守孩"教育现状的调查》，《福建师范大学学报》（哲学社会科学版）2003年第3期。

林惜君、刘可、何穗智等：《广东省贫困地区部分留守儿童心理健康状况的调查研究》，《中国儿童保健杂志》2015 年第 3 期。

刘宾、欧阳文珍：《农村留守儿童社会性发展研究综述》，《陇东学院学报》2008 年第 4 期。

刘霞、赵景欣、申继亮：《农村留守儿童的情绪与行为适应特点》，《中国教育学刊》2007 年第 6 期。

刘筱、周春燕、黄海等：《不同类型留守儿童生活满意度及主观幸福感的差异比较》，《中国健康心理学杂志》2017 年第 12 期。

刘志军：《留守儿童的定义检讨与规模估算》，《广西民族大学学报》（哲学社会科学版）2008 年第 3 期。

吕吉、刘亮：《农村留守儿童家庭结构与功能的变化及其影响》，《中国特殊教育》2011 年第 10 期。

吕绍清：《150 个访谈个案的分析报告（上）孩子在老家　农村留守儿童：生活与心理的双重冲突》，《中国发展观察》2005 年第 8 期。

吕绍清：《中国农村留守儿童问题研究》，《中国妇运》2006 年第 6 期。

罗国芬：《农村留守儿童的规模问题评述》，《青年研究》2006 年第 3 期。

罗静、王薇、高文斌：《中国留守儿童研究述评》，《心理科学进展》2009 年第 5 期。

马爽、欧阳官祯、王晓华：《陇南市学龄前儿童身体健康与父母外出务工的关系》，《中国学校卫生》2020 年第 8 期。

秦树文、贾巨才、刘守义：《农村留守儿童生活现状与对策研究——以河北省尚义县、怀安县为例》，《河北北方学院学报》（社会科学版）2009 年第 1 期。

全国妇联课题组：《全国农村留守儿童城乡流动儿童状况研究报告》，《中国妇运》2013 年第 6 期。

全国妇联：《全国农村留守儿童状况研究报告（节选）》，《中国妇运》2008 年第 6 期。

沈纪:《健康对儿童认知能力的影响——基于一项全国性调查的家庭和城乡比较分析》,《青年研究》2019年第2期。

石鹏、席淑华:《我国农村生活饮用水卫生现状研究进展》,《中国公共卫生》2019年第10期。

宋月萍:《父母流动对农村大龄留守儿童在校行为的影响——来自中国教育追踪调查的证据》,《人口研究》2018年第5期。

宋月萍、谭琳:《卫生医疗资源的可及性与农村儿童的健康问题》,《中国人口科学》2006年第6期。

宋月萍、张婧文:《改水与儿童健康:基于中国农村的实证研究》,《人口学刊》2021年第2期。

宋月萍、张耀光:《农村留守儿童的健康以及卫生服务利用状况的影响因素分析》,《人口研究》2009年第6期。

宋月萍:《中国农村儿童健康:家庭及社区影响因素分析》,《中国农村经济》2007年第10期。

苏华山、吕文慧、黄姗姗:《父母外出对留守儿童健康的影响——来自中国家庭追踪调查的证据》,《经济科学》2017年第6期。

苏志强、张大均、邵景进:《社会经济地位与留守儿童社会适应的关系:歧视知觉的中介作用》,《心理发展与教育》2015年第2期。

孙文凯、王乙杰:《父母外出务工对留守儿童健康的影响——基于微观面板数据的再考察》,《经济学(季刊)》2016年第3期。

孙颖、林万龙:《收入增加、健康干预与儿童营养不良率降低——基于2002—2011年31省市数据的分位数回归》,《人口与社会》2014年第2期。

谭深:《中国农村留守儿童研究述评》,《中国社会科学》2011年第1期。

田旭、黄莹莹、钟力等:《中国农村留守儿童营养状况分析》,《经济学(季刊)》2018年第1期。

王东宇、王丽芬:《影响中学留守孩心理健康的家庭因素研究》,《心理科学》2005年第2期。

王芳、周兴：《家庭因素对中国儿童健康的影响分析》，《人口研究》2012年第2期。

王福山：《论马克思主义家庭的本质及唯物史观意义》，《鲁东大学学报》（哲学社会科学版）2014年第3期。

王馨雪：《家庭居住环境对农村儿童健康的影响——基于CHNS数据研究》，《山西能源学院学报》2021年第2期。

王艳波、吴新林：《农村"留守孩"现象个案调查报告》，《青年探索》2003年第4期。

王宙翔、刘成奎：《人力资本代际传递：父母教育与儿童健康》，《人口与发展》2021年第5期。

魏贤玉、朱蔼、朱相华：《心理干预对农村留守儿童心理状况的影响》，《中国健康心理学杂志》2013年第2期。

文育锋、王金权、刘荣强等：《皖南农村留守儿童健康状况的研究》，《现代预防医学》2008年第4期。

邬志辉、李静美：《农村留守儿童生存现状调查报告》，《中国农业大学学报》（社会科学版）2015年第1期。

吴霓：《农村留守儿童问题调研报告》，《教育研究》2004年第10期。

吴愈晓、王鹏、杜思佳：《变迁中的中国家庭结构与青少年发展》，《中国社会科学》2018年第2期。

袭开国：《农村留守儿童焦虑现状及其个体差异》，《中国健康心理学杂志》2008年第4期。

邢淑芬、孙琳、王媛、王争艳：《我国社会变迁背景下儿童养育行为的代际差异》，《教育研究》2012年第11期。

徐礼平、田宗远、邝宏达：《农村留守儿童社会适应状况及其与心理韧性相关性》，《中国儿童保健杂志》2013年第7期。

徐礼平、田宗远：《我国农村留守儿童社会适应性研究现状》，《中国儿童保健杂志》2013年第6期。

杨通华、魏杰、刘平等：《留守儿童心理健康：人格特质与社会支持的影响》，《中国健康心理学杂志》2016年第2期。

杨婉、刘建华、余瑶等：《贵州黔西南地区农村留守儿童心理健康状况调查》，《中国儿童保健杂志》2016年第9期。

叶敬忠、王伊欢：《留守儿童的监护现状与特点》，《人口学刊》2006年第3期。

叶敬忠、王伊欢、张克云等：《对留守儿童问题的研究综述》，《农业经济问题》2005年第10期。

易雯静、吴明霞：《留守儿童社会适应研究》，《哈尔滨学院学报》2010年第1期。

袁博成、金春玉、杨绍清：《农村不同类型留守儿童的孤独感与社交焦虑》，《中国健康心理学杂志》2014年第10期。

张高华：《留守儿童心理研究文献综述》，《山东师范大学学报》（人文社会科学版）2016年第5期。

张志英：《"留守幼儿"的孤僻心理》，《中国健康心理学杂志》1998年第1期。

赵建国、温馨：《城乡居民基本医疗保险对儿童健康的影响——基于中国家庭追踪调查数据的实证研究》，《社会保障研究》2021年第4期。

赵景欣、刘霞、申继亮：《留守青少年的社会支持网络与其抑郁、孤独之间的关系——基于变量中心和个体中心的视角》，《心理发展与教育》2008年第1期。

赵景欣、刘霞、张文新：《同伴拒绝、同伴接纳与农村留守儿童的心理适应：亲子亲合与逆境信念的作用》，《心理学报》2013年第7期。

赵苗苗、李慧、李军等：《父母外出务工对农村留守儿童心理健康的影响研究》，《中国卫生事业管理》2012年第1期。

周福林、段成荣：《留守儿童研究综述》，《人口学刊》2006年第3期。

朱激文、康莉：《农村留守儿童心理弹性调查报告——以梅山中心幼儿园大班为例》，《早期教育》（教科研版）2012年第6期。

邹先云：《农村留守子女教育问题研究》，《中国农村教育》2006 年第 10 期。

三 学位论文

包茜：《城乡居民基本医疗保险整合背景下儿童健康的公平性研究》，硕士毕业论文，华中农业大学，2021 年。

陈宝林：《不同经济发展地区儿童行为问题特征及影响因素研究》，硕士毕业论文，苏州大学，2010 年。

程琳：《隔代抚养对农村留守儿童人际交往的影响研究——以松原市宁江区孙喜村为例》，硕士毕业论文，长春工业大学，2017 年。

程美玲：《初中生攻击行为与亲子依恋、同伴关系的相关研究》，硕士毕业论文，南昌大学，2018 年。

褚好：《同伴友谊质量对青少年一般偏差行为的影响研究》，硕士毕业论文，华东理工大学，2015 年。

单白雪：《中国农村留守儿童与非留守儿童健康状况比较研究》，硕士毕业论文，山东大学，2017 年。

龚海英：《留守儿童人际交往障碍的社会工作介入研究》，硕士毕业论文，西北农林科技大学，2017 年。

姜楠：《在校寄宿对农村儿童健康的影响》，硕士毕业论文，浙江农林大学，2020 年。

兰莹利：《家庭收入和家庭卫生对儿童健康影响》，硕士毕业论文，东南大学，2021 年。

李璇：《家庭教育中父亲"角色缺失"现状及问题研究——以贵州省清镇市为例》，硕士毕业论文，贵州大学，2016 年。

廖传景：《留守儿童安全感研究》，博士毕业论文，西南大学，2015 年。

任婧：《不良同伴交往与青少年冒险行为的关系：学校联结的中介作用》，硕士毕业论文，陕西师范大学，2017 年。

沈涛：《农民工子女心理健康与社会融入研究》，博士毕业论文，武汉大学，2012 年。

同雪莉：《留守儿童抗逆力生成研究》，博士毕业论文，南京大学，2016 年。

王锋：《农村留守儿童心理和行为问题研究》，博士毕业论文，浙江大学，2017 年。

王丽芬：《福清市中学留守孩心理健康状况及教育对策》，硕士毕业论文，福建师范大学，2002 年。

张翠微：《城乡幼儿发展差异及其与家庭教育投入的关系》，硕士毕业论文，河北师范大学，2019 年。

赵苗苗：《贫困农村地区留守儿童与非留守儿童健康差异及影响因素研究》，博士毕业论文，山东大学，2012 年。

赵亦强：《幼儿自信心与父母教养方式的相关研究》，硕士毕业论文，内蒙古师范大学，2011 年。

朱亚杰：《隔代教育对农村留守儿童行为习惯的影响及社工介入研究——以河南省驻马店市 W 村为例》，硕士毕业论文，沈阳师范大学，2017 年。

四 英文文献

Ainsworth, M. D. S., Blehar, M. C., Waters, E., et al., *Patterns of Attachment: A Psychological Study of the Strange Situation*, Lawrence Erlbaum Associates, 2015.

Antman, F. M., "Gender, Educational Attainment, and the Impact of Parental Migration on Children Left Behind", *Journal of Population Economics*, Vol. 25, No. 4, 2012.

Asis, M. M., "Living with Migration: Experiences of Left-behind Children in the Philippines", *Asian Population Studies*, Vol. 2, No. 1, 2006.

Barett, H., "Parents and Children: Facts and Fallacies about Attachment Theory", *The Journal of Family Health Care*, Vol. 16, No. 1, 2006.

Bellieni, C. V., Buonocore, G., "Pleasing Desires or Pleasing Wishes? A New App Roach to Health Definition", *Ethics & Medicine*, Vol. 25, No. 1, 2009.

Berger, K. S., *The Developing Person Through Childhood* (6th edition), New York, NY: Worth Publishers, 2012.

Berk, L. E., *Child Development* (5th edition), Allyn and Bacon, 2000.

Blackburn, H., Jr, J. D., "Commentary: Origins and Evolution of Body Mass Index (BMI): Continuing Saga", *International Journal of Epidemiology*, Vol. 43, No. 3, 2015.

Bowen, M., *Family Therapy in Clinical Practice*, New York: Jason Aronson, 1978.

Bowen, M., "The Use of Family Theory in Clinical Practice", *Comprehensive Psychiatry*, Vol. 7, No. 5, 1966.

Bradley, R. H., Corwyn, R. F., "Socioeconomic Status and Child Development", *Annual Review of Psychology*, Vol. 21, No. 3, 2002.

Brauw, A. D., Mu, R., "Migration and the Overweight and Underweight Status of Children in Rural China", *Food Policy*, Vol. 36, No. 1, 2011.

Bronfenbrenner, U., "Making Human Beings Human: Bioecological Perspectives on Human Development", *British Journal of Developmental Psychology*, Vol. 23, No. 1, 2005.

Bronfenbrenner, U., *The Ecology of Human Development*, Harvard University Press, 1979.

Byrne, Fiona, Grace, et al., "Structured Social Relationships: A Review of Volunteer Home Visiting Programs for Parents of Young Children", *Australian Health Review: A Publication of the Australian Hospital Association*, Vol. 40, No. 3, 2016.

Callahan, D., "The WHO Definition of 'Health'", *Hastings Center Studies*, Vol. 1, No. 3, 1973.

Carletto, C., Covarrubias, K., Maluccio, J. A., "Migration and Child Growth in Rural Guatemala", *Food Policy*, Vol. 36, No1, 2011.

Cummins, S., Curtis, et al., "Understanding and Representing 'Place' in Health Research: A Relational Approach", *Social Ence and Medicine*, Vol. 65, No. 9, 2007.

Das, Gupta M., Zhenghua, J., Bohua, L., et al., "Why is Son Preference So Persistent in East and South Asia? A Cross-country Study of China India and the Republic of Korea", *Journal of Development Studies*, Vol. 40, No. 2, 2003.

De, Onis M., Blossner, M., "The World Health Organization Global Database on Child Growth and Malnutrition: Methodology and Applications", *International Journal of Epidemiology: Official Journal of the International Epidemiological Association*, Vol. 32, No. 4, 2003.

Derogatis, L. R., "SCL-90-R: Administration, Scoring, and Procedures Manual for the Revised Version", *Clinical Psychometric Research*, 1983.

Du, S., Mroz, T. A., Zhai, F., et al., "Rapid Income Growth Adversely Affects Diet Quality in China—particularly for the Poor!", *Social Science & Medicine*, Vol. 59, No. 7, 2004.

Frank, R., Hummer, R. A., "The Other Side of the Paradox: The Risk of Low Birth Weight among Infants of Migrant and Nonmigrant Households within Mexico", *International Migration Review*, Vol. 36, No. 3, 2002.

Goodman, R., Scott, S., "Comparing the Strengths and Difficulties Questionnaire and the Child Behavior Checklist: Is Small Beautiful?", *Journal of Abnormal Child Psychology*, Vol. 27, No. 1, 1999.

Goodman, R., "The Strengths and Difficulties Questionnaire: A Research Note", *Journal of Child Psychology & Psychiatry & Allied Disciplines*, Vol. 38, No. 5, 1997.

Grace, R., Kemp, L., Barnes, J., et al., "Community Volunteer Support for Families with Young Children: Protocol for the Volunteer Family Connect Randomized Controlled Trial", *Jmir Research Protocols*, Vol. 7, No. 7, 2018.

Guerrant, R. L., Deboer, M. D., Moore, S. R., et al., "The Impoverished Gut-A Triple Burden of Diarrhoea, Stunting and Chronic Disease", *Nature Reviews Gastroenterology & Hepatology*, Vol. 10, No. 4, 2012.

Guilbert, J. J., "The World Health Report 2002-reducing Risks, Promoting Healthy Life", *Education for Health*, Vol. 16, No. 16, 2003.

Hayslip, B., Kaminski, P. L., "Grandparents Raising Their Grandchildren: A Review of the Literature and Suggestions for Practice", *Gerontologist*, Vol. 45, No. 2, 2005.

Heckman, J. J., Mosso, S., "The Economics of Human Development and Social Mobility", *Annual Review of Economics*, Vol. 6, No. 1, 2014.

Hendrie, G. A., Coveney, J., Cox, D. N., "Factor Analysis Shows Association Between Family Activity Environment and Children's Health Behaviour", *Australian & New Zealand Journal of Public Health*, Vol. 35, No. 6, 2011.

Hill, M. S., "The Role of Economic Resources and Remarriage in Financial Assistance for Children of Divorce", *Journal of Family Issues*, Vol. 13, No. 2, 1992.

Holmes, J., *John Bowlby and Attachment Theory*, Routledge, 1993.

Huber, M., Knottnerus, J. A., Green, L., et al., "How Should We Define Health?", *Bmj British Medical Journal*, Vol. 343, No. jul26 2, 2011.

Jadad, A. R., O'Grady, L., "How Should Health Be Defined?", *Bmj British Medical Journal*, Vol. 337, No. 7683, 2008.

Jamison, D. T., "Child Malnutrition and School Performance in China", *Journal of Development Economics*, Vol. 20, No. 2, 2006.

Jensen, P. S., Rubiostipec, M., Canino, G., et al., "Parent and Child Contributions to Diagnosis of Mental Disorder: Are Both Informants Always Necessary?", *Journal of the American Academy of Child & Adolescent Psychiatry*, Vol. 38, No. 12, 1999.

Johnson, Z., Howell, F., Molloy, B., "Community Mothers' Programme: Randomised Controlled Trial of Non-professional Intervention in Parenting", *BMJ Clinical Research*, Vol. 306, No. 6890, 1993.

Jones, A., Sharpe, J., Sogren, M., et al., "Children's Experiences of Separation from Parents as a Consequence of Migration", *Arawak Publications*, Vol. 3, 2004.

Kail, R. V., Cavanaugh, J. C., *Human Development: A Lifespan View (5th edition)*, Wadsworth Cengage Learning, 2012.

Kalil, A., "Inequality Begins at Home: The Role of Parenting in the Diverging Destinies of Rich and Poor Children", in Amato, Paul, R., Booth, Alan, McHale, Susan, M., Van Hook, Jennifer, *National Symposium on Family Issues: Families in an Era of Increasing Inequality*, Springer International Publishing, 2015.

Kerr, M. E., Bowen, M., *Family Evaluation: An Approach Based on Bowen Theory*, New York: Norton, 2015.

Link, B. G., Cullen, F. T., Struening, E., et al., "A Modified Labeling Theory Approach to Mental Disorders: An Empirical Assessment", *American Sociological Review*, Vol. 54, No. 3, 1989.

Maluccio, J. A., Hoddinott, J., Behrman, J. R., et al., "The Impact of Improving Nutrition During Early Childhood on Education among Guatemalan Adults", *Economic Journal*, Vol. 119, No. 537, 2009.

Marmot, M., Bell, R., "Fair Society, Healthy Lives", *Public Health*, Vol. 126, 2012.

Mclaren, L., Hawe, P., "Ecological Perspectives in Health Research",

Journal of Epidemiology and Community Health, Vol. 59, No. 1, 2005.

Mduduzi, N. N. Mbuya, Humphrey, J. H. , "Preventing Environmental Enteric Dysfunction Through Improved Water, Sanitation and Hygiene: An Opportunity for Stunting Reduction in Developing Countries", *Maternal & Child Nutrition*, Vol. 12, 2016.

Mercer, J. , "Understanding Attachment: Parenting, Child Care, and Emotional Development", *Praeger*, Vol. 53, No. 5401, 2005.

Mosley, W. H. , Chen, L. C. , "An Analytical Framework for the Study of Child Survival in Developing Countries", *Bulletin of the World Health Organization*, Vol. 10, No. 2, 1984.

Nucci, L. , Smetana, J. G. , "Mothers' Concepts of Young Children's Areas of Personal Freedom", *Child Development*, Vol. 67, No. 4, 2010.

Organization, W. H. , "WHO Child Growth Standards: Length/height-for-age, Weight-for-age, Weight-for-length, Weight-for-height and Body Mass Index-for-age: Methods and Development", *Acta Paediatrica*, Vol. 95, April 2006.

Parreñas, R. S. , "Children of Global Migration: Transnational Families and Gendered Woes", *Contemporary Sociology a Journal of Reviews*, Vol. 35, No. 5, January 2005.

Resnick, M. D. , Bearman, P. S. , Blum, R. W. , et al. , "Protecting Adolescents From Harm Findings From the National Longitudinal Study on Adolescent Health", *JAMA The Journal of the American Medical Association*, Vol. 278, No. 10, 1997.

Rothbaum, F. , Rosen, K. , Ujiie, T. , et al. , "Family Systems Theory, Attachment Theory, and Culture", *Family Process*, Vol. 41, No. 3, 2010.

Schmeer, K. , "Father Absence Due to Migration and Child Illness in Rural Mexico", *Social Science & Medicine*, Vol. 69, No. 8, 2009.

Shaffer, D. R. , *Social and Personality Development*, 6th ed, Wadsworth Cengage Learning, 2009.

Smith, G. C., Palmieri, P. A., "Risk of Psychological Difficulties Among Children Raised by Custodial Grandparents", *Psychiatric Services*, Vol. 58, No. 10, 2007.

Ssengonzi, R., Jong, G. F. D., Stokes, C. S., "The Effect of Female Migration on Infant and Child Survival in Uganda", *Population Research & Policy Review*, Vol. 21, No. 5, 2002.

Stokes, J., Noren, J., Shindell, S., "Definition of Terms and Concepts Applicable to Clinical Preventive Medicine", *Journal of Community Health*, Vol. 8, No. 1, 1982.

Stone, L. L., Otten, R., Engels, R. C. M. E., et al., "Psychometric Properties of the Parent and Teacher Versions of the Strengths and Difficulties Questionnaire for 4-to 12-Year-Olds: A Review", *Clinical Child & Family Psychology Review*, Vol. 13, No. 3, 2010.

Suarez-Orozco, C., Bang, H. J., Kim, H. Y., "I Felt Like My Heart Was Staying behind: Psychological Implications of Family Separations & Reunifications for Immigrant Youth", *Journal of Adolescent Research*, Vol. 26, No. 2, 2010.

Suet Ling Pong and Vivien W. Chen, "Co-resident Grandparents and Grandchildren's Academic Performance in Taiwan", *Journal of Comparative Family Studies*, Vol. 41, No. 1, 2010.

Taylor, J. E., "The New Economics of Labour Migration and the Role of Remittances in the Migration Process", *International Migration*, Vol. 37, No. 1, 2010.

Vanore, M., Mazzucato, V., Siegel, M., "'Left Behind' But Not Left Alone: Parental Migration & the Psychosocial Health of Children in Moldova", *Social Science & Medicine*, Vol. 132, May 2015.

Vivien Prior, Danya Glaser, "Understanding Attachment and Attachment Disorders", *Infant Observation*, Vol. 10, No. 1, 2007.

Waters, E., Corcoran, D., Anafarta, M. Attachment, "Other Relationships, and the Theory that All Good Things Go Together", *Human Development*, Vol. 48, No. 1 - 2, 2005.

Wickramage, K., Siriwardhana, C., Vidanapathirana, P., et al., "Risk of Mental Health and Nutritional Problems for Left-behind Children of International Labor Migrants", *BMC Psychiatry*, Vol. 15, No. 1, 2015.

World Health Organization, "Constitution of the World Health Organization as Adopted by the International Health Conference, New York, 19 - 22 June 1946", *Bulletin of the World Health Organization*, Vol. 80, No. 12, June 1946.

Zeng Zhen and Xie Yu, "The Effects of Grandparents on Children's Schooling: Evidence from Rural China", *Demography*, Vol. 51, No. 2, 2014.

后　　记

　　盛年不重来，一日难再晨，在此回顾和致谢，感恩我求学和工作路上的美好时光。

　　本书的选题是在攻读博士学位期间逐步酝酿形成的。一次偶然的机会，我跟随学院老师深入乡村地区，调研了多所不同类型的小学，就此萌发了以农村儿童为研究对象，研究其健康发展状况的想法。我们身处一个高速发展的时代，现代化建设使城乡经济的整体发展步伐加快，但不可否认的是，城乡差距始终存在。正如书中所述，受经济社会发展水平的制约，农村地区各类资源缺失和发展不足的问题凸显，调研过程中我也切实感受到了儿童发展在城乡之间的差距。因此，在全面了解了农村儿童的生活和学习状况后，探索农村儿童的健康问题，促进农村儿童健康事业和发展水平的整体提升，成为了我完成这一研究的初衷，而我也怀着这样一种想法逐步建立起了全书的思路与框架，并开始落笔。

　　本书的写作是一个漫长、枯燥且不断反复的过程。自开题到定稿，文章历经了大约一年的时间，期间不乏各种问题。起笔之初，会因为研究设计的不成熟而不断调整思路和框架；整理数据时，会因为调查问卷的繁杂而厘不清头绪；深入分析时，会因为前文的疏漏而来回修正错误，也会因为语言的粗浅而反复斟酌语句。回想整个过程，虽有不易，但也收获颇丰。本书的顺利完成，离不开师长、单位、同伴和家人的帮助，在此表达对他们的感激之情。

　　感谢我的母校西南财经大学。是她为我提供了一个广阔的平台，让

后 记

我能在良好的学术氛围中不断收获，迅速成长；也是她用宽容和智慧，让我从懵懂和无知，走向睿智与成熟。"经世济民，孜孜以求"，当年踏入校门的场景恍如隔日，转眼已毕业多年，母校的校训激励着我走完了五年的求学之路，日后这一信条也将继续陪伴我一生。

感谢我的指导老师杨成钢教授。在生活上，他真诚从容的处事方式、宽厚和蔼的待人态度是我学习的楷模；在科研上，他渊博的专业知识、严谨的治学态度为我树立了一个优秀的榜样。专业知识的积累过程中，是杨老师的鞭策扫除了我前行的障碍；毕业论文的写作过程中，也是杨老师的教导解开了我学习的困惑。在此我表示崇高的敬意与由衷的感谢。

感谢人口所的每一位老师，他们的悉心教导和谆谆教诲是我快速成长的催化剂。感谢在读期间与我一同奋斗的伙伴，他们的陪伴和帮助是我求学路上的不竭动力。感谢多年来默默为我付出的家人，他们的理解和支持是我勇往直前的坚强后盾。在此向他们表示真诚的感谢。

感谢四川省社会科学院的培养和支持。单位为我们创造了宽松的科研环境和良好的工作条件。领导给予了科研人员充分的尊重和全面的爱护。同事间给予了对方真诚关心和大力支持。在此向他们表示诚挚的感谢。

最后，特别感谢四川省社会科学院"一老一小"健康治理研究科研创新团队和四川省统计局—西南财经大学四川省人口与发展数据实验室提供的数据和工作支持，本书系"一老一小创新团队"转化成果之一。回望过去，眺望未来，这段经历给我的帮助和锻炼是我终生不忘的，而我也将带着这份感恩和进步，开启未来的人生之旅，在下一阶段的工作和学习中，心怀感恩，砥砺前行。

张兴月
2023 年 3 月